UNA HISTORIA DE VIOLENCIA

ÓSCAR MARTÍNEZ

UNA HISTORIA DE VIOLENCIA

Vivir y morir en Centroamérica

Una historia de violencia
Vivir y morir en Centroamérica

Primera edición: octubre, 2016

D. R. © 2016, Óscar Martínez
c/o Indent Literary Agency
www.indentagency.com

D. R. © 2016, derechos de edición mundiales en lengua castellana:
Penguin Random House Grupo Editorial, S. A. de C. V.
Blvd. Miguel de Cervantes Saavedra núm. 301, 1er piso,
colonia Granada, delegación Miguel Hidalgo, C.P. 11520,
Ciudad de México

www.megustaleer.com.mx

ISBN: 978-607-314-847-4

Impreso en México – *Printed in Mexico*

El papel utilizado para la impresión de este libro ha sido fabricado a partir de madera procedente
de bosques y plantaciones gestionadas con los más altos estándares ambientales, garantizando
una explotación de los recursos sostenible con el medio ambiente y beneficiosa para las personas.

Penguin
Random House
Grupo Editorial

Índice

Prólogo

Jon Lee Anderson

En *Una historia de violencia*, Óscar Martínez entabla amistad con un asesino a sueldo que vive en un pequeño pueblo salvadoreño. Este asesino, *el Niño de Hollywood*, aunque ha delatado a numerosos ex cómplices con la policía, tiene la sensación de que el gobierno no se preocupa lo suficiente por protegerlo, así que no duda en que pronto lo ejecutarán. *El Niño de Hollywood* tiene una escopeta para defenderse, pero cuando le llega la hora —de camino a su casa después del bautismo de su hija— se encuentra indefenso. En el funeral, Óscar es acosado por los asesinos de su amigo, quienes aparecen en el cementerio para regodearse y fanfarronear.

Una noche, un temerario oficial de la policía hondureña al que apodan *el Tigre* y que habla con la notoria ferocidad del líder de un escuadrón de la muerte que ejecuta presuntos delincuentes, y que le comparte a Óscar "no le tengo miedo a ningún hombre", acepta la derrota mientras ambos conducen a lo largo de un tramo de la frontera donde los narcos son más poderosos que cualquier ley que él pudiera imponer.

Otra noche, Óscar presencia la escena donde un grupo de familias aterrorizadas de un barrio pobre de la capital salvadoreña empacan sus pertenencias para huir de una matanza ocasionada por una banda de narcotraficantes. Al llegar un oficial de la policía, éste les ruega a las familias que permanezcan en el barrio y que pongan su fe en Dios, y luego los llama para que se sumen con él en una oración. Uno de ellos, impotente para cambiar la situación de su familia, llora en silencio y le confiesa a Óscar la humillación que siente.

Óscar Martínez tiene el alma de un poeta y los instintos de un detective que merodea los caminos alternos, los tugurios y distritos policiales de Centroamérica en su búsqueda obstinada por la verdad. Sus fuentes de información son limpiaparabrisas, prostitutas, los que quieren cruzar el país, sicarios, policías buenos y malos, jueces y fiscales. Óscar es un Marlowe en un mundo amplio en injusticias y limitado para todo lo demás.

El libro anterior de Óscar, *La bestia*, es una ríspida crónica contada de primera mano sobre el dramático trayecto realizado por migrantes centroamericanos para poder llegar a Estados Unidos de camino por México.

Este libro —conformado por catorce artículos de investigación escritos en Centroamérica durante los últimos años— pretende, en palabras de Óscar: "explicar a los estadounidenses por qué los centroamericanos huyen, no migran, de su tierra natal debido a la violencia generada ahí, año tras año, gracias a la importante participación americana".

Óscar es salvadoreño, y lo que ve cuando observa su país y a sus vecinos inmediatos es una zona de guerra. Así ha sido la mayor parte de su vida. Martínez nació en 1983, tres años después de que comenzara una brutal guerra civil que duraría 12 que, tras culminar en 1992 en un acuerdo de paz de impunidad-para-todos, dejó un saldo de 75 000 personas muertas y la vida destrozada de muchas más. Pero, en realidad, el conflicto jamás terminó. Los ex guerrilleros y los ex soldados se alinearon con los hijos de los refugiados de guerra deportados y conformaron bandas heterogéneas, maras, inspiradas en aquellas de Los Ángeles, donde muchos de ellos crecieron. La violencia criminal sustituyó a la violencia política debido a los niveles de sangre derramada, escalofriantemente cercanos a los tiempos de guerra. Fuera de las contemporáneas tierras-cementerios de Siria e Irak, pocas regiones son tan sistemáticamente mortales como Centroamérica en "tiempos de paz".

Una de las principales razones de la violencia es el tráfico de drogas. Del mismo modo que la geografía de Centroamérica se convirtió en un campo de batalla estratégico para la "guerra fría", hoy esa misma geografía se confirma como el principal corredor de narcóticos desde Colombia hacia el mercado de Estados Unidos. Ese factor, junto con la pobreza sistémica de Centroamérica y su extendida falta de un Estado de Derecho, ha convertido a un número asombroso de personas en criminales. Policías, jueces y políticos tienen la misma probabilidad de ser corruptos como de ser honestos. Existe un aproximado de 50 000 salvadoreños que participan directamente en las bandas, y hasta medio millón más —de una población de seis millones— que dependen económicamente de ellas.

Honduras también se ha convertido en un refugio para las bandas hiperviolentas de narcotraficantes y policías corruptos; y en consecuencia, en los últimos años, el país ha tenido las tasas de homicidio más altas que cualquier otro. El vecino El Salvador le siguió de cerca, continuado por Guatemala y Belice.

Para dar una idea de lo que esto significa, considerando el hecho de que Estados Unidos —calificado como un país violento— tiene un promedio actual de 4.5 homicidios por cada 100 000 habitantes, Honduras tiene 90. En 2015, la tasa de asesinatos en El Salvador comenzó a dispararse, sin embargo, a finales del verano tuvo en promedio un asesinato por hora, con un recuento aproximado de 4 000 muertos en el año, lo que llevó a Honduras al borde de perder su primer lugar. De acuerdo con un artículo publicado en *The Guardian*, en agosto de 2015, las últimas estadísticas de homicidios sugieren que El Salvador era "20 veces más violento que Estados Unidos, nueve veces más violento que Gran Bretaña".

La indignación por esta situación motiva a Óscar, quien dirige "Sala Negra", una unidad de investigación criminal de *El Faro*, la innovadora revista de investigación en línea de Centroamérica, basada en El Salvador. Los textos de Óscar reunidos en este libro están impregnados del coraje que crece a fuego lento debido a la incapacidad de Centroamérica para proporcionar protección y justicia para sus ciudadanos.

Alertado sobre la huida de pánico de una docena de familias de un barrio pobre de San Salvador, amenazadas por pandillas, Óscar escribe: "Esto está pasando hoy, martes, 20 de enero de 2015. Mucha gente está viendo esto en su tele mientras come, como si fuera un partido de futbol. Las cámaras graban todo y la emigración se lleva a cabo bajo la protección policiaca. La policía defiende a la gente que cree en la amenaza hecha por Barrio 18. La pandilla dice que los matará y muchos de ellos lo creen. Su huida es transmitida en televisión nacional."

Óscar lamenta de manera similar la muerte del *Niño de Hollywood*, no porque pensara que era un buen tipo, pues no lo era —como le dijo a Óscar, él personalmente había matado a 54 personas, muchas mujeres incluidas —. Los reclamos de Óscar están dirigidos hacia la incapacidad del gobierno de El Salvador para cumplir su promesa de resguardar a su testigo protegido. A pesar de su pasado criminal, al final, *el Niño de Hollywood* ayudó al Estado para llevar a otros criminales ante la justicia. "Sin su ayuda, 30 asesinos estarían libres en El Salvador", escribe Óscar.

En un artículo publicado en julio de 2015, Óscar y dos colegas de "Sala Negra", Daniel Valencia Caravantes y Roberto Valencia, publicaron los explosivos resultados de sus investigaciones sobre un supuesto tiroteo entre mafiosos y policías, en marzo, en el cual ocho maras, incluyendo una joven, fueron asesinados. Su investigación reveló que lo que la policía declaró era mentira y que los maras, así como un par de personas inocentes, fueron asesinados a sangre fría. Se trató de una masacre encubierta. Incluso antes de su publicación, Óscar y sus dos compañeros salieron de San Salvador por un tiempo para resguardarse. Más adelante, las amenazas de muerte continuaron.

Óscar siguió con su entrega de informes, pero su rutina diaria implicó una serie de nuevas medidas de seguridad. En un correo fechado el 18 de septiembre prometió: "He decidido dejar la ciudad por un tiempo para darle a mi familia un descanso de todo esto y un poco de tranquilidad. Para mí será una pausa en la lucha".

Al final, uno siente que Óscar Martínez pelea por un país en el que familias como la suya, y todas esas personas de quienes informa, puedan finalmente vivir en paz, sin miedo de ser asesinados y por un El Salvador en el que sus ciudadanos no tengan que abandonar para sobrevivir.

Nota preliminar

Desde octubre de 2013 he ido y venido de diferentes ciudades de Estados Unidos para presentar *The Beast*. He entendido —o al menos eso creo— en esos viajes, en esas charlas y conversaciones, que ustedes los estadounidenses —o al menos los que leen este tipo de libros— son muy racionales a la hora de reaccionar a estas historias. Si en América Latina la pregunta que más escuché fue si tuve miedo cuando viajé en tren o si me pasó algo o que les contara la historia que más me había marcado, o que describiera con más detalle los secuestros masivos, en Estados Unidos la pregunta que más escuché fue: ¿usted qué propone para solucionar esto? Me hicieron darme cuenta de que pocas veces los periodistas nos preguntamos eso. ¿Qué propongo para que esas terribles historias que he contado no se repitan más? Es una pregunta tramposa, porque no tiene una respuesta efectiva. No hay nada que yo pueda proponer para que mañana no violen mujeres en los caminos del migrante en México, ni hay nada que yo pueda hacer para que ese niño salvadoreño que ahora mismo va huyendo de su país rumbo al de ustedes deje de hacerlo. No puedo hacer que regrese. Mucho menos puedo hacer que regrese a un lugar seguro y digno. El periodismo sólo tiene una manera de horadar la realidad, y es la manera que el mar ocupa con la roca: con el tiempo y el empuje constante de olas que a veces son suaves y a veces poderosas. Entonces ¿cuál es mi respuesta a esa insistente pregunta estadounidense? Mi respuesta es que propongo que usted se entere, que sepa más, que entienda más de lo que le pasa a esa gente. Mi propuesta es que se traslade con la lectura —si es que eso no es imposible— a un barrio dominado por las pandillas en Centroamérica. Mi propuesta es que escuche a un indígena desplazado del Petén. Mi propuesta es que escuche a la madre de un muchacho masacrado por los Zetas. Mi sugerencia es que conozca lo que le ocurrió a una mujer que fue vendida cuando intentaba llegar su país —o huir del mío, como lo quieran ver—. Mi propuesta es que sepan. Porque creo que saber es diferente a no saber. Creo que saber, sobre todo en poblaciones como la suya, que saben cómo usar la política, es el principio de la solución. Creo, siguiendo la lógica de la metáfora del mar y la roca, que saber es lo que impulsa las olas. Creo que ustedes pueden ser ola.

Dicho esto, le responderé una pregunta que creo que usted me hará cuando presente este libro por aquellos lados: ¿Por qué un estadounidense debe leer este libro? No es que no quiera que lo lea un inglés o un canadiense o un australiano. Es sólo que quiero más que lo lea un estadounidense. Es sólo que, si soy franco, va con dedicatoria para usted.

Aquí mis respuestas.

En primer lugar creo que debería leerlo porque habla de gente que vive alrededor de usted. Este libro no habla sobre marcianos. Este libro no cuenta la vida terrible de gente que está lejos, lejísimos, en un país yermo comiendo una bola de mijo en un lugar sin internet. No habla de gente a la que nunca verá de cerca, o a la que sólo verá por televisión. Este libro cuenta la vida de gente que a usted le sirve el café cada mañana. Este libro cuenta la historia de gente que poda su jardín y repara sus tuberías. Este libro cuenta vidas que son muy parecidas a las de unos seis millones de personas que viven alrededor de usted. Cuenta historias que marcan la existencia de más de 1 000 seres humanos que cada día salen de tres países del norte de Centroamérica para intentar entrar, sin permiso de nadie, a su país.

Creo que en segundo lugar usted debería leer este libro porque este muñeco deforme que somos como región fue armado, en buena medida, por gobiernos de su país. Éste es un libro que habla de la esquina más asesina del mundo. En Guatemala, Honduras y El Salvador sufrimos desde hace años una epidemia de homicidios. Se considera que si un país tiene una enfermedad que afecta a 10 de cada 100 000 habitantes, ese país tiene una epidemia. Nosotros estamos gravemente enfermos, la epidemia es furiosa en esta región. En los últimos cinco años ninguno de estos países ha tenido menos de 32 homicidios por cada 100 000 habitantes. En El Salvador, ahora mismo tenemos más de 80. Este mes, por ejemplo, la enfermedad se ha agravado en El Salvador. La epidemia recorre los 22 000 kilómetros cuadrados donde viven 6.2 millones de personas. Cada día han sido asesinadas 23 personas en promedio. Durante la guerra civil que duró 12 años, el promedio fue de 16 homicidios diarios.

Somos, ahora mismo, más letales que una guerra. Somos más asesinos que nuestra guerra.

Somos una mezcla de gobiernos militares represores, somos el resultado de procesos de paz insuficientes —quedó mucha guerra y llegó poca paz—. Somos el resultado de gobiernos corruptos. Somos el resultado de políticos incompetentes y de partidos políticos electoreros. Somos sociedades violentas y matarnos es siempre una opción —por un accidente de tráfico, por un partido de futbol o por defender a la familia—. Somos ignorantes de la paz. No hemos tenido la oportunidad de conocerla muy bien. Somos corredor de paso de la droga. Somos también consumidores de la droga. Somos sociedades pobres, poco educadas, con escuelas públicas que se derrumban y hospitales que provocan náuseas. Somos sociedades con un sueldo mínimo mensual que puede ganarse trabajando 13 horas como jornalero en Los Ángeles. Somos desiguales: hay familias —bien pocas familias— que tienen tanto dinero que podrían vivir en la isla de los famosos de Miami; hay familias —decenas de miles— que a veces comen y a veces no. Hay familias —contadas con los dedos de las manos— que tienen un jet privado; hay familias —decenas de miles— que no tienen ni luz eléctrica ni agua potable. Somos todo eso. Y también somos otra cosa.

También somos el resultado de que algunos gobiernos estadounidenses hayan decidido dirimir la Guerra fría en este pedacito de mundo. No tengo que robustecer eso, hay harta evidencia en internet para quien la quiera. Quien no me crea, escriba en Google: Escuela de las Américas. Escriba: Irangate. Escriba: Miami Six. Escriba: Ronald Reagan Centroamérica millones ayuda militar. Y podría escribir otras tantas cosas. Aquí no sólo ocurrió una guerra nuestra. Esa guerra también era suya. O al menos de sus gobiernos.

También somos el resultado de sus políticas de deportación y de sus políticas de seguridad. Este mes de junio de 2015, El Salvador se desangra con fluidez, desde la aorta: el mes pasado fue el más asesino del siglo, y este junio camina a superar los 635 homicidios de mayo. La respuesta de las autoridades es que esto se debe al recrudecimiento de la guerra entre las pandillas y entre las pandillas y el Estado. Las pandillas son ya parte de nuestra cotidianidad, sobre todo de la cotidianidad de las clases más populares, o sea de la mayoría. Ya no entendemos esta ecuación equivocada sin las pandillas como elemento. Por eso ya no nos preguntamos de dónde salieron, por qué se multiplicaron a esa velocidad. Nos preguntamos cómo sobrevivir a ellas. Y es sabido que la sobrevivencia siempre aplaca otras necesidades. Pero esas pandillas —Mara Salvatrucha, Barrio 18,

Mirada Lokotes 13— no nacieron en Guatemala ni en Honduras ni en El Salvador. Nacieron en Estados Unidos, en el sur de California. Nacieron con migrantes que huyeron de una guerra que Estados Unidos auspició. En esa huida algunos de ellos, jóvenes, se encontraron con la violencia del ecosistema de pandillas que ya estaba instalado en California, y decidieron unirse y defenderse, y con el tiempo le pusieron nombre a eso, y eso se llamó con el nombre de nuestro miedo actual: Mara Salvatrucha, Barrio 18. A finales de los ochenta y principios de los noventa, algún asesor, algún congresista, algún presidente pensó que era una estupenda idea deshacerse de esos pandilleros problemáticos. Alguien pensó, con la lógica básica de un mono, que para deshacerse del problema había que sacarlo de sus fronteras. Alguien pensó que era bueno actuar como el niño que en la oscuridad cierra los ojos porque cree que así la oscuridad desaparecerá. Deportaron, en esos años, a cerca de 4 000 pandilleros con antecedentes criminales en el sur de California. Los deportaron a países en guerra. Los deportaron a países donde la pandilla podía ser considerada para miles de muchachos una opción radicalmente mejor que seguir con su vida vulnerable. Esos 4 000 son ahora 60 000 sólo en El Salvador. Ese asesor o ese congresista o ese presidente no entendían un carajo de las reglas circulares de la migración. Esa persona escupió hacia el cielo. Ahora mismo las pandillas son fuertes aquí y fuertes allá.

Todo esto que nos pasa tiene que ver con su país. Tiene mucho que ver y lo seguirá teniendo. Algunas de las crónicas de este libro dejan pruebas de ello. De todo ese terrible proceso.

Dividí el libro en tres apartados: la soledad (o ausencia o desinterés de Estado); la locura (lo que se cuece en medio de esa soledad), y la huida (la opción desesperada de muchos). Ahí se incluyen las 14 crónicas que investigué y escribí entre 2011 y 2015 como periodista de elfaro.net, todas en el triángulo norte de Centroamérica, esta esquina terrible del planeta.

Por último, creo que usted debería leer este libro por la razón por la que a mí me gustaría que lo leyera: por simple humanidad. Quiero que lea este libro para que entienda lo que han vivido miles de centroamericanos que viven, sin permiso de nadie, alrededor de usted. Para que entienda por qué siguen —y seguirán— llegando a pesar de tener que dejar atrás a sus familias, a pesar de tener que cruzar México, a pesar del muro, de los patrulleros fronterizos y de los locos cazadores de gente que deambulan en la frontera estadounidense, a pesar de la dura vida que su país le tiene reservada a un indocumentado.

Podría utilizar otros ganchos para atraerlo como lector. Podría, por ejemplo, decirle que lea este libro porque no hay ni una de las 14 crónicas que no incluya varias veces las palabras Estados Unidos. Podría usar el truco de decirle que en alguna de las crónicas se habla de California, Eagle Pass, San Antonio, y en otra se habla de Texas. Pero prefiero decirle que lo lea porque mi respuesta más sincera a la pregunta de cómo se soluciona esto es la siguiente: con usted. Se soluciona con usted. Se soluciona con gente que entiende y no se soluciona con gente que no entiende. Así de sencillo. Así de complicado.

25 de junio de 2015
San Salvador, El Salvador

PRIMERA PARTE

LA SOLEDAD

Aquí viven los nadies. Cuando las autoridades deciden retirarse, cuando deciden dejar de hacer su trabajo, los nadies se quedan solos y viven silenciosos en medio de las reglas de nuevos poderes que se establecen a filo y plomo.

1

El Estado contra *Chepe Furia*

Ésta es la historia de un pandillero veterano de la Mara Salvatrucha, de un hombre que ocupó los códigos de la pandilla para crear su ejército personal. Un veterano de la pandilla incluida en la lista negra del Departamento del Tesoro de Estados Unidos. Un hombre al que las autoridades salvadoreñas, que gustan de utilizar el término despectivo marero, le llaman mafioso, cerebro, intelectual, don José. Pero, sobre todo, éstas son las huellas que dejó un criminal que a paso firme seguía su ruta de penetración del Estado, que muchas veces fue su cómplice más cercano. Para ganarle la batalla a Chepe Furia, el Estado tuvo que luchar contra sí mismo en varias ocasiones.

El inspector jefe de la oficina de investigadores policiales de El Refugio recibió una orden judicial a principios de marzo de 2011: debía capturar a José Antonio Terán, mejor conocido como *Chepe Furia*. El inspector sintió rabia, y para sus adentros dijo: "No me jodan".

El inspector había llegado un año antes a Ahuachapán, uno de los departamentos de El Salvador que hacen frontera con Guatemala, y al que pertenece El Refugio. El inspector es un zorro viejo de la policía, con casi 20 años de servicio, un ex agente del Centro de Inteligencia Policial y de la Inteligencia Penitenciaria, a quien le cuesta muy poco crear redes de informantes de calle que le indiquen quién es quién. El inspector tiene un especial interés en los pandilleros de la Mara Salvatrucha (MS). Quizá porque en los casi dos años que pasó indagando el liderazgo de los pandilleros presos, escuchando en secreto sus conversaciones y convenciendo a soplones, se dio cuenta de que esa pandilla era más organizada y con líderes más complejos que su rival, la Barrio 18.

El inspector tiene una fijación con saber cómo son sus perseguidos, verles la cara, tomarles fotografías y hacer cuadros con ellas. Fotografías unidas unas a otras con líneas dibujadas en la vieja computadora de escritorio de la oficina de El Refugio. Rostros encuadrados y alineados en subgrupos, unos bajo otros. Los subgrupos de arriba, con menos fotografías que los demás, van acompañados de palabras como "líder", "palabrero", "ranflero", "fundador". El inspector no soporta que sus mapas estén incompletos. Odia que a sus rompecabezas les falte una fotografía.

Es justo por eso, por sus rompecabezas de estructuras criminales, que el hombre al que le pedían capturar no le era para nada desconocido. José Antonio Terán, *Chepe Furia*, un hombre de 46 años con rostro de indio apache, era una de sus fotografías más recurrentes desde que empezó a trazar el rompecabezas más importante para él, el de la estructura de la clica Hollywood Locos Salvatrucha, de la MS. Arriba, en ese gran cuadro, aparecía el rostro de *Chepe Furia* a la par de las palabras "líder" y "veterano".

La clica Hollywood es una de las más reputadas dentro de la MS. Fundada en Los Ángeles, cerca del McArthur Park, a principios de los ochenta, es la clica en la que inició el ahora líder nacional de la MS en todo El Salvador, Borromeo Henríquez, *el Diablito de Hollywood*.

El inspector siempre supo que no lidiaba con un pandillero cualquiera. *Chepe Furia* no era un gatillero, un soldado ni uno de esos que tanto abundan en sus cuadros: jovencitos aún sin rastro de pelo en la cara que ya llevan más de un homicidio en su cuenta. De hecho, la razón de que el inspector y su equipo estuvieran en El Refugio era justamente el hombre al que le pedían capturar. El inspector creyó que saliendo de la ciudad vecina de Atiquizaya y retirándose hacia el rural municipio de El Refugio lograría librarse de los colaboradores que *Chepe Furia* tenía dentro de las oficinas policiales de Atiquizaya.

Por eso rabió cuando recibió la orden de capturarlo. "No me jodan." No entendía cómo era posible que por segunda vez el mismo juez, Tomás Salinas, un hombre pequeño y ordenado que habla con extrema amabilidad y términos jurídicos, hubiera sacado de prisión a *Chepe Furia*. Cómo era posible que ese juez especializado en crimen organizado creyera de nuevo que *Chepe Furia*, el rey de espadas de su baraja de fotos, no iba a escapar si le permitían entregar 25 000 dólares de fianza e irse a casa hasta que fuera convocado para continuar con su juicio por asociaciones ilícitas en una organización asesina. El inspector no podía creer que de nuevo le pidieran capturar al pandillero que había matado a un testigo protegido por la fiscalía, infiltrado la policía del departamento, conseguido cartas de buen comportamiento de la alcaldesa de Atiquizaya y que había sido mencionado por el ex ministro de Seguridad y Justicia de este gobierno, Manuel Melgar, como uno de los líderes de la MS que habían trascendido el papel de pandillero, que eran mejor descritos bajo el adjetivo de mafiosos. "No me jodan", pensó el inspector.

EL NIÑO DE HOLLYWOOD

En una colonia pobre de las afueras de Atiquizaya, a principios de 2010, un muchacho de 27 años fuma su quinta piedra de crack de espaldas a la puerta de su casa. La puerta de la casa se cierra con un pasador metálico, pero esta vez no lo tiene puesto. El muchacho inhala una bocanada grande. De repente, escucha el chirrido de la puerta al abrirse. Retiene el humo. Escucha el *clac* de una pistola. El muchacho encaja cinco dedos en la .40 que tiene en un muslo y cinco dedos en la 0.357 que tiene en el otro.

—Ey, calmate, ya te vi que estás armado.

El muchacho reconoce la voz pausada que le habla. Es el cabo Pozo, de la oficina de investigadores de El Refugio.

—Y estoy bien fumado también —agrega el muchacho.

—Sólo hablar quiero.

—Estoy bien prendido en piedra.

—¡Hijueputa! ¿Y creés que podemos hablar?

El cabo Pozo retiene la respiración y decide jugársela. No dispara cuando ve que el muchacho se levanta de la silla y se voltea hacia él con las dos pistolas en las manos. El muchacho, sin retirar la vista de los ojos del cabo Pozo, camina hacia afuera de la casa. Sin soltar sus armas se sube a la cama del pick up del cabo y le dice: "Vamos". El cabo guarda su arma y, con el corazón en la mano, conduce por calles poco transitadas con rumbo a la oficina de investigadores, y con un sicario de la clica Hollywood Locos Salvatrucha armado a sus espaldas.

El cabo Pozo acaba de conseguir por fin que un alto mando de la clica formada por *Chepe Furia* acepte iniciar conversaciones con la policía para convertirse en testigo protegido.

El muchacho es conocido como *el Niño*, fue un sicario certero de la MS e incluso llegó a tener la tercera palabra de mando en la clica de Atiquizaya. Habrá quien piense que develando su taca o apodo se pone en riesgo al muchacho. Quien crea eso menosprecia la inteligencia de un grupo criminal como la MS, y sobre todo el poder de infiltración de *Chepe Furia* y la incapacidad de resguardo del Estado. *El Niño* ha recibido llamadas de los líderes de la pandilla en el penal de Ciudad Barrios, donde sólo hay recluidos pandilleros de la MS, en las que le han asegurado que ahora o después va a terminar muerto. "Con olor a pino vas a salir de ahí", le dijeron por teléfono en referencia a un ataúd. "Aquí no los hacen de pino, los hacen de conacaste y de mango", les contestó *el Niño*.

No era la primera vez que los investigadores del inspector jefe de El Refugio —que pidió no publicar su nombre, por eso de que su familia tiene su mismo apellido y vive cerca de donde él opera— intentaban que el muchacho colaborara. El inspector es experto en sembrar cizaña y recoger testigos protegidos. No pocas veces ha amenazado a pandilleros con dejarlos en territorio enemigo para comprobar que, como dicen, no pertenecen a ninguna pandilla. En alguna ocasión los ha filmado con su teléfono negando su pertenencia a la MS o sollozando en momentos de debilidad durante los interrogatorios. Gracias a sus habilidades de inteligencia logró en sólo un año completar su rompecabezas de rostros de la clica. Desde entonces, finales de 2009, se dedicó a tocar a uno y otro para conseguir a su traidor. Sin embargo, fue hasta que sospecharon que *el Niño* tuvo participación en el asesinato de una muchacha de 15 años cuando empezaron a tocar a un pandillero cercano al veterano *Chepe Furia*. El detective le pidió al cabo Pozo que llegara hasta las últimas consecuencias para conseguir que ese muchacho hablara. La oferta del cabo al *Niño* fue muy concreta: "O vos hablás sobre ellos o vos cargás con sus muertos".

Ahora, *el Niño* habita un pequeño solar cerca de la delegación de investigadores que lo convirtió en delator, y desde hace más de un año es el testigo clave en el caso contra 42 pandilleros de la clica que fundó *Chepe Furia*. Gracias a más de 20 horas de conversación en cerca de 15 visitas que he realizado a su solar durante dos años, he entendido que más que un testigo, *el Niño* es la memoria viva de cómo se creó una clica, de cómo unos niños pobres de 13 años que ya guerreaban como miembros de pequeñas pandillas de barrio se convirtieron en los primeros pandilleros de una poderosa clica. La historia de cómo un hombre que bajó de Los Ángeles, California, le cambió la vida a esos niños y a los municipios donde nacieron. Ese hombre es *Chepe Furia*.

Llegó *Veneno*

—Es que nosotros éramos bien pendejos, *men*. Y vino él y nos apantalló con su verba, con su troca y decidió vivir la vida aquí como un rey y que nosotros, la pandilla, fuéramos su negocio.

El Niño habla entrecortado, porque cada vez que termina una frase expulsa por la boca el humo contenido y luego intenta aspirarlo de nuevo moviendo los labios como un pescado en sus estertores. *El Niño* fuma marihuana mientras su mujer menor de edad arrulla a su hija recién nacida y el custodio policial asignado duerme una siesta en la otra casita del solar. La imagen de un testigo protegido con el *glamour* de película, en El Salvador, se puede ver justamente ahí, en las películas, y nada más.

El relato del *Niño* comienza en 1994, cuando él ya era pandillero. Sin embargo, los nombres de las pandillas que menciona suenan más a juego, a adolescencia, a pleito de parque. Él era de una pandilla llamada Mara Gauchos Locos 13 que se dedicaba a luchar contra las otras pandillas de la zona: Valerios, Meli 33, Chancletas y Uvas. La mayoría de los combates consistía en ir en grupo a las fiestas de los pueblos y armar trifulca. Si acaso, algún muchacho llevaba un palo, y alguna vez alguno otro sacó una navaja y fue el héroe del momento.

El patio de juego de los mal portados de Atiquizaya podía extenderse hasta las fiestas de El Refugio y Turín, pero jamás hasta el municipio vecino de Chalchuapa. Se sabía que ahí jugaban los mayores, unos adolescentes que se hacían llamar el Barrio 18, dirigidos por un veinteañero que, cosa rara para las pandillas de aquellos años de posguerra, tenía un arma de fuego. Lo conocían como *Moncho Garrapata*.

Por lo demás, la palabra *delincuentes* en aquellas zonas era reservada para los miembros de bandas de asalto de furgones, cuatreros o secuestradores. De entre aquella fauna, asegura *el Niño*, destacaban algunos nombres de hombres temidos como los más peligrosos: Nando Vulva, Víctor y Pedro Maraca, Henry Méndez. Y también un joven de 26 años que fue guardia nacional durante la guerra y que hacía poco había regresado desde Estados Unidos a su natal Atiquizaya, *Chepe Furia*.

Según registros policiales, *Chepe Furia* fue deportado de Estados Unidos el 15 de octubre de 2003, lo que quiere decir que desde 1994 iba y venía de aquel país por su propia cuenta.

Allá, en el sur de California, *Chepe Furia* fue *el Veneno*, uno de los fundadores de una de las más poderosas clicas de la MS en Estados Unidos:

la Fulton Locos Salvatrucha. Dos personas confirmaron esto. Una de ellas fue *brincada* a la pandilla por el propio *Chepe Furia*, y la otra sí aceptó dar su nombre. Ernesto Deras, mejor conocido como *Satán*, es otro ex militar salvadoreño que migró y fue palabrero de la Fulton en Los Ángeles durante muchos años, y aún sigue allá. Ahora, Deras se dedica a trabajar con organizaciones civiles que intentan evitar que jovencitos entren a las pandillas en California. Él recuerda que José Antonio Terán "era *el Veneno*, que tenía respeto, palabra", y que "desapareció por 1995" de Los Ángeles.

Ese hombre recién llegado a la frontera con Guatemala se acercaba a los muchachos de las pandillitas de la zona y les hablaba de una pandilla a la que llamaba la grandota, la gran familia, la Mara Salvatrucha. Poco a poco esos acercamientos esporádicos se fueron convirtiendo en rituales más formales en la colonia San Antonio de Atiquizaya.

—Él nos apantalló, andaba en una *ranfla* [camioneta] doble cabina, bien *enmorterado* [armado], y ya andaba *embilletado* [adinerado] —recuerda *el Niño* desde su solar.

Chepe Furia los reunía como viejo sabio que traslada conocimiento a los muchachos de la tribu. Les explicaba el significado de palabras y les contaba anécdotas de batallas contra el gran enemigo del Barrio 18. Una noche, recuerda *el Niño*, *Chepe Furia* se explayó contándoles sobre el asesinato de Brenda Paz, el primer asesinato célebre de la MS. La joven hondureña de 17 años que, embarazada de cuatro meses, dio información al FBI sobre su pandilla y terminó apuñalada hasta la muerte en las orillas del río Shenandoah, en Virginia. "Los traidores son la peor mierda", dijo *Chepe Furia* a sus pupilos.

Durante varias noches, reunía a grupos de 10 o 15 jovencitos en casas abandonadas de la colonia San Antonio y los obligaba a patear a uno por uno durante 13 segundos. Luego les decía: "bienvenido a la mara". Lealtad y valentía. *Chepe Furia* iba moldeando a sus muchachos.

Cuando ya tuvo a cerca de 25 jovencitos a su servicio, *Chepe Furia* les mostró el arsenal, que en ese momento eran dos pistolas .22 y una 9 milímetros.

Para ese entonces, finales de los noventa, el líder del Barrio 18, *Moncho Garrapata*, guardaba prisión. *Chepe Furia* decidió iniciar una ofensiva contra su pandilla rival. La llamó "misión Hollywood". Los que antes eran niños rebeldes se estrenaron como asesinos.

El Niño, por ejemplo, intentó agradar a *Chepe Furia* con el asesinato de *Paletín*, un panadero miembro del Barrio 18 que recién había vuelto de México tras un intento fracasado de migrar hacia Estados Unidos. *El Niño* tomó una de las .22 y fue encaminado por su jefe en persona, que lo dejó a la entrada del cantón El Zapote. Lo esperó en las afueras, hasta que *Paletín* apareció en su bicicleta. La .22 se encasquilló, y cuando *el Niño* logró disparar, *Paletín* ya se había percatado y corría hacia su atacante. Un disparo le entró en el torso, pero *Paletín* siguió vivo.

—Entonces le arranqué la cabeza con el corvo, para que no se le volviera a pegar, porque dicen que era brujo, y me fui al cantón El Naranjo, donde vivía —recuerda *el Niño*.

En reconocimiento, *Chepe Furia* le envió una onza de marihuana, que *el Niño* acompañó con un trago de guaro Cuatro Ases. *El Niño* tenía apenas unos 15 años.

Como él, los muchachos de *Chepe Furia* atormentaban a sus rivales y a quien se les pusiera en el camino.

Chepe Furia hizo política pandillera y logró anexar a las clicas de los Parvis de Turín y de los Ángeles de Ahuachapán, que no tenían ni un arma de fuego en ese entonces. La clica Parvis nació en la calle Park View, justo frente al parque McArthur. Las dificultades de pronunciamiento del inglés de los salvadoreños hicieron que esas palabras sonaran así: parvi.

La colonia San Antonio, desde la primera casa en la entrada, donde un pandillero conocido como *el Cuto* vigilaba que la policía no entrara, era de *Chepe Furia*. A una cuadra de la cancha de futbol que él mandó a engramar, tenía su residencia con parqueo para dos vehículos, donde sus asesinos celebraban con marihuana y alcohol cada cierto tiempo. Algunos aún llegaban con el uniforme de la escuela.

En esos años en los que los niños de la clica se convirtieron en certeros sicarios, *Chepe Furia* los consolidó como su ejército privado.

El Niño recuerda que muchas de las acciones de su jefe no tenían nada que ver con la guerra contra Barrio 18 y nadie más que él sabía de qué se trataba.

—Él se metía en pegadas olímpicas, con señores importantes que yo no conocía, gente de la política, gente de algún cártel de la droga. A él le pagaban por quebrarle el culo a alguien y si era posible no iba él, sino que te llevaba al pegue y vos pegabas y él cobraba. A vos te pagaba con el crédito ante la pandilla y él se quedaba el billete. Éramos bien pendejos, *men*. Él se movía a Guatemala, a San Miguel [en el extremo oriente de El Salvador]. Empieza a recoger dinero de extorsiones grandes. Ya era el cacique del pueblo —dice *el Niño* mientras la tarde cae sobre su solar.

Don Chepito

El diputado entra apresurado al local de su partido. Adentro hay siete personas sofocadas por el calor. Aparentan hacer algo. Una de ellas, al ver entrar al diputado, revisa con ceño fruncido una hoja que luego deja sobre la mesa. La hoja está en blanco. El diputado les dice que por favor evacuen el local, que no quiere a nadie dentro. En menos de tres minutos el local está vacío. El diputado cierra la puerta metálica que da a la calle, y le pone pasador. Abre la rejilla por la que su guardaespaldas asoma la cara para escuchar la orden de su jefe: "Quédese en la puerta hasta que yo salga".

El diputado se sienta en el escritorio y me dice:

—Muy bien, ¿qué quiere saber de *Chepe Furia*?

La conversación fue a principios de 2012 en un local cercano a Ahuachapán, la principal ciudad del departamento al que pertenece Atiquizaya. El diputado, que pidió anonimato, habló del poder de *Chepe Furia*, de sus amistades con defensores y fiscales, policías y contrabandistas, agentes de aduana y camioneros; de su función como benefactor de la comunidad que bachea calles, repara canchas y levanta muros de contención. Sin embargo, lo más revelador de esa tarde ocurrió antes de que el diputado dijera una sola palabra. El salón vacío, la puerta de metal con pasador, el vigilante armado en la calle, un diputado nacional que para mencionar el nombre de *Chepe Furia* cree necesario ocultar el suyo.

—Es que no hablamos de un marero común, es un mafioso que tiene tentáculos en todas partes del departamento. Y yo algún día dejaré de ser diputado —se justificó.

Para 2009 *Chepe Furia* estaba al mando de una clica poderosa. El tiempo de los asesinos inexpertos había quedado atrás. Años de guerra contra Barrio 18 y decenas de ataques a su sede principal en la colonia Chalchuapita habían educado en el gatillo a los muchachos. *El Niño* recuerda que en los últimos nueve años *Chepe Furia* había abandonado la zona tres veces, por periodos de no menos de un año. Se iba en los momentos más complicados de la guerra de pandillas, y regresaba cuando la intensidad de las balas bajaba. Siempre que volvía, traía armas para congraciarse con sus soldados. Pistolas .357, una subametralladora SAF en una ocasión, un fusil G-3 en otra, "e incluso una 9 milímetros Beretta, que tenía reporte de robo, porque era arma de uso policial", recuerda *el Niño*.

De hecho, en diferentes detenciones de pandilleros de la clica de Atiquizaya, incluida la realizada tras un ataque a una patrulla policial, los agentes han decomisado a los tiradores tres armas que eran de uso oficial y tenían reporte de robo. Dos de los reportes fueron del mismo policía, un subinspector de apellido Delgado Juárez, en aquellos años destacado en San Miguel, la otra punta del país. El subinspector que ya había reportado una 9 milímetros como robada dijo que la subametralladora la había dejado en su carro, dentro de la cochera de su casa, y que alguien la hurtó.

En esos años *Chepe Furia* contaba con un grupo jerarquizado. Él se había elevado a veterano, fundador, líder absoluto de la clica de los Hollywood Locos Salvatrucha de Atiquizaya. *Chepe Furia* era el gerente general de la empresa y había delegado jefatura en un treintañero llamado José Guillermo Solito Escobar, conocido como *el Extraño*, que acababa de salir de prisión tras dos años por lesiones agravadas; la subjefatura recayó en un hombre deportado de Estados Unidos por el delito de lesiones graves en 2009, un fornido pandillero de 30 años llamado Jorge Alberto González Navarrete, con varias calaveras tatuadas en el cuerpo, que en la ciudad de Maryland era conocido como *Baby Yorker* y en El Salvador se renombró como *Liro Joker* —otro giro fonético: de *Little* a *Liro*—. "Un hijueputa pesado, un sicario", lo define *el Niño*. El tesorero de la clica era un hombre delgado, blanco y con rasgos finos en el rostro, un tipo con cara de bueno llamado Fredy Crespín Morán, de 38 años, pero mejor conocido por sus compañeros como *el Maniático*. Este último, bachiller electricista, era una pieza clave dentro de la organización de *Chepe Furia*, pues hasta que fue capturado en 2010 por los hombres del inspector, era promotor social de la Alcaldía de Atiquizaya, gobernada por el partido Arena, la derecha salvadoreña. *El Maniático* visitaba las comunidades con su equipo de trabajadores, la mayoría jóvenes sicarios de la clica, que gracias al carné municipal de trabajo tenían una coartada perfecta luego de cometer un crimen.

Chepe Furia había establecido un sistema de intercambio de sicarios con la clica de los Normandie, del departamento costero de Sonsonate, y dirigida por el otro miembro de la MS al que el ex ministro de seguridad, Manuel Melgar, mencionó en una entrevista en 2011 como ejemplo de pandillero narcotraficante. Ese pandillero se llama Moris Bercián Machón, conocido como *Barney*, quien en una ocasión fue arrestado infraganti con un alijo de cocaína valorado en 160 000 dólares y ha logrado sortear la prisión en ese caso y en otro donde lo vinculaban con 50 homicidios, incluyendo algunos cuerpos descuartizados y lanzados en bolsas negras a la vía pública. La Normandie Locos Salvatrucha tampoco es una marca que haya nacido cerca de esta calurosa frontera centroamericana. Nació miles de kilómetros al norte, en la avenida Normandie de Los Ángeles. Se mudó a El Salvador junto con algunos deportados.

Gracias a ese tipo de alianzas entre clicas, la Hollywood de Atiquizaya se había hecho de uno de sus mejores asesinos, un ex policía de Sonsonate, departamento costero vecino de Ahuachapán, apodado *el Loco Trece*, que cuando vestía el uniforme azul era identificado como el agente Edgardo Geovanni Morán. Un hombre recio de 1.72 metros que intimidaba. Fue el último de la generación de pandilleros bajo el mando de *Chepe Furia* en ser capturado. Fue hasta finales de 2012 que cayó en un operativo de varios policías. En una ocasión, dos agentes jóvenes de Atiquizaya intentaron detenerlo, pero el hombre los apartó de su camino lanzándolos por el aire y dejándoles sólo jirones de camiseta en sus manos.

El inspector sufrió verdaderos dolores de cabeza debido a esa alianza de clicas. Varias veces, sus cuadros de fotografías permanecían vacíos porque debía empezar de cero para identificar a los sicarios recién llegados de Sonsonate, verdaderas sombras sin pasado en Ahuachapán, pero con un buen récord delictivo en la costa.

Con una estructura sólida a sus espaldas, *Chepe Furia* se dedicó a convertirse en empresario. A estas alturas, su relación con la Alcaldía era formal. El pandillero era el dueño de uno de los dos camiones de volteo que prestaban servicio de recolección de basura a la municipalidad. El Isuzu color blanco modelo 1995 le representaba al líder de la clica al menos 2 500 dólares mensuales, según la policía.

Cuando a mediados de 2012 le pregunté a la alcaldesa, Ana Luisa Rodríguez de González, cómo era posible que tuviera a tan reconocido mafioso entre su equipo de trabajo, ella contestó que nunca escuchó hablar de *Chepe Furia*, que ella sólo conoció al "señor José Terán, presidente de la directiva de la colonia San Antonio". Aseguró que ya antes había pasado por esto, cuando unos investigadores de la División Central de Investigaciones de la policía le hicieron las mismas preguntas. Y su respuesta no cambió: me dijo que nunca escuchó hablar de *Chepe Furia*, que él ganó una licitación de recolección, que era un amable presidente de comunidad que participó activamente en la limpieza y ordenamiento de su colonia; que tampoco escuchó hablar del *Maniático*, que ella conoció al señor Fredy, un promotor que llegó recomendado por un ex concejal, el doctor Avilés; que ella, la verdad, desconoce al personal municipal;

que le extrañó mucho cuando los capturaron y los acusaron de "todas esas cosas horribles".

Meses después, cuando le pregunté a Mario Jacobo, el jefe fiscal de todo el departamento de Ahuachapán, si creía verosímil que alguien no supiera quién era *Chepe Furia* en Atiquizaya, su respuesta fue: "No, no creo que sea verosímil".

Ahora bien, si tenemos en cuenta los negocios ilícitos de *Chepe Furia*, la cantidad obtenida con sus camiones de basura era la caja chica para el veterano de la Hollywood.

El Niño asegura que en una ocasión *Chepe Furia* le ordenó a él y a dos más que quemaran una camioneta Toyota todo terreno modelo 2010. Para *el Niño* aquello no tenía sentido. La pandilla no quema carros tan lujosos. ¿Para qué? "Si le debe tanto a *Chepe Furia*, ¿por qué no mejor me manda a matarlo?", pensé con mi mente de sicario". Según *el Niño*, aquello se debió a que tras un negocio de extorsión importante que *Chepe Furia* realizó junto con un empresario conocido como *el Viejo Oso*, este último no cumplió con desembolsar a *Chepe Furia* la mitad de los 80 000 obtenidos, "sino que por *pizcachitas* le iba pagando, de 7 000 en 7 000". Aquello no le gustó a *Chepe Furia*. *El Niño* fue testigo cuando *el Viejo Oso* llegó hasta la tienda de la colonia San Antonio, donde *Chepe Furia* pasaba el día recibiendo gente, y le dijo: "Mire, *Chepito*, me quemaron mi carrito". *Chepe Furia* lo consoló y le dijo que si le pagaba lo adeudado él mismo le prestaría dinero para que comprara otro igual. *Don Chepito* sabía más mañas que la de jalar un gatillo.

A pesar de que la Alcaldía no era para *Chepe Furia* su principal fuente de ingresos, el líder mafioso entendía muy bien que mantener buenas relaciones con esa entidad no podía sino beneficiarle, como efectivamente terminaría ocurriendo.

A principios de 2012, un policía del grupo del inspector me presentó con un empleado de la Alcaldía. Si lo del diputado fue sorprendente, esta reunión con un hombre mucho más desprotegido que un legislador fue un proceso tedioso. La primera vez, el hombre nos esperó en una esquina, a unas cinco cuadras del parque central de Atiquizaya, para identificarme. Me vio, me dio la mano, un número de teléfono y se fue. Le llamé algunos días después y concertamos una cita. Fue en las afueras de Atiquizaya, en un terreno seco y a la par de un enorme motor que no permitía que nadie más que nosotros escuchara ni una palabra. Parecía que llevaba años teniendo conversaciones a hurtadillas. El hombre empezó a hablar forzando su garganta y sacando una voz de ultratumba. Le pregunté qué le pasaba, y me contestó que estaba distorsionando la voz. Le aseguré que nadie más que yo escucharía la grabación y le pedí que hablara con normalidad. La información se le arremolinaba y era necesario calmarlo. "Él tiene una relación privada con la gente del concejo." Aquello era acelerado como la confesión de un adolescente. "Tiene privilegios, se reúne con los gerentes y los jefes en la sala de concejo, se encarga de ver transporte y cosas así, porque eso le ayuda a encubrir sus ilícitos." Volteaba a ver para todos lados y hablaba muy cerca de mi oreja. "Tiene a toda su gente en mantenimiento, pero sólo trabajan en zona MS, y siempre los anda con su carné… *El Maniático* es promotor social y recluta gente para la pandilla."

La conversación siguió así, durante una hora turbulenta y nerviosa. Sin embargo, a la luz de otros indicios arrojados por el grupo de investigadores del inspector, lo que aquel hombre decía tenía pleno sentido. El hombre, por ejemplo, explicó que la amistad de *Chepe Furia* con el síndico José Mario Mirasol era a través del asocio de ellos con un ex fiscal que posee un negocio de vehículos. Según informes policiales, *Chepe Furia* ha sido detenido en diferentes ocasiones manejando un pick up doble cabina. Incluso anexan fotografías en las que *Chepe Furia* posa al lado del vehículo gris, de vidrios polarizados y cuyas placas, según la verificación policial, están a nombre de Álex Iván Retana. Éste es un abogado con domicilio en Chalchuapa, mejor conocido como *el Diablo*, y que fungió como fiscal de la unidad de robo y hurto de vehículos. Según dos informes policiales, uno proveniente del grupo del inspector y otro del Centro de Inteligencia, Retana es dueño del negocio Auto Repuestos Iván, en Santa Ana, "que tiene en asocio con *Chepe Furia*, donde se supone traen vehículos con placas guatemaltecas y de dudosa procedencia y los desmantelan para venderlos por piezas". *Chepe Furia* tiene varios amigos en el mundo de desmantelar carros. En una ocasión, en julio de 2010, salió por la frontera de Anguiatú hacia Guatemala en un vehículo cuyas placas, según el registro policial, pertenecen a Dilmark Giovanni Ascencio. Ese hombre es hijo del ex diputado del Partido de Conciliación Nacional Mauricio Ascencio, y juntos son dueños de Carisma, un negocio de refacciones automotrices en Santa Ana.

El informante asegura que *Chepe Furia* se reunía con la alcaldesa cuantas veces quería y sin necesidad de cita previa. Esa información fue confirmada por otra empleada municipal que aceptó conversar en condiciones parecidas a las que impuso el hombre en aquel terreno seco.

El hombre aseguró, en coincidencia con el informe del equipo del inspector, que el otro camión recolector de basura es del pandillero, y que el propietario es un testaferro; que *Chepe Furia* surtió todas las bebidas para la fiesta de empleados municipales que se celebró a finales de 2011 en la cooperativa El Jícaro, donde el informante mismo estuvo y vio a *Chepe Furia* departir toda la noche con la alcaldesa, y que incluso en una ocasión *Chepe Furia* se encargó de disolver una huelga de empleados del sindicato. "Él venía con su prepotencia, y como sabían que toda su gente anda armada, se persuadía a la gente del sindicato. Metía a su gente y decía: 'vamos a trabajar, para que no se quede sin servicios el pueblo'. Inmediatamente la huelga se terminaba." *Chepe Furia*, cada 15 de septiembre, ponía su carro a disposición de la Alcaldía para trasladar gente a donde fuera necesario, asegura el empleado. El informe policial va más allá y asegura que la relación era también con el partido político de la alcaldesa: "Para las elecciones presidenciales [de 2004] fue [*Chepe Furia*] quien coordinó el transporte de las personas hasta los lugares de votación por el partido Arena".

Don Chepito entraba y salía de la Alcaldía a su antojo, y tenía una red de contactos fuerte y diversa. *El Niño* asegura que incluso había un juez con el que *Chepe Furia* se comunicaba por teléfono. Alguna vez *el Niño* escuchó una conversación telefónica de *Chepe Furia*: "Fíjese que cayeron unos loquitos por agrupaciones ilícitas, ¿cree que mañana lunes me los puede sacar, por favor?" Luego advertía a esos muchachos que no anduvieran juntos en la calle durante un tiempo. *Chepe Furia* tenía sus piezas ordenadas. Sus sicarios lo respaldaban y le demandaban muy poco: "Con tres pistolas nos pagó en una ocasión por un asesinato por el que recibió 25 000 dólares", asegura *el Niño*. Su infraestructura empresarial, ajena al sistema de rendición de cuentas de la pandilla a nivel nacional, era una mezcolanza de negocios lícitos, otros de dudosa procedencia y algunos francamente delictivos. *Chepe Furia* dejaba que el impuesto mensual de siete dólares por pandillero subiera a la estructura encarcelada del programa Hollywood, el entramado que reúne a todas las clicas que ostentan esa marca en el país. Por lo demás, sus ganancias eran sus ganancias.

Ya a finales de 2011, antes de que *Chepe Furia* fuera capturado, *el Niño* profetizó desde su solar: "Está haciendo dinero con el nombre de la pandilla, y le va a salir barba por eso, por no dar ni un cinco".

Chepe Furia tenía el control absoluto de la colonia San Antonio, y eso también quedaría clarísimo más adelante en esta historia. El inspector asegura que tenían indicios de que gracias al control de la zona por parte del mafioso, vehículos robados eran desmantelados en ese lugar, y cargamentos pequeños de droga eran almacenados.

"Esa estructura es un ejemplo de estructuras pandilleriles que tienen un nivel de crimen organizado", me dijo el subdirector general de la policía, Mauricio Ramírez Landaverde, a principios de 2012, en referencia a la Hollywood Locos Salvatrucha de *Chepe Furia*. "Son estructuras dedicadas al contrabando, narco, sicariato, tráfico de personas", agregó. Y explicó que la clave es un líder ambicioso que sepa qué hacer con unos muchachos ansiosos de sangre. Eso, sumado al control territorial, obliga a que los demás delincuentes que quieran operar en su zona tengan que pactar con *Chepe Furia*, según el jefe policial.

Chepe Furia hacía alianzas a diestra y siniestra. Incluso los seguimientos a algunos señalados como capos salvadoreños llevaban hasta *Chepe Furia*. En las fiestas julias de Santa Ana en 2011, la policía daba seguimiento a Roberto *el Burro* Herrera —ahora preso en el penal de máxima seguridad e identificado como líder del cártel de Texis—. El seguimiento los llevó al restaurante Drive Inn, donde Herrera se sentó con *el Maniático* y *Chepe Furia* en un "área privada" del lugar, según consigna el informe policial.

Lo que *Chepe Furia* no sabía era que el inspector había terminado su rompecabezas, que *el Niño* había contado sus secretos y que el enfrentamiento con el Estado estaba por iniciar. Un Estado persecutor y un Estado amigo.

El Estado contra *Chepe Furia*

Más de 500 policías se reunieron en el Regimiento de Caballería, en San Juan Opico, a más de una hora de Atiquizaya. Era octubre de 2010. Los policías tenían órdenes de realizar 70 allanamientos en viviendas de los miembros de la clica de *Chepe Furia*. En camiones, todos fueron trasladados hacia el parque central de Atiquizaya, y los grupos de tarea se dispersaron. El inspector encabezó un equipo de unos 50 agentes que se dirigieron a la colonia San Antonio. Eran seis los objetivos a detener en ese lugar, pero al inspector le interesaba echar mano personalmente de su rey de espadas, de *Chepe Furia*.

Atiquizaya tiene poco más de 30 000 habitantes, muchas de sus calles aún son empedradas o de tierra, y la red de *Chepe Furia* va desde policías hasta recolectores de basura y se extiende mucho más allá del municipio.

Entre los investigadores del operativo iba el sargento Tejada, un hombre que meses después sería acusado de haber entregado a un testigo a *Chepe Furia*, para que éste lo asesinara. Lo extraño es que los policías tuvieran esperanzas de encontrar al mafioso en su casa, dormido y desprevenido.

Cuando el contingente del inspector entró, la electricidad se fue por completo en toda la colonia San Antonio, y aquella parecía un área deshabitada del municipio. Quizá como un gesto burlón, al único pandillero que dejaron en la colonia era el de más bajo nivel, *el Cuto*, el hijo de la tortillera que hacía de halcón a la entrada de la colonia que habitaba su patrón. El jefe de la fiscalía en el occidente del país, Mario Martínez Jacobo, estuvo en la colonia San Antonio, y recuerda que alguno de los pocos vecinos que quedaron le aseguró que 10 minutos antes de que llegaran, un vehículo entró y se llevó a *Chepe Furia*.

En los días siguientes, gran parte de la clica fue capturada, más de 25 pandilleros iniciaron juicio por 11 homicidios que las autoridades habían podido documentar, y cerca de 30 eran acusados por asociaciones ilícitas, entre ellos, *Chepe Furia*.

El veterano líder desapareció de Atiquizaya durante dos meses, pero al parecer confiaba tanto en su red que el 24 de diciembre de 2010 una cuadrilla de soldados que patrullaba la colonia San Antonio lo identificó, relajado como antes, en la tienda donde recibía a sus visitantes, acompañado de su padre. Al enterarse, el mismo inspector consiguió que un juez suplente del Juzgado Especializado de Instrucción de Santa Ana le firmara una orden de captura, y él mismo condujo hasta la colonia San Antonio para entregarla a los soldados. El juez titular, Tomás Salinas, estaba de vacaciones, y de cualquier manera, había desestimado las pruebas de la fiscalía luego del operativo fallido en la colonia San Antonio. Ese juez, en ausencia del acusado *Chepe Furia*, se había negado a ordenar su arresto luego del intento de octubre, y no había emitido nuevas órdenes de captura a pesar de que el 24 de noviembre su organismo superior, la Cámara Especializada contra el Crimen Organizado, le informó que debía hacerlo, que las pruebas eran suficientes para considerar a ese hombre como el jefe de una estructura mafiosa.

El inspector asegura que cuando finalmente arrestaron a *Chepe Furia*, su abogada particular "se jalaba los pelos de la cólera" y le preguntaba por qué la orden había sido firmada por el suplente del juzgado y no por el titular, o sea el juez Tomás Salinas. *Chepe Furia* miraba la escena con tranquilidad.

El mafioso fue trasladado al penal de Apanteos, en Santa Ana, y se identificó como no pandillero. Aquello que dijo *el Niño* de que a *Chepe Furia* "le saldría barba" con su pandilla, parecía también saberlo el mismo *Chepe Furia*. El director del penal cuenta que tras sólo un día de haber ingresado al pandillero en el sector de reos comunes, tres presos pidieron audiencia con él. Los tres le preguntaron lo mismo: ¿sabe usted a quién ha metido al sector de civiles? El director escuchó la respuesta de los reos. Uno de ellos lo llamó "*Don Chepe*, el mayor mafioso del occidente". El alcaide decidió poner al nuevo reo en un área del penal llamada la isla, una celda mínima de aislamiento para vigilar a reos con mal comportamiento o especiales. Al parecer *Chepe Furia* no hizo amigos ahí. Tras unas pocas noches de convivir con dos líderes de La Raza —la mafia carcelaria de los civiles— y un pandillero de La Mirada Loca —otra pandilla surgida en el sur de California—, *Chepe Furia* admitió ser miembro de la MS, firmó un documento en el que reconocía su taca y su clica, y fue confinado al pequeño sector de pandilleros de la MS, donde permaneció con bajo perfil.

Para la suerte de *Chepe Furia*, su encarcelamiento sería breve. El juez principal del juzgado volvió de sus vacaciones, y de inmediato aceptó la petición de la abogada de *Chepe Furia*, y convocó a una audiencia de revisión de medidas el 2 de febrero de 2011, tan sólo 38 días después de la captura del pandillero. El juez determinó que "no sólo porque la policía y un testigo criteriado" lo dicen se debía creer que el hombre encarcelado era jefe de una estructura criminal. Aseguró que llamaba la atención que *Chepe Furia* no estuviera siendo juzgado por asesinato, ya que "para alcanzar papeles de liderazgo… una persona tiene que ser autora de varios homicidios". Aseguró que "no se va a juzgar por lo que se dice en los medios de comunicación o lo que afirma la fiscalía", y que además "esta persona tiene una actividad laboral contractual con la Alcaldía Municipal de Atiquizaya" y que por tanto no había por qué sospechar de que ese hombre iba a escapar y, en tal caso, se le imponía una fianza de 25 000 dólares, que *Chepe Furia* saldó dejando dos escrituras de inmuebles; se le solicitó el pasaporte y se requirió que se presentara todos los viernes a la subdelegación de la policía en Atiquizaya. *Chepe Furia* salió caminando del juzgado de Santa Ana. Por segunda vez, el mismo juez le otorgaba libertad.

El siguiente viernes, 4 de febrero de 2011, *Chepe Furia* no llegó a la subdelegación a reportarse. Ni tampoco lo hizo el siguiente viernes, ni ningún viernes de todo el año. *Chepe Furia*, gracias a la decisión del juez Salinas, desapareció.

Los fiscales del caso se apresuraron a pedir de nuevo a la Cámara que reconsiderara la "pobre decisión" del juez, ya que, de nuevo, estaba basada en los mismos argumentos que utilizó la vez anterior para desestimar las órdenes de captura. La misma decisión que la Cámara ya en una ocasión le había ordenado cambiar. La Cámara consideró que nuevamente la resolución del juez era "incompleta o poco válida […] completamente errada". La Cámara hizo ver que una carta de la alcaldesa de Atiquizaya explicando que *Chepe Furia* recogía los desechos de su ciudad, una partida de nacimiento de su hijo, la constancia de un doctor que decía conocer al acusado, cuatro escrituras de inmuebles a su nombre y cuatro recibos de agua y luz a nombre de otra persona con apellidos distintos a los de *Chepe Furia* no eran suficiente prueba de que el pandillero no iba a fugarse. De hecho, la Cámara consideró que lo único que demostraban esas escrituras era que el testigo había dicho la verdad sobre que el acusado tenía "una cantidad considerable de inmuebles", entre ellos una casa de dos plantas bastante más grande que cualquier otra de la colonia San Antonio. Además, argumentó la Cámara, retener el pasaporte de *Chepe Furia* era una medida absurda si pretendía mantenerlo en el país. "Es evidente el peligro de fuga, ya que […] el convenio CA-4 no sólo permite viajar con pasaporte, lo puede hacer con su documento de identidad e incluso por un punto ciego."

En diciembre de 2009 *Chepe Furia* había hecho un viaje terrestre a Guatemala y otro a Nicaragua; en enero de 2010 dos viajes a Honduras, y uno más a Guatemala en julio, según registros migratorios.

Finalmente, la Cámara le señala al juez una falta "sumamente grave" en la que cae en "arbitrariedad". El juez no aplicó lo que en jerga de justicia se llama efecto suspensivo en este caso, cuando sí lo ha hecho en otros. Esto significa que cuando saca de la cárcel a un acusado para que aguarde en casa la llegada del juicio, debe esperar el plazo estipulado para que la fiscalía ponga un recurso ante la Cámara y ésta tome una decisión. Es una medida que sirve para que no pase lo que pasó en este caso: que el acusado escape.

—¿El juez ha ocupado todas las medidas posibles para poner en la calle a *Chepe Furia*? —le pregunté al jefe de la fiscalía en todo el occidente del país.

—Así es —respondió.

Durante dos meses dejé mensajes de voz en el teléfono privado del juez Salinas. Nunca los contestó. Sin embargo, a principios de 2012 tuvimos una conversación en persona. Aquello pretendía ser una entrevista para publicarse, pero se vio frustrada porque cuando se le preguntó por el caso de *Chepe Furia*, y su extraña decisión de otorgarle libertad a un hombre que había sido capturado escapando, el juez dijo que cada quien tenía su criterio y exigió pasar a otro tema que era más importante para él. El tiempo se nos fue en esa discusión, y la entrevista nunca terminó de realizarse.

La Cámara ordenó la recaptura de *Chepe Furia*. La historia volvió a empezar.

El inspector jefe de la oficina de investigadores policiales de El Refugio recibió una orden judicial a principios de marzo de 2011: debe capturar a José Antonio Terán, mejor conocido como *Chepe Furia*. El inspector sintió rabia, y para sus adentros dijo: "No me jodan".

Cercar al "cacique de Atiquizaya" había sido un trabajo de hormiga de más de un año, y un juez se había encargado de hacerlo trizas en sólo siete días. Era obvio que *Chepe Furia* echaría mano de otros contactos para resguardarse un tiempo. Y así fue durante un año. Varias veces los hombres del inspector estuvieron cerca, trabajando con informantes del mundo del crimen que les aseguraban que *Chepe Furia* seguía en la frontera con Guatemala, yendo y viniendo de un lado a otro, activo en el tráfico de drogas. De hecho, uno de esos informantes había solicitado 300 dólares por decirles exactamente cuándo llegaría a Santa Ana y qué placas tendría el pick up en el que llegaría. El investigador que recibió la oferta prefirió seguir en el intento por conseguir la información de manera gratuita.

El 10 de marzo de 2012 a unos policías de Seguridad Pública que hacían una ronda les pareció extraño que, al verlos, un hombre huyera e intentara entrar en una casa de la colonia Bella Santa Ana, una residencial de clase media alta a la entrada de la ciudad santaneca. Los policías lo siguieron, lo detuvieron y verificaron de quién se trataba. Para su sorpresa, habían recapturado a *Chepe Furia* en la vivienda de un empresario dueño de un restaurante flotante en el lago de Coatepeque. Cuando allanaron la casa, encontraron una carabina 30-30 con 17 cartuchos, dos escopetas calibre 12 y municiones para una pistola calibre .25.

Cuando supo de su detención, el jefe de toda la región occidental, el comisionado policial Douglas Omar García Funes, mejor conocido como *Carabinero*, se acercó a las celdas de la delegación de Santa Ana a verlo:

—Es increíble lo astuto que es —me dijo meses después—. Cuando lo escuchás hablar casi te convence de que él no es nada más que un empresario. Todo lo pide por favor, te saca conversación, me dijo que nosotros éramos colegas, que él había sido policía nacional.

Todo parecía volver al mismo cauce. *Chepe Furia* estaría de nuevo ante el mismo juez acusado del mismo delito, asociaciones ilícitas, que en su caso, por considerársele líder, podía representarle una condena de entre seis y nueve años. Sin embargo, el inspector no había dejado de trabajar y tenía un as bajo la manga. Gracias a que se ganó la confianza del *Niño*, el inspector había obtenido más que simples confesiones formales. Sostenía conversaciones casuales, no sólo interrogatorios. El ex sicario de la clica le había contado que una tarde de noviembre de 2009 una comitiva poco usual había partido de Atiquizaya hacia el departamento de Usulután, para asistir al velorio de un pandillero asesinado. *Chepe Furia* manejaba su pick up doble cabina, recordó *el Niño*, y atrás iban *el Extraño* y *Liro Joker*. De repente apareció un muchacho de 23 años con dos lazos que *Chepe Furia* le había pedido que comprara, uno azul y uno verde. *Chepe Furia* se los pagó con un dólar. El muchacho se subió al vehículo. Ese mismo día, en el oriente del país, en el municipio de Berlín, Usulután, a la orilla de la carretera fue encontrado el cuerpo de Samuel Menjívar Trejo, un joven de 23 años, vendedor de verduras del mercado de Ahuachapán, recolector de las extorsiones en el área del centro de ese departamento para *Chepe Furia* y mejor conocido como *Rambito* de la MS. Ese muchacho, desde hacía meses, era también informante de la policía en Atiquizaya, y pretendía entregar a su jefe por el delito de extorsiones. El cuerpo estaba amarrado con los mismos lazos que *el Niño* lo vio comprar, tenía signos de tortura y el rostro perforado por varios disparos de 9 milímetros.

Los cabos José Wilfredo Tejada y Walter Misael Hernández, de la delegación de Atiquizaya, fueron vistos ese día con *Rambito* en su vehículo oficial justo antes de que el testigo saliera rumbo a su muerte. De hecho, Tejada pidió ese día por la mañana por radio que una patrulla del 911 detuviera al muchacho y se lo llevara. *El Niño*, cuando durante el proceso le mostraron las fotografías de los policías, aseguró que los había visto a ambos conversando en diferentes ocasiones con *Chepe Furia*. Sin embargo, ambos quedaron en libertad.

Durante una visita al solar del *Niño* en enero del año pasado, él me contó, sin prestarle mayor atención, que en una ocasión el cabo Tejada había llegado hasta él para proponerle que acusara a unos pandilleros por el asesinato de *Rambito*. Que él le diría a cuáles. Ninguno de esos pandilleros era *Chepe Furia*.

El caso está en apelación por parte de la Fiscalía Especializada contra el Crimen Organizado. Debido a la complejidad del caso y al involucramiento de investigadores de la zona occidental, la fiscalía decidió trasladarlo a una unidad de envergadura nacional, como una medida de seguridad para los fiscales, me explicó el jefe de esa unidad, Rodolfo Delgado. Por parte de la policía, fue la Unidad de Asuntos Internos la que ha seguido el caso. Delgado asegura que el procedimiento fue muy extraño, pues fueron agentes del 911 los que detuvieron a un testigo, y no investigadores. Lo trasladaron a la delegación, de la que salió acompañado por los cabos Tejada y Hernández. En la siguiente escena donde alguien lo vio, *Rambito* abordaba un vehículo con *Chepe Furia* y sus hombres de confianza.

Algunas fuentes policiales y fiscales aseguraron que guardaron el caso del asesinato de *Rambito* hasta el último momento para que no se vinculara al proceso llevado en el juzgado de Tomás Salinas. Querían alejarlo de ahí, no llevarlo con el juez que dejó salir en dos ocasiones a *Chepe Furia*. No juzgarlo en donde inició la acción delictiva, sino donde se ejecutó. Por eso, el juzgado que llevó el caso fue el especializado de San Miguel, al que le corresponden los casos de Usulután.

Para diciembre de 2012, cuando se llevó a cabo el juicio por el asesinato de *Rambito*, el juez Tomás Salinas ya había intentado librar de los cargos de asociación ilícita a *Chepe Furia* una vez más. El 20 de agosto de 2012, cerca de cinco meses después de su recaptura, el mismo juez que lo sacó de prisión en 2010, el mismo que fue obligado por la Cámara a emitir órdenes de captura contra el pandillero, decidió que no había pruebas de que *Chepe Furia* fuera un líder mafioso, y por tanto le dio sobreseimiento provisional. Pero esta vez *Chepe Furia* enfrentaba otro proceso por homicidio, y no fue puesto en libertad. Una vez más, la Cámara le recordó al juez Salinas que, según el testigo del caso, *Chepe Furia* "facilita las armas" que serán utilizadas en los homicidios, "es un cerebro, ya que tiene nexos con la policía […] y sale constantemente del país a Guatemala para hacer contactos de droga y armas". Le recordó también que el testigo "ha formado parte de dicha agrupación y ello implica que le consta lo actuado" por *Chepe Furia*. Esta vez la Cámara no se conformó con revocar la decisión del juez, sino que le ordenó que dictara apertura de juicio; que soltara el caso y lo pasara al juez especializado de sentencia, que es quien ahora mismo decide si agregar más años a *Chepe Furia* por el delito de asociaciones ilícitas.

Por el homicidio de *Rambito*, *Chepe Furia* fue condenado a 20 años de prisión en diciembre del año pasado, y ahora los cumple en el penal de Gotera, lejos de sus colegas de la MS.

El Niño continúa en su solar, a la espera de terminar de declarar contra todos sus ex colegas de la Hollywood Locos Salvatrucha. En el caso de *Chepe Furia*, ya dijo todo lo que tenía que decir, pero está convencido de que no todo ha acabado.

"Un traidor es la peor mierda", recuerda *el Niño* las palabras de *Chepe Furia*. Hace unos meses, cuando *Chepe Furia* aún no había sido condenado por el homicidio de *Rambito*, un policía al que *el Niño* no conocía se acercó para ofrecerle sacarlo del solar a cometer un homicidio en las afueras de Atiquizaya y ganarse 1 000 dólares. "Yo te voy a llevar", le dijo. *El Niño* preguntó por el arma. "Allá te la vamos a dar", le contestó el policía.

—Yo ya no soy ningún pendejo —reflexiona *el Niño*.

2

La frontera de los señores

La detención de un influyente alcalde fronterizo realizada por un rudo jefe policial que se jacta de no temer a los narcos devela cómo se mueven los hilos en la frontera entre Honduras y Guatemala. Los señores de la droga de acá tienen alianzas que escalan hasta lo alto del poder nacional. Éste es un recorrido por el departamento de Copán, la gran puerta de salida de lo que en Honduras se conoce como el corredor de la muerte.

El Paraíso es un fiasco. Es un lugar vacío, solitario, de polvo o de lodo, depende de la temporada. Ahora es de lodo. Nada que ver con lo que me habían anunciado. Un lugar sorprendente, dijeron, un sitio que no muchos han visto. Un lugar del que jamás saldrás con vida si osas entrar sin permiso.

Nada de eso ha pasado. Aquí hay poco que ver, al menos si uno entra como yo entré. Si es así, El Paraíso es un fiasco. Lo del palacio sí es cierto, es imponente. Es un bloque de dos pisos, justo en el centro de El Paraíso, con sus cinco pilares largos en la fachada. Diminuto, en medio de la tormenta que hoy arrecia, asomaba el guardián del palacio junto a uno de los pilares. Era apenas del tamaño de la base. Porque el palacio sí es tal cual lo que uno espera. Majestuoso, impoluto. Y allá arriba, arriba de la estructura y de los pilares, en el techo, digamos, un helipuerto, como si en El Paraíso hubiera mucha gente que necesitara un helicóptero para salir volando.

Todo ocurrió así porque la gente que alguna vez estuvo allá me dijo que no había otra manera de entrar, que llegar por llegar, como un turista desorientado, era inverosímil. Que, con suerte, sólo sería expulsado de El Paraíso. Por eso tuve que entrar como entré, en caravana.

Así, El Paraíso es un fiasco. Es obvio que los vigilantes de este lugar nos detectaron desde que descendíamos entre precipicios por la vereda lodosa y turbulenta que conduce a El Paraíso, este municipio hondureño que hace frontera con Izabal, Guatemala, y que es señalado como la puerta de oro de la cocaína entre estos dos países, que sigue su curso hacia el norte, hacia Estados Unidos.

. . .

En Honduras todo empieza mal desde arriba. Es de esperar que cuando uno busca entrar en un territorio de control del crimen organizado las advertencias fatalistas empiecen a darse en cierto momento a medida que uno se acerca al lugar.

No se puede entrar.

Ellos lo ven todo.

Si —quién sabe cómo— entras, no sales.

En Honduras esto ocurre desde el inicio, desde la capital, Tegucigalpa, a ocho horas en vehículo de El Paraíso.

Era una tarde de sábado y en la mesa me acompañaban dos expertos reporteros del país. Ambos con experiencia en cobertura de crimen organizado. Al poco tiempo se nos unió una fuente de confianza de ellos, un fiscal que también en varias ocasiones ha llevado casos que han involucrado a familias dedicadas al crimen organizado, que en Honduras se dedica principalmente al tráfico de drogas, personas y madera, y a la trata de personas.

Para hablar del tema, abandonamos la fresca terraza y, a petición de uno de los colegas, nos encerramos en el apartamento a susurrar.

—Cerca de la calle ni mú —dijo uno de los reporteros.

El fiscal llegó para reafirmar las restricciones.

—Copán es un lugar donde te podemos abrir contactos. Yo al menos tengo a alguien de confianza en la capital, Santa Rosa, pero hasta ahí. De ahí para la frontera con Guate es territorio de los señores. Allá no hay Estado que valga.

Por primera vez escuché hablar de El Paraíso. En esa conversación, El Paraíso era algo lejano, sin nombre, un lugar mítico gracias a su palacio municipal.

—Hay por ahí un pueblito en medio de esa zona de la frontera que sí es jodido. Dicen que tienen pista de helicópteros en el techo de la alcaldía, y que el alcalde se jacta de que ahí no les falta nada, de que no necesitan cooperación porque les sobra el dinero —contó uno de los periodistas.

44

—En esos lugares, cerca de ese pueblo, el Estado no tiene fiscales asignados exclusivamente para esa región; tiene pocos policías y ninguno de investigación, de unidades especiales. Esa zona, el gobierno ha decidido entregarla a los señores —complementó el fiscal.

. . .

Estoy convencido de que *el Tigre* Bonilla no está satisfecho. Son más de las 10 de la noche cuando salimos de El Paraíso. Los 25 policías que componen la aparatosa caravana están cansados. El ímpetu que mostraron al inicio del recorrido, cuando al mediodía registraban enérgicos cada vehículo que trastabillaba en estas veredas, ha desaparecido. Tiemblan de frío. Sus uniformes están empapados y el viento se los recuerda allá atrás en las camas de los pick ups. Pero *el Tigre* Bonilla quiere más.

El comisionado policial Juan Carlos Bonilla, *el Tigre*, es un policía de 45 años, con casi 25 de servir en la institución. Ahora mismo es el jefe de tres departamentos hondureños que hacen frontera con Guatemala y El Salvador. Él manda en Copán, donde estamos ahora, frontera con Izabal y Zacapa, en Guatemala. Izabal y Zacapa están bajo el control de los Mendoza y los Lorenzana, que según la policía chapina son dos de las familias más emblemáticas del narco guatemalteco. Manda también en Nueva Ocotepeque, frontera con Chiquimula, Guatemala, y con Chalatenango, El Salvador. Este departamento hondureño es frontera con San Fernando, el minúsculo pueblo chalateco donde inician los dominios del cártel de Texis, un grupo salvadoreño formado por diputados, alcaldes, policías, pandilleros y empresarios, y reconocido incluso por Naciones Unidas. *El Tigre* también es el jefe policial de Lempira, que hace frontera con Chalatenango y Cabañas, en El Salvador. Por encargarse de Copán, *el Tigre* está al mando del punto de salida de lo que en Honduras se conoce como el corredor de la muerte, la ruta del tráfico de cocaína que inicia en la frontera con Nicaragua, en el departamento caribeño de Gracias a Dios, y que recorre por la costa otros cuatro departamentos antes de llegar a esta frontera con Guatemala. Entre esos departamentos está Atlántida, el departamento centroamericano más violento.

El Tigre es un descomunal hombre grueso y de casi 1.90 metros, con un rostro duro, como esculpido en roca, que recuerda a las mexicanas cabezas olmecas. Entre sus colegas tiene fama de bravo, y a él le gusta que así se le reconozca.

—Todos saben que conmigo no se anda con mierdas —repite seguido.

En 2002 la Unidad de Asuntos Internos de la policía acusó al *Tigre* de participar en un grupo de exterminio de supuestos delincuentes en San Pedro Sula, una de las ciudades más violentas de Centroamérica, con 119 homicidios por cada 100 000 habitantes. Incluso hubo un testigo que dijo haber presenciado una de las ejecuciones de este grupo de exterminio formado, supuestamente, por policías y llamado los Magníficos. *El Tigre* tuvo que pagar una multa de 100 000 lempiras (más de 5 000 dólares) por su libertad durante el juicio. Luego, en un proceso que muchos tachan de amañado, donde la principal promotora de la denuncia, la ex jefa de la unidad acusadora, quedó fuera de su cargo a medio juicio, Bonilla fue exonerado.

—¿Ha matado fuera de los procedimientos de ley? —le pregunté, mientras dejábamos atrás El Paraíso.

—Hay cosas que uno se lleva a la tumba. Lo que le puedo decir es que yo amo a mi país y estoy dispuesto a defenderlo a toda costa, y he hecho cosas para defenderlo. Eso es todo lo que diré.

La entonces inspectora María Luisa Borja aseguró ante los medios hondureños que durante el interrogatorio de la inspectoría interna, *el Tigre* pronunció una frase.

—Si a mí me quieren mandar a los tribunales como chivo expiatorio, esta policía va a retumbar, porque yo le puedo decir al propio ministro de Seguridad en su cara que yo lo único que hice fue cumplir con sus instrucciones —fue, según Borja, la frase del *Tigre*, que luego llamó al entonces viceministro de Seguridad, Óscar Álvarez, hoy número uno en esa oficina.

Estamos aquí porque *el Tigre* quiere demostrar que no es verdad lo que le dije. Le dije que, según funcionarios, alcaldes, periodistas, defensores de derechos humanos, sacerdotes, hombres y mujeres que piden que se oculten sus nombres, ciertas zonas de la frontera de Copán, de su frontera, están controladas por el narcotráfico. Por los señores, dicen.

El Tigre, en una tarde, montó un operativo. Me aseguró que los hace como rutina, y que hoy yo podía escoger dónde ir, para que me diera cuenta de que él entra donde le da la gana.

—A El Paraíso, quiero ir a El Paraíso.

—Está bien… Donde quiera entro yo… Niña, deje esos informes y prepare una buena comitiva de agentes, llame a los de caminos, pero no les diga a dónde vamos, que sea sorpresa.

El Tigre no confía en sus policías. Él dice que sólo confía en uno de los de su zona: en él mismo.

. . .

El agente de inteligencia hondureño era más desconfiado que cualquier otro de Centroamérica con los que he trabajado. Por ejemplo, el de Nicaragua incluso accedía a tomar unas cervezas a orillas del Caribe. Sin embargo, aquel asesor de inteligencia del gobierno hondureño ni siquiera aceptó bajarse del carro. Dio vueltas por Tegucigalpa durante una hora mientras conversábamos, vueltas cuyo único patrón era no repetir la misma calle.

Yo buscaba preguntar un poco por la zona de Copán, conocer el sitio al que entraría. Sin embargo, la mitad del tiempo lo gastamos en preguntas de él hacia mí. Cuando al fin habló, lo que dijo retrató una zona de vaqueros y ranchos.

—Santa Rosa de Copán es un lugar de descanso de esos señores, de oficina. Ahí hacen tratos, se reúnen, tienen a sus familias y casas de descanso. Ahí también hacen trato con aquellos policías, alcaldes y funcionarios que tienen comprados, sus reuniones políticas.

El agente diferenció Copán de otros departamentos hondureños, sobre todo de aquellos como Olancho o Gracias a Dios, puertas de entrada de la cocaína que sube desde Colombia rumbo a Estados Unidos. Allá las balaceras son música cotidiana. Ayer hubo una de dos horas en Catacamás, la segunda ciudad en importancia de Olancho, porque los narcos de ese lugar disputan el control de las rutas con las familias de Juticalpa, la capital. En Copán, la efímera paz de los narcos reina de momento. Cuando tras sus batallas uno se proclama rey, durante un tiempo lo dejan reinar. Sólo durante un tiempo.

—En Copán todos saben quién manda. Ése es territorio de gente vinculada al cártel de Sinaloa, aunque no son exclusivos de ellos. Operan como agentes libres de quien pague, pero tienen una estrecha relación con Sinaloa. Incluso tenemos una alerta constante porque sabemos que [Joaquín] *el Chapo* Guzmán [jefe del cártel de Sinaloa] suele venir a los municipios fronterizos con Guatemala. Este año hemos detectado presencia de los Zetas. Eso, de confirmarse su interés por la zona, cambiaría el panorama.

Dimos más vueltas por Tegucigalpa. Entramos a una zona residencial y al poco tiempo aparecimos en una avenida principal de la que pronto volvimos a salir. El agente de inteligencia del Estado continuó describiendo Copán como una zona de narcos más organizados, con más experiencia. Dice que gran parte del control de esa frontera lo tiene la familia Valle, con sede en El Espíritu, una aldea de poco menos de 4000 habitantes a una hora de la frontera con Guatemala. De frontera sin aduana, obviamente, de frontera en pleno monte.

El agente defiende la teoría de que Guatemala es la cabeza centroamericana en cuanto a transporte de cocaína hacia Estados Unidos, son los hombres de confianza de los mexicanos y de los colombianos. Sin embargo, aseguró que las organizaciones hondureñas del occidente del país, como las de Copán, tienen un fuerte poder de negociación, gracias a su experiencia, y que eso queda demostrado por el constante envío de emisarios mexicanos a negociar a ciudades como Santa Rosa de Copán, sin intermediarios guatemaltecos de por medio.

—Y ya, que hoy sólo íbamos a conocernos y ya empecé a hablar —dijo.

Detuvo el carro en una calle de Tegucigalpa, en medio de una colonia poco transitada. Cada vez que el carro no estaba en marcha, su mano estaba en la cacha de su Beretta. Con un gesto amable, me invitó a bajar. Lo hice y él se fue.

* * *

Parece que aquí un hombre sin pistola no es hombre. No exagero. Desde que iniciamos el recorrido al mediodía hasta ahora que salimos de El Paraíso y *el Tigre* continúa revisando a todos los tripulantes de cuanto carro nos cruzamos, sólo dos hombres no han llevado al menos una pistola en el cinto. Hemos parado a 14 hombres. Sólo uno, un pobre campesino en un carro destartalado, llevaba un revólver sin permiso, y ahora viaja esposado en la cama del pick up que escolta al nuestro, el que conduce *el Tigre*.

En estos caminos de tierra, las pistolas y los rifles son de lo más común, pero también más allá, cuando el lodo termina en pavimento.

Descendemos por la calle pavimentada que va desde la desviación hacia El Paraíso hasta La Entrada. La Entrada es un punto de carretera del municipio de Florida, como a una hora de la frontera. La Entrada, paso obligado para ir a El Paraíso, para ir a El Espíritu, para ir a la frontera donde los señores se mueven a sus anchas, es un asentamiento cada vez mayor, clave para el paso de la cocaína y la mercadería robada que transita la zona. La Entrada, digamos, es el punto intermedio entre la Copán civilizada y la Copán pistolera.

A la orilla de esta carretera hacia La Entrada, orina un hombre atrás de su carro. Anochece. *El Tigre* da la orden para que el convoy lo revise. El hombre vocifera, le grita algo a Rivera Tomas, el jefe policial del municipio de Florida, subordinado del *Tigre*. Entonces aparece la camioneta del alcalde de La Jigua, repleta de hombres armados. Los 20 policías rodean y apuntan a los hombres. El alcalde arma su zafarrancho, se pone a insultar.

—¡A ver, qué papadas pasa aquí! —interviene *el Tigre*.

El alcalde de La Jigua, Germán Guerra, le entrega entonces al *Tigre* no una, sino las tres pistolas que trae. Dos no tienen permiso, son armas ilegales.

—Hola, *Tigre*, gusto de verlo otra vez. Vaya, está bueno, llévese las pistolitas, pero yo tengo que irme a un velorio —pide, lambiscón.

—Entiéndase con Rivera Tomas —responde con desdén *el Tigre*.

Se acerca a Rivera Tomas, lo toma del brazo y le dice en voz baja:

—Haga el procedimiento. ¡Lo miro temblando! Deje la cagazón. Así como llevó al indito del revólver, lleve a estos señores.

La Jigua es uno de los cinco municipios considerados como zonas de control de los narcotraficantes de Copán debido a que está en la franja del departamento que toca Guatemala.

Rivera Tomas ordena que los suban a la cama del pick up, esposados, y los lleven a la delegación de La Entrada. Es evidente el nerviosismo de Rivera Tomas. Es evidente que el alcalde de La Jigua sólo cambió la actitud cuando vio al *Tigre*. Es evidente que lo ve pocas veces. Y también es evidente que está acostumbrado a tratar a los policías como sirvientes.

—¿Ve? Conmigo no se andan con mierdas —se pavonea *el Tigre*.

. . .

—Si yo creyera que dar mi nombre cambiaría algo, te daría mi nombre, pero no sirve de nada, porque estos señores que mandan en esta frontera no están solos, detrás de ellos están los hombres de corbata que gobiernan el país —justificó el ex alcalde por qué no se identificará en la conversación.

Nos reunimos a desayunar en un restaurante en las afueras de Santa Rosa de Copán. Para que accediera a presentarse, este ex alcalde de un municipio de la zona fronteriza de Copán solicitó todo el protocolo habitual. Un conocido de confianza de él le dijo que confiara en mí. Le dijo que no publicaría su nombre, que no diría el lugar de la reunión ni el municipio que gobernó. Le dijo que tampoco le sacaría fotos. Entonces, aceptó hablar, e hizo un muy ilustrativo resumen.

—Mirá, aquí las cosas que parecen mentira, invento, exageración, no lo son. Hacen lo que quieren porque tienen todo el apoyo político que les viene en gana. *El Chapo* Guzmán sí que ha pasado por aquí, todos lo sabemos, ha estado en una hacienda en El Espíritu protegido por la familia Valle, los grandes lavadores de dinero de la zona, con hoteles en Santa Rosa de Copán y otro montón de negocios. Y ha estado en El Paraíso.

Por primera vez, de manera directa, pregunté por El Paraíso, por su bonanza, por su helipuerto y su alcaldía con ínfulas de capitolio.

—Mirá, todos los alcaldes de la zona sabemos cómo opera el alcalde de El Paraíso. Él no siempre te ofrece dinero. Cuando tenés ferias municipales, él te manda a ofrecer lo que querás, jaripeos, grupos norteños mexicanos de prestigio que te atraen gente y así recaudás más. Luego él te pedirá favores. Eso nos pasó a muchos alcaldes. Y vos te preguntás, si mi municipio es tan pobre, tan rural como el de él, ¿por qué él tiene tanto dinero como para traer grupos mexicanos que cobran miles de dólares por una función?

Lo que el ex alcalde me contó mientras desayunábamos lo confirmó otro alcalde en funciones que también recibió ofertas del edil de El Paraíso. Este notable alcalde de El Paraíso se llama Alexander Ardón, y viaja en una camioneta blindada escoltada por otras dos en las que se movilizan los 20 hombres armados que lo custodian día y noche.

El interés mediático por El Paraíso se acrecentó cuando en 2008 el ex ministro de Seguridad hondureño, Jorge Gamero, calificó a ese municipio como "el punto negro de Copán", un departamento ya de por sí célebre por ser clave en el tránsito de la cocaína sudamericana.

En una entrevista publicada en agosto de 2008 por el periódico hondureño *La Prensa*, la única que ha concedido el alcalde, Ardón se jacta de haber estudiado sólo hasta quinto grado, de haber nacido pobre y ahora tener crédito de millones de lempiras con los bancos. Asegura que su municipio y él son ricos por la leche y el ganado. Dice que es un negocio millonario.

Ardón se define como un hombre humilde, pero asegura que es, literalmente, el rey del pueblo. Rehúye dar respuestas sobre sus vinculaciones

con el narcotráfico, y acepta que, por estar en la frontera, muchos gana-
deros como él se han beneficiado del contrabando de ganado. Por lo
demás, Ardón no da entrevistas ni recibe medios.

Quien sí lo hace es el obispo de Copán, Luis Santos, que desde 2008
ha declarado a diferentes medios frases que bien podrían ser impac-
tantes titulares si no fuera porque en Copán ya cualquier declaración
sobre el mundo del narcotráfico, por estrambótica que sea, se lee como
normal. "En El Paraíso sólo la iglesita queda, porque todo lo demás ya
lo compraron los narcos", dijo. "En El Paraíso hay aldeas donde pueden verse mansiones", dijo también. "En El Paraíso las muchachitas no
aceptan al novio si no tiene un carro último modelo, que los narcos sí
tienen", dijo. No nos perdamos: recordemos que El Paraíso es un municipio refundido en la frontera, refundido en Honduras, con acceso de
tierra, de lodo.

—Hay cosas que todos sabemos, como que en El Paraíso en las elecciones de alcaldes y diputados de 2009, las urnas se cerraron a las 11 de la
mañana con ayuda de hombres armados que repartieron a cada delegado
del Partido Liberal 3 000 lempiras y los despacharon. Se llevaron las urnas
y las terminaron de llenar —me dijo el ex alcalde en el desayuno.

Dos fuentes más me confirmaron este hecho en Santa Rosa de Copán.
Uno de los que lo hizo es miembro del Partido Nacional, al que pertenece el alcalde Ardón. Los números de las votaciones hablan de unos
muy inusuales resultados en El Paraíso en comparación con el resto de
los municipios. De los 12 536 votantes que podían decidir en ese municipio, 9 583 fueron a las urnas. Es el que menos abstención tuvo en todo el
departamento de Copán. De esos votantes, sólo 670 eligieron al Partido
Liberal. Los otros 8 151 dieron el triunfo al Partido Nacional. Fue tanta
la diferencia que El Paraíso estuvo a menos de 1 000 votos de conseguirle
un diputado más a su partido en ese departamento. En los demás 22 municipios de Copán la diferencia de votos entre un partido y otro nunca
superó las 600 marcas. En el municipio de Ardón, su partido barrió por
7 481 votos a sus contrincantes.

Es un hecho, si alguien se acerca a Copán a preguntar por el narco,
el nombre de El Paraíso y de su alcalde terminarán saliendo a la plática.
Eso le ocurrió, por ejemplo, al investigador y periodista estadounidense
Steven Dudley, quien en su investigación de febrero de 2010 para el
Woodrow Wilson Center y la Universidad de San Diego obtuvo in-
formación de la inteligencia policial, así como de oficiales de la misma

institución, que le aseguraron que Ardón trabaja directamente con el cártel de Sinaloa y que es usual que en este municipio se celebren fiestas de capos centroamericanos y mexicanos. Por eso no es de extrañar que en febrero de 2010 el actual ministro de Seguridad hondureño, Óscar Álvarez, declarara a la mexicana Radio Fórmula que el Chapo Guzmán, el capo mexicano más poderoso, vacaciona en El Paraíso.

Álvarez también dijo que a El Paraíso han llegado a tocar Los Tigres del Norte para amenizar fiestas de capos organizadas por el alcalde. Sin embargo, y aunque el folclor llama más la atención, pocos reparan en lo que me hizo ver mi informante de inteligencia.

—Con todo y su mala fama, Ardón es el alcalde de un pueblito perdido, pero es capaz de convocar, como lo hizo para la inauguración de su palacio municipal con helipuerto, a los políticos y empresarios más importantes de este país. Es un hecho, por eso no se permitió libertad de fotografías en el evento. ¿Por qué pasa eso? Porque uno de los mecanismos más eficientes para asegurarte tu tranquilidad, tu bienestar como señor de la frontera, es financiar campañas políticas departamentales y nacionales. Así, cualquier problema futuro se resuelve con una llamadita a tu amigo el importante político.

Según el alcalde en funciones y el ex alcalde con quienes hablé, aquella inauguración del pulcro palacio de El Paraíso fue una alfombra roja de diputados, funcionarios y empresarios.

. . .

El Tigre no quedó satisfecho con las órdenes que le dio a Rivera Tomas. Está estresado. Las oficinas no son su fuerte. Primero, condujo a toda marcha para encontrar un furgón que fue robado con todo y su carga: un tractor. Efectivamente, el furgón estaba a orillas de la carretera que va de La Entrada a Santa Rosa de Copán. Como era de esperar, el tractor había desaparecido. O sea que entre las cinco de la tarde que lo robaron y las 11 de la noche que llegamos, los delincuentes trasladaron un tractor de plataforma a plataforma y desaparecieron.

—Es que aquí no son rateros de cartera los que andan. Esto es frontera, aquí hay señores criminales. ¡Es por gusto, vámonos! Ese tractor ya ha de estar entrando a El Salvador por algún lugar de Ocotepeque —ordena el Tigre a los dos policías que escrutaban la oscuridad que rodeaba el camión mientras apuntaban al monte con sus M-16.

Pasó lo del camión, y ya hace media hora que estamos en la delegación de La Entrada para que *el Tigre* se cerciore de que Rivera Tomas no dejará ir al alcalde de La Jigua.

Alrededor de la delegación donde el alcalde firma furioso las actas de detención se han apostado 10 personas que, si no son guardaespaldas, intentan parecerlo. Nos examinan, nos filman con las camaritas de sus teléfonos a los policías y a mí, hablan por teléfono, nunca dejan de hacerlo, y se acercan para que los escuchemos: "Ya lo vamos a sacar. No saben con quién se metieron estos pendejos. Le vamos a llamar al ministro. En unos minutos lo sacamos".

Pero *el Tigre* no está de acuerdo. Allá en la esquina le advierte a Rivera Tomas que cuidadito y deja al alcalde de La Jigua pasar la noche en su casa.

Subo a la patrulla con *el Tigre*. Vamos solos en la cabina. En la cama del pick up van tres agentes. Avanzamos en silencio hasta que una llamada interrumpe en el celular del *Tigre*.

—¿Que qué? ¿Que llamó a Barralaga? ¡Me vale verga! ¡Ahí me lo tiene!

Jorge Barralaga es el jefe policial de Copán. *El Tigre* es su jefe regional, y no se llevan nada bien. *El Tigre* pidió que se investigara a Barralaga por haber permitido, contra sus órdenes, que 60 policías de Copán brindaran seguridad a la Alcaldía de El Paraíso el 28 de febrero de este año, durante la inauguración. "¿Dónde se ha visto que se descuide todo un departamento para cuidar una alcaldía perdida?", se pregunta *el Tigre*. No sólo fueron los 60 que envió Barralaga, sino que, según correspondencia interna policial que pude ver en Tegucigalpa, se enviaron otros 20 agentes y algunos militares. Un ejército resguardó la inauguración de una alcaldía que gobierna a poco más de 18 000 personas. En algunas delegaciones sólo quedó el motorista. Luego del evento, dice el documento en poder de la dirección nacional de la policía, los más de 80 servidores públicos se formaron y recibieron 1 000 lempiras cada uno de agradecimiento. La Alcaldía de El Paraíso agradeció con más de 80 000 lempiras (casi 5 000 dólares) el gesto multitudinario de los encargados de la seguridad de esta frontera.

En su carta de protesta, anexa al documento, *el Tigre* se queja de que esto representaba "una violación y desprestigio de la imagen", porque evidenciaba que "nuestra policía está al servicio de individuos dedicados a la actividad del narco". La queja del *Tigre* terminó en un llamado de atención hacia él por su mala relación con los alcaldes de la frontera.

Seguimos en silencio por la carretera unos cinco minutos. Nueva llamada en su celular.

—Ajá, dígame. ¿Que qué? ¿Que también llamó el ministro de Seguridad preguntando que por qué han detenido al alcalde? Bueno, hasta que no les diga que lo liberen, ahí me lo tienen.

Cuelga.

—Condenados estos, no dejan de mover sus hilos —me dice, riendo.

Seguimos en silencio. Tres minutos nada más. Nueva llamada.

—Ajá, ajá, dígame… Sí, ahí lo tengo detenido, publíquelo… Ajá, entonces no es información lo que usted quiere, sino que yo libere al alcalde.

Tapa la bocina de su celular, pone el altavoz y me dice en susurro que es una periodista importante de la zona.

—Fíjese que me llamó el diputado Marcio Vega Pinto [diputado por Copán], que intercediera, que porque yo tengo contactos con usted, me dijo —dice la voz de mujer.

—Pero ya sabe que en eso no la puedo ayudar —responde *el Tigre*.

—Se van a enojar todos esos alcaldes, ellos son bien amigos.

—Sí, ya sé que todas esas fieras me van a recordar de por vida.

—Mire, tenga cuidado, dicen que ese alcalde es socio de los Valle, los de El Espíritu.

—¿Y qué a esos Valle no les entra el plomo, acaso?

Quita el altavoz para despedirse de la periodista.

—No va a dejar de sonar el teléfono —me dice *el Tigre*—. Hasta que suelten a ese alcalde.

Aquí, en la frontera entre Guatemala y Honduras, entre Honduras y El Salvador, el dominio de los señores del narco se parece menos a un pueblo lodoso en la frontera y más a unas llamadas telefónicas que contesta gente que está lejos de la frontera.

Seguimos en silencio. Esta vez es un silencio que hace que *el Tigre* se sienta incómodo.

—¡Bueno, bueno, está bien! —irrumpe—. Si me dice que esos señores controlan la frontera porque saben cada vez que entro a El Paraíso o El Espíritu, le digo que sí. Me pregunto por qué, y respondo que porque mi gente está infiltrada.

Seguimos en silencio, pero sigue siendo incómodo, porque *el Tigre* me voltea a ver, como esperando que yo lo interrumpa.

—Se quedó inquieto —le digo.

—Es que está bien, si usted me dice que los señores narcos mueven libremente las drogas en esta frontera, yo le digo que sí, porque nunca he decomisado ni un granito de cocaína…

El Ministerio de Seguridad calcula que cada año atraviesan el país 300 toneladas de cocaína. Copán se considera la principal puerta de salida terrestre de esa droga hacia Guatemala.

—¿En todo este año no ha decomisado ni un granito en tres departamentos que hacen frontera con Guatemala y El Salvador?

—Nada de nada. Y me pregunto por qué. ¡Eso sí, yo no me le ahuevo a nadie! ¿Vio o no vio?

—Es cierto, *Tigre*, veo que no se le ahuevó al alcalde, ¿pero de qué sirve eso?

Seguimos en silencio hasta llegar a Santa Rosa de Copán.

3

Guatemala se escribe con zeta

Hubo un tiempo en el que los narcotraficantes guatemaltecos vivieron bajo un pacto de respeto. Un tiempo en el que eran casos contados los de ovejas negras que violaban el pacto. Una de esas ovejas descarriadas propició que las familias de la droga contrataran como sicario a ese grupo mexicano que ahora expande su control por el país. Agentes de inteligencia, militares, voces desde el interior del mundo del narcotráfico y un polémico Estado de sitio señalan hacia el culpable de que en Guatemala la estabilidad entre criminales se rompiera: los Zetas.

La última vez que mezcló fue hace unos tres años, cuando él cumplía siete de estar preso. Un grupo de reos llegó a su celda en aquella ocasión a preguntar por el extranjero que sabía tratar químicos. Él respondió con otra pregunta: ¿para qué soy bueno? Desembalaron en su catre un plástico que envolvía pasta base de cocaína y le preguntaron qué podía hacer y qué necesitaba para hacerlo. Él contestó que lo imprescindible era el bicarbonato. Se lo consiguieron, y al día siguiente esos hombres disfrutaron sus piedras de crack. Aquélla fue la última vez que *el Colombiano* mezcló. Antes mezclaba todas las semanas. De eso vivía.

El calor asfixia en esta cárcel guatemalteca, pero al *Colombiano* no parece agobiarle, quizá por la costumbre: cuando en junio de 1997 llegó al país, recaló en la ciudad de Mazatenango, la capital del departamento de Suchitepéquez. Ubicada a unos 200 kilómetros de la frontera con El Salvador y a unos 150 de la frontera con México, Mazatenango transpira el calor playero de una costa sin importantes puertos mercantes ni grandes complejos turísticos, y plagada de aldeas con vocación pesquera casi nunca nombradas, como El Chupadero o Bisabaj.

En la cárcel, algunos reos juegan futbol, hablan en las esquinas, comen en los comedores o aguardan esposados su traslado a alguna audiencia. Aquí hay presos comunes —paisas les llaman— y pandilleros, casi todos de la Mara Salvatrucha y el Barrio 18. *El Colombiano* y yo nos alejamos a un solitario puestecito de chucherías, para conversar sin tener que susurrar. Es un hombre recio, de unos 35 años, que hoy está bien afeitado y calza unos Nike blancos y limpios. Me interesa hablar con él porque ha sido testigo en primera persona de cómo han evolucionado en la última década las relaciones entre los narcotraficantes en Guatemala. Ahora sabe que sus días pasaron, que afuera es otra la ley, y que esa ley vino con unos hombres que llegaron de México y que ahora no quieren regresarse.

Hasta que lo encerraron, *el Colombiano* era lo que en el mundo de las drogas se conoce como un agente libre. No trabajaba en exclusiva para ningún cártel: nunca fue químico del cártel de Cali o del cártel del Norte del Valle en Colombia; no llegó a Guatemala contratado por alguna de las familias chapinas que movían la droga, ni tampoco lo trasladó algún grupo mexicano para mezclar aquí, antes de que el alijo cruzara la frontera en su camino hacia Estados Unidos. Era un agente libre, un hombre que, como su padre y su hermano, sabe utilizar la acetona, el bicarbonato, las anfetaminas y el amoniaco.

Lo atraparon en una casa, en Mazatenango, junto a su padre y un militar guatemalteco que los apoyaba. Está convencido de que hubo chivato. El operativo llegó directo a derribar la puerta justo cuando *el Colombiano* tenía las manos enterradas en 22 kilos de cocaína.

—Es que, vea usté, así era la movidita: si había platica, yo te componía en 20 minutos un kilo, hacía la mezcla y la dejaba lista para volverla a cocinar.

El Colombiano atendía, sobre todo, a clientes desesperados porque recibieron una mala mezcla o porque en el traslado se les humedeció un cargamento, y también a aquellos que, sencillamente, tenían pasta base y químicos, pero no la habilidad para transformarlos en polvo blanco.

Recién llegado a Guatemala, *el Colombiano* se ofreció a quien le puso *platica* enfrente. Trabajó para familias tradicionales de la droga, familias con contactos en el resto de Centroamérica y en México, como los Mendoza y los Lorenzana. Trabajó también para grupos menos conocidos que operaban en la frontera oeste, la de los migrantes y el contrabando, donde el rudo municipio guatemalteco de Tecún Umán se topa con el estado mexicano de Chiapas. Trabajó para quien le pagó, y esto, aunque suene extraño en el mundo del narcotráfico, nunca le generó recelos entre sus clientes.

—Es que, vea usté, aquí ningún cártel mandaba ni se entrometía con el otro. Aquí no te mataban por repartirte. Tú entregabas lo que componías, y ahí quedamos; usté lléveselo donde quiera y haga lo que quiera, que yo ya cobré y quedé tan a gusto.

Eran, dice *el Colombiano*, buenos tiempos, y Guatemala era un buen país para ser un agente libre. Diez años han pasado desde que lo atraparon y mucho ha cambiado afuera, pero no está de más probar con la pregunta.

—Y al salir, *Colombiano*, ¿vas a entrarle otra vez?

—Eso no lo creo, parse. Es que allá afuera ahora hay un problema, que con la llegada de los Zetas todo cambió. Los brutos esos no entienden de pactos. Con ellos no hay negociación. Abarcan todos los delitos y entonces aprietan poco y calientan mucho.

—Y eso, *Colombiano*, ¿cómo lo sabés?

—Ay, parse, mire dónde estoy. Si aquí entra de toda gente, aquí uno se mantiene más actualizado que allá afuera.

LAS PRIMERAS ETAPAS:
LOS CUBANOS Y LOS MILITARES

Si se asume la sonada frase de que, en tema de drogas, México es el patio trasero de Estados Unidos, bien se podría asumir que Centroamérica lo es de México. Un patio sucio y descuidado, conectado a México por una única puerta trasera. La frontera con Guatemala sería lo más parecido a esa puerta.

Con costa en los océanos Atlántico y Pacífico y más de 950 kilómetros de línea fronteriza con México, más que una puerta, esa frontera es un portalón. Eso lo saben los narcotraficantes desde hace décadas. Al contrario de lo que ocurre en El Salvador, por ejemplo, donde esta década ha sido la del descubrimiento de narcos locales de renombre, en Guatemala hay familias consolidadas desde la década de los setenta, cuando los tambores de guerra civil sonaban por toda Centroamérica.

Para comprender qué es lo que los Zetas han venido a trastocar hace falta remontarse a esa época, y Édgar Gutiérrez resultará un gran guía. Este economista y matemático de 50 años fundó organizaciones dedicadas a atender el retorno de refugiados guatemaltecos, a luchar contra la impunidad o a recuperar la memoria histórica. Gutiérrez también ha participado del otro lado de la línea: de 2000 a 2002 fue secretario de Análisis Estratégico, o sea, jefe de la inteligencia guatemalteca, y desde ese año hasta 2004 fue ministro de Relaciones Exteriores. Ahora asesora a distintas organizaciones y gobiernos de Latinoamérica y Europa, sobre todo en temas de seguridad.

Casual para charlar y ordenado al estructurar sus ideas, Gutiérrez me plantea la cronología de la evolución del narco hasta convertirse en un pilar más del juego de poderes en Guatemala. Y esa cronología, durante el reporteo, terminará validada por fuentes que van desde el mundo del crimen hasta la inteligencia militar.

—El narcotráfico no era lo que hoy día en términos de volúmenes de la cocaína que trasiega por acá y el tamaño del mercado. Hablo de los años sesenta y mitad de los setenta. En ese momento ocurrió una emigración de cubanos a Miami y de Miami a Guatemala, que llegaron atraídos por políticas fiscales. Estos cubanos sirven de puente a los colombianos y encubren las operaciones mediante sus actividades comerciales, exportaciones de camarón principalmente. Iban a Miami y en los paquetes escondían la droga. Algo ocurre en los setenta que esta gente decide abandonar el narcotráfico y se dedica sólo a sus negocios lícitos, y ahí han seguido.

Documentar esta etapa inicial suele ser complicado. Gutiérrez se basa en testimonios de gente que estuvo vinculada y que él conoció.

La segunda etapa, en cambio, tuvo pompa internacional y filtraciones de documentos de las agencias de inteligencia de Estados Unidos.

—Se trata del esfuerzo de la administración de Ronald Reagan por derrotar a los sandinistas en Nicaragua —dice Gutiérrez—. Recordarás el escándalo Irán-Contras, que prohibió a los Estados Unidos financiar a la Contra. En ese momento, inicios de los ochenta, Estados Unidos realizaba los primeros esfuerzos serios por reprimir a los narcos colombianos, pero la CIA decide que la cocaína y la heroína que pase por Centroamérica sea administrada por los ejércitos. Involucran al salvadoreño, guatemalteco y hondureño, para que parte de esas ganancias se destine a financiar a los Contras. Hay testimonios en el Senado y en la Cámara de Representantes de Estados Unidos donde asesores militares argentinos que formaron parte de la trama dan montos de plata: hablan de dos millones de dólares a la semana.

Entre 1985 y 1986 se desató el *Irangate*. Todo empezó por el descubrimiento, luego aceptado por la administración Reagan, de que Estados

Unidos vendió de forma ilícita más de 40 millones de dólares en armas a Irán durante la guerra que libraba contra Irak. El intrincado asunto no terminó ahí: el presidente Reagan, en conferencia de prensa, aceptó que cerca de 12 millones de la venta de armas se destinaron a la Contra.

A raíz del escándalo, el flujo de ingresos quedó bloqueado. Entonces surgió la segunda parte de la trama, una mucho menos esclarecida a pesar del paso del tiempo. En 1996, el *San José Mercury News* publicó un reportaje que vinculaba a traficantes de cocaína y crack de finales de los ochenta en Los Ángeles con el financiamiento de la Contra y el beneplácito de la CIA. El material causó tanto escándalo que incluso el Senado abrió investigaciones. Según esa información, algunos militares centroamericanos participaban en el traslado como encargados de almacenamiento y transporte de la droga por el istmo. Ese vínculo permitió que llegaran algunos capos con olfato al saber de la privilegiada puerta que abrió la omnipotente CIA.

—Esta actitud permisiva de los Estados Unidos facilita en los noventa la llegada de colombianos a Centroamérica, sobre todo a Guatemala. Los primeros padrinos aquí son colombianos que se mudan con sus equipos administrativos, sus financieros, sus contadores. Lo que hacen cuando deciden que es una plaza importante para contactarse con México es acudir a viejos agentes del Estado guatemalteco, del Ejército. Los que se involucran son ex agentes de aduanas, ex comisionados militares, ex especialistas del Ejército.

—¿Por qué ellos?

—Porque ellos están en el terreno y conocen la frontera. Están dejando su pertenencia activa en las fuerzas de seguridad del Estado, pero mantienen contactos. Usan las ganancias de la droga para compra de tierras, abrir líneas de transporte, gasolineras, negocios que sirven para blanquear, pero que posteriormente se estabilizan. Ahí vienen los Mendoza, cuyo nicho es Izabal. De ahí salen también los Lorenzana, de Zacapa. Waldemar Lorenzana era un agente de aduanas y luego cuatrero. Muy exitoso en los negocios.

Ésos son los tiempos que extraña *el Colombiano*, cuando había paz entre las familias del narco, cuando Guatemala se consolidaba como el discreto portalón de Centroamérica. Faltaba que entraran a escena los invitados incómodos.

Soplón de unos, halcón de otros

Este furioso y pequeño indígena quekchí me acosa con una pregunta ofensivamente retórica.

—¿Usted llevaría a sus hijos a jugar a un parque donde hay unos borrachos con unos fusiles?

Me clava la mirada porque ansía escuchar el monosílabo obligatorio.

—No —respondo.

Se queda feliz, como reivindicado, mientras menea la cabeza en círculos y repite con gesto de satisfacción.

—Ésa es la diferencia, ésa es la diferencia.

Este indígena es un confidente de los militares guatemaltecos. Di con él cuando un contacto de confianza me lo presentó en Cobán, la fría capital del norteño departamento de Alta Verapaz. Gracias a su testimonio, el Estado halló una casa que los Zetas utilizaban para guardar armas. Fue una de las tantas personas que, a pesar del miedo, susurraron lo que sabían a los soldados cuando éstos instalaron el estado de sitio aquí, en Cobán. Claro, la rabia no exime el miedo. Por más valiente que parece, el señor me ha citado en una esquina solitaria cerca del mercado y de la terminal de autobuses. La muchedumbre cobija.

Pronto lanzará otra pregunta retórica, la veo venir. Me ha explicado que a él no le enfurece tanto el tráfico de drogas, sino que quien lo haga le afecte su vida. Antes él salía con sus hijos al parque San Marcos, ubicado en uno de los accesos al centro de la ciudad, pero de finales del año pasado hasta el día en que llegó el contingente militar, esos hombres se sentaban ahí a vigilar, con sus fusiles y tomando cervezas, gritando y molestando a las muchachas. Esos hombres eran zetas. Y viene la pregunta: "¿Usted a quién ayudaría, a unos que hagan lo suyo pero que no le molesten la vida, o a los que sí le molestan la vida?"

Parece ser que él mismo se hizo esa pregunta en algún momento. Antes de que los Zetas se apropiaran del parque, algunos empleados de la familia Overdick, los narcos locales, hacían de halcones desde ahí, atentos a los operativos. Dice que ellos sí saludaban con corrección, escondían, cuando mucho, alguna pistola en el cinto, y no se dejaban ver borrachos, sino como feligreses a punto de entrar en una iglesia. Alguna vez, dice este prieto quekchí, él mismo los alertó cuando al regresar en autobús de la capital veía algún retén militar. Para los otros, para los borrachos con fusil, sólo tiene el gesto compungido que se adueña de su rostro cuando achina los ojos y aprieta los labios.

El 19 de diciembre de 2010 el gobierno del presidente Álvaro Colom decretó estado de sitio en Alta Verapaz. Un estado de sitio, como establece la ley de orden público, es el paso previo al estado de guerra: limita la libre circulación y permite cateos sin orden judicial. Al menos a varias de mis fuentes, entre ellas un ex ministro de Defensa, un ex jefe de inteligencia militar, un coronel, un general y el ex canciller, les pareció que la declaratoria tenía más de publicidad que de realidad. En Cobán, coinciden todos ellos, lo que se vivió fue un estado de prevención, el más leve en el listado que termina con la guerra abierta, y que apenas supone más policías, más militares, más retenes, más fiscales y, por tanto, más órdenes judiciales y más decomisos. En Cobán, dicen categóricos, los militares nunca tuvieron el control, sino que estuvieron bajo las órdenes del Ministerio Público. Al menos dos de ellos utilizaron la palabra *show*. Sin embargo, para evitar confusiones, lo llamaremos como al presidente le dio por bautizarlo.

A finales de 2008, los Zetas eligieron Alta Verapaz como base de operaciones para Guatemala y, dicen algunos, para toda Centroamérica. No hacía falta ser un genio para escoger este departamento. Alta Verapaz es el cuello de botella de Petén, un departamento que casi duplica en extensión a El Salvador, que acapara la mayor extensión de la frontera con México, y que tradicionalmente ha sido punto de trasiego de armas y drogas. Para llegar a Petén, Alta Verapaz es un paso casi obligado, y ofrece la ventaja de que se encuentra a tres horas en carro de Ciudad de Guatemala.

El Ejército, el Ministerio Público y la policía se desplazaron aquí por orden presidencial cuando la situación era humillante. Las noticias que bajaban de la neblinosa Cobán parecían llegar de algún pueblito de narcos de la frontera entre México y Estados Unidos: narcos violando a mujeres indígenas en aldeas otrora pacíficas, jefes narcos poniendo perímetro alrededor de un McDonalds para comerse un combo, hombres borrachos en las plazas que ejercían de halcones con sus AK-47 a la vista.

—¡No! Don Overdick no actuaba así. Yo no sé en qué andaban metidos, pero ellos son gente respetuosa que quieren a las personas de aquí y las ayudan.

Ésa fue la respuesta del iracundo quekchí cuando le planteé yo mi propia pregunta retórica: ¿son iguales los Zetas que la familia Overdick? Sin embargo, algo de culpa debe tener el que mete al zorro en el gallinero.

DE EMPLEADOS A AMOS

—No, pues claro. Seguramente se están jalando los pelos, pero ahora no les queda otra que hacerle pecho a la situación.

Tengo enfrente a un agente de inteligencia militar que estuvo en Cobán en diciembre, cuando inició el dudoso Estado de sitio. La escena que me reconstruye es la de los patriarcas de las familias viendo cómo su invitado les desbarata la casa. Juan Chamalé en la frontera del contrabando y los migrantes con México; Waldemar Lorenzana en las fronteras con El Salvador y Honduras; Walter Overdick en Alta Verapaz, y los Mendoza en Petén, frontera selvática con México, y en las costas cercanas al golfo de Honduras. Todos buscados por Estados Unidos. Todos preocupados ahora al ver cómo el terrible invitado recorre la casa.

Hablamos en el restaurante del hotelito donde me hospedo en Ciudad de Guatemala. La conversación con este militar dicharachero y directo tiene dos objetivos: saber si la inteligencia militar da por hecho que fue el asesinato de un narco, *Juancho* León, la carta de entrada de los Zetas al país, y saber qué tanto de show tiene un operativo como el realizado en Alta Verapaz.

Respecto al primer punto, la conversación es corta. La respuesta es un rotundo sí.

En marzo de 2008, tras un enfrentamiento armado de media hora entre dos grupos de al menos 15 hombres, quedaron tendidos varios cadáveres en el balneario La Laguna, en el departamento de Zacapa, fronterizo con Honduras. Uno de esos cadáveres era el de Juan José *Juancho* León, un importante narcotraficante guatemalteco de 42 años, líder de la familia León, que operaba en Izabal, el departamento encajonado entre Petén, Belice, el mar Caribe, Honduras y Zacapa. *Juancho* León es el hombre que probablemente será recordado como el punto de quiebre en el pacto de convivencia que tenían entre sí las familias guatemaltecas.

Édgar Gutiérrez, el ex jefe de inteligencia, me había contado que *Juancho* León, quien durante algún tiempo fue lugarteniente y yerno del patriarca de los Lorenzana, empezó a tener demasiado poder, a expandir sus actividades y, sobre todo, a pasarse de bocón.

—Representaba una amenaza, porque fanfarroneaba —me dijo Gutiérrez en una de mis primeras entrevistas—. Yo puse a tal presidente, yo puse a tal… Y los otros grupos empezaron a decir: éste tiene actitud monopólica y rompe el equilibrio, está tomando contactos en sur y norte.

Cuando le explico la teoría, el agente de inteligencia militar asiente con fuerza con los ojos cerrados y sonríe mientras mantiene el dedo índice levantado en este agradable patio del hotelito colonial muy bien conservado en el centro de la capital.

—Eso es cierto, pero falta un elemento en esa ecuación: *Juancho* fue el que puso de moda los tumbes. Gran parte de su poder económico vino de toda la droga que se robó.

Los famosos tumbes, la rapiña entre narcos, en la práctica no son más que robos de cargamentos de droga. En el fondo son una muestra de cómo el pacto entre familias había estado pegado con saliva, incluso antes de la entrada de los Zetas.

Juancho León, como otros narcotraficantes e incluso jefes policiales, realizaba labores de inteligencia para saber dónde, cuándo y qué cantidad de droga iba a ser transportada por, pongamos un ejemplo, la familia Lorenzana. La droga entraba por algún punto ciego de la frontera con Honduras, y los hombres de León la esperaban más adelante, cuando a través de Alta Verapaz pretendía trepar hacia México. La robaban y luego la vendían a otra familia que la introducía por otro punto de la frontera. Ingenuo sería pensar que los agraviados no se enterarían de quién robó su cargamento.

Según el militar que ahora toma café en el patio del hotel, la gota que derramó el vaso fue un tumbe de droga que *Juancho* León realizó a los Lorenzana a principios de 2008, cuando transportaban un cargamento de cocaína para el cártel de Sinaloa, el más poderoso del continente. Eso, sumado a su boconería, su preocupante expansión de territorios y su prontuario de tumbes, derivó en un pacto entre los Mendoza y los Lorenzana: era necesario matar a *Juancho* León, pero el hombre tenía un ejército a su disposición, se movía bien custodiado, y desde que en 2003 fue asesinado su hermano, Mario León, había aumentado su cautela. Era necesario recurrir a unos expertos que ya antes habían venido a Guatemala a proteger cargamentos especiales, a entrenar a sicarios de los Mendoza o a reclutar kaibiles, esos soldados de élite del Ejército guatemalteco entrenados en la selva bajo el lema de avanzar, matar y destruir. Fue justo ahí cuando las dos grandes familias abrieron las puertas de par en par al terrible invitado mexicano.

A *Juancho* León lo citaron en el balneario aquel día de marzo de 2008. La excusa fue negociar la entrada por su territorio de un cargamento de cocaína. Entonces, lo atacaron con fusiles AK-47 e incluso con RPG-7, un lanzacohetes antitanque de fabricación rusa. Luego de la batalla, fueron detenidos tres mexicanos originarios del estado de Tamaulipas, en el norte mexicano, la sede desde donde los Zetas controlan todas sus operaciones.

Las familias invitaron a los Zetas sin tener en cuenta ningún otro factor que su capacidad para matar. No reflexionaron en que, justo a finales de 2007, ese grupo liderado por ex militares de élite se había escindido de su cártel padre, el del Golfo, que estaban huérfanos y en búsqueda de nichos de control y actividades delictivas para suplir su falta de contactos en Sudamérica. Sólo vieron su capacidad de matar y atemorizar, y aún la siguen viendo.

El estado de sitio en Cobán fue la primera jugada fuerte del Estado guatemalteco para tratar de imponer reglas al huésped incómodo. Un aviso de que ésta es casa ajena, un regaño por el descaro. Y nada más. Los Zetas especularon con que el show del Estado terminaría pronto y decidieron no plantar cara.

UN "OPERATIVO SORPRESA"

Ella bromea con que quizá su marido la engañó y no se fue a cargar furgones con droga de los Zetas, sino a ver a otra mujer en Cobán. Estamos en El Gallito, un barrio de Ciudad de Guatemala reconocido como el centro de operaciones de los narcos en la capital. La mayoría de las calles secundarias han sido bloqueadas con separadores de carretera, para obligar a las patrullas a entrar y salir por donde ellos quieren que lo hagan. La mujer ha venido a la casa de mi contacto, y tomamos una cerveza mientras esperamos a su marido, que ya hace una semana dijo que se iba a Cobán y aún no aparece. Por eso refunfuña ella.

Entrada la noche, al fin llega el hombre bajito, moreno, pelo lacio y de bigote, prototípico de este país. Es como un gran muñeco de trapo. Se le ve tan molido que hasta su mujer deja el enojo de lado y lo recibe con un reproche a terceros.

—¡Mirá cómo te han dejado esos salvajes!

Unos sorbos de cerveza después, él, poco conversador, responde parco.

—No, si mejor me vine, porque es una salvajada lo que hay que cargar. Llenamos camiones y camiones, de las seis de la mañana hasta la medianoche y nunca acabábamos. A mí páguenme, que me voy, les dije.

—¿Qué es lo que tanto cargaban? —aprovecho para preguntar.

—Cajas y sacos… con cosas.

Los dejo hablar, que entre vecinos y familia se cuentan más. Entonces, escucho detalles. Se fue hace una semana, cuando el estado de sitio llevaba menos de un mes. Él y otros 15 cargadores de la capital recibieron la oferta de parte de un viejo conocido del que aquí muchos saben que es zeta. Llegaron a llenar y vaciar camiones en municipios de los alrededores de Cobán. Vaciaban los que llegaban con mercancía y llenaban los que se iban para Izabal y los alrededores de la capital. Eran las laboriosas hormigas de los Zetas que sacaban de la zona de riesgo la mayor parte de su mercancía. Este hombre rendido era una de ellas.

. . .

Han pasado dos días de la charla con el cargador de bultos en El Gallito, y ahora me encuentro en Cobán, en la Sexta Brigada de Infantería, que alberga a los 300 militares enviados tras la declaratoria del estado de sitio. Me recibe el segundo al mando, el coronel Díaz Santos. Afuera, un pelotón de sus hombres sale en la primera patrulla de la tarde. Hace mes y medio que inició esta disposición, y ahora sólo atrapan borrachos al volante o borrachos que se pelean en las calles y, cuando mucho, algún ladronzuelo con navaja.

—Es que desde que entramos —dice el coronel— entendieron el mensaje, se volvieron más respetuosos [los Zetas], y ya no andan como locos con sus fusiles por la calle.

Captaron el mensaje y decidieron no enfrentar. Mejor traer a los cargadores de bultos que sacar a los sicarios. Cosa rara, los Zetas con todo y su fama de iracundos esta vez se frenaron, algo que ni en México suelen hacer.

Le cuento al coronel que tengo información de que los Zetas sacaron tanta mercancía de Cobán que trabajaron jornadas de casi 24 horas para intentar llevarse todo de los municipios aledaños. Espero que me contradiga, pero me complementa.

—Claro, si es que fueron alertados de los allanamientos, y les quedó gran parte de su arsenal y de sus cargas de droga. Lo que agarramos es lo que se les quedó atrás.

Cada vez toma más fuerza la versión que me dieron dos informantes que viven en Cobán: me contaron que el día anterior al estado de sitio, la tarde del sábado 18 de diciembre, hubo un partido de futbol donde algunos zetas jugaron mezclados con policías, fiscales y empleados municipales de la zona y que, al terminar, mataron y asaron una res, y luego se despidieron porque los narcotraficantes tenían que ir a cargar sus bultos antes del amanecer.

Días antes, en Ciudad de Guatemala, me reuní con el general Vásquez Sánchez, el superior del coronel Díaz Santos. Él me habló de los logros, y los hubo: 45 vehículos decomisados, la mayoría camionetas de lujo y pick up de modelos recientes; 39 fusiles de asalto, 23 ametralladoras MG 34 de calibre 7.62 (el mismo que utilizan nuestros soldados en la zona, agregó perspicaz el general) y 35 pistolas, incluida una FN Five-seven, rebautizada en México como "la matapolicías" por ser capaz de atravesar ciertos chalecos antibala.

El general y el coronel me contaron, cada quien en su momento, que todo esto fue gracias a que la gente informaba. Los militares, lejos de hacer alarde de una inteligencia operativa que no tuvieron que ocupar, ponen el éxito relativo de la operación en el terreno del odio. El odio de la gente hacia los Zetas. Señalaban los talleres-escondite: "ahí preparan los carros para encaletar cosas". Les decían dónde estaban los ranchos: "allá en el rancho que era del narcotraficante Otoniel Turcios esconden armas". Les revelaban sus dinámicas: "vayan ahí nomás, a dos kilómetros del centro de Cobán, y vean la pista de avionetas, ahí están los pilotos como taxistas piratas, sin permiso para volar y a la espera de que algún cliente les pida llevar bultos con quién sabe qué a quién sabe dónde."

Alta Verapaz estaba tan abandonado que incluso esa pista aérea, que pertenece al Estado, era utilizada con total impunidad por los Zetas. Ningún controlador aéreo, ningún plan de vuelo entregado a nadie y ningún registro de quién pilotearía qué aparato a qué hora. A veces incluso utilizaban esas pistas para shows de carros monstruos o carreras de caballos o fiestas. Total, era de ellos.

—Curioso —dijo el general—, nadie ha llegado a reclamar ninguna de las cinco avionetas que decomisamos por no tener registro. ¿Usted dejaría así nomás su avioneta tirada?

Las palabras del coronel con quien hablo en Cobán responden bien esa pregunta. Él también está convencido de que los Zetas aprendieron la lección, captaron el regaño, y no van a pelear por lo decomisado. Habrá que ver, piensa el coronel, si el regaño les va a enseñar a comportarse.

—Como los narcos buenos, que mantienen su zona en paz y tienen pactos de caballeros con las otras familias y no andan, como éstos, violando y armando tiroteos.

Pero la sutileza nunca ha sido la bandera de los Zetas. En este caso lo que llama la atención es su decisión de no contraatacar. Por lo demás, actuaron como en México, como en su casa. Siguieron su manual.

A cada una de las preguntas que hice en su despacho, el general respondió que sí, e incluso agregó algún detalle. ¿Tenían niños y mujeres, taxistas y comerciantes comprados para servir de halcones? Y el general respondió que sí, sólo que aquí les llaman banderas. ¿Tenían otras actividades además del tráfico de drogas? El general asintió y enumeró los secuestros, el lavado de dinero, sembradíos de café y cardamomo, extorsiones. ¿Tenían a policías, alcaldes y fiscales de su lado? Y el general se remitió a los hechos: por falta de confianza, el gobierno retiró a los 350 policías de todo el departamento, no sólo de Cobán, y los reubicó.

—Toda esa estructura que me estás comentando la tenían implementada. La desconfianza de nosotros, los militares, de trabajar con la Policía Nacional Civil estaba.

Que sí respondió también cuando le pregunté si cooptaron a las bandas locales de asaltantes, pero en su respuesta el general fue más allá y no se refirió sólo a las banditas de ladrones que los Zetas suelen profesionalizar.

—Los Zetas han venido a mermar la actividad de los grupos locales. Han puesto un apodo a los narcos locales: los narquitos. Quieren que ellos se hagan parte de este grupo y que ya no sean operarios independientes, sino parte de ellos. Tomaron el control, si no de toda Guatemala, de gran parte. Y los narcos locales tradicionales han bajado sus actividades. Están operando tras la sombra de los Zetas, y los que no se han acoplado a ese sistema tienen amenazas de muerte.

Han seguido su manual. Se me viene a la mente la expresión del policía con el que conversé en Ciudad de Guatemala, en el cuartel central, hace unos días, y me recuerda a los tantos con los que platiqué en México, cuando durante un año cubrí la actividad de los Zetas. Aquel oficial oriundo de Cobán siguió el protocolo para hablar de estos delincuentes: me escondió en una esquina del cuartel, miró a todos lados y susurró temiendo que lo escuchara algún colega. Me contó que en Cobán, nomás llegar, los Zetas te paran, te dan tu primer sueldo de 500 dólares, te dicen que ya te van a llamar cuando necesiten algo, te dan un celular y te piden que te peines bien para tomarte una foto. En su computadora, el policía me enseñó un informe interno de la Inspectoría, que, sin pruebas por falta de confianza para recabarlas, decía que las comisarías de Huehuetenango, Petén, Quiché y Alta Verapaz son "perceptibles de corrupción".

El coronel con el que converso en Cobán me detiene antes de salir de su despacho. Él sabe que todo lo que hemos conversado y lo que le mencioné de mi plática con el general lleva a pensar que, tras el show del estado de sitio, la sensación que queda es que los militares se irán y que los Zetas volverán con lecciones aprendidas a terminar de sacar o someter a las familias tradicionales, los "narcos buenos".

—Sé que están esperando a que finalice para volver, eso es todo, pero nosotros llegamos para quedarnos —me dice el coronel a manera de despedida.

Me voy.

De vuelta al estado de normalidad

Es 1° de marzo y me encuentro en una cena rodeado de jefes policiales, militares y asesores en seguridad. Hacemos pronósticos sobre lo que se viene en Guatemala, sobre cómo reaccionarán los Zetas. Entre todos ellos distingo a uno de mis informantes de Cobán. Lo saludo y con la mano le hago un gesto para que nos alejemos del restaurante del hotel. Me dice que en un ratito, que allá en la esquina del patio. Pasa el ratito y se acerca con una pregunta por saludo.

—¿Qué, ya publicaste el artículo?

—No, aún no, lo estoy por terminar.

—¿Ya viste que terminó el supuesto estado de sitio?

—Sí, el viernes 18 de febrero. ¿Y qué ha pasado en Alta Verapaz?

—Pues que han regresado los Zetas, ahí andan, siempre armados en las calles, más cautelosos, pero siempre a la vista en sus grandes camionetas.

El 25 de febrero en la madrugada, siete días después de que el presidente Álvaro Colom viajara a Cobán para dar por finalizado el estado de sitio, un comando armado ingresó a un lote de autos, incendió tres carros y lanzó ráfagas de AK-47 contra otros tantos. Mi fuente asegura que eran los Zetas que, poco a poco, inician sus venganzas. Esta vez fueron carros, pero mi informante augura que pronto serán personas. Ahora que terminó el estado de sitio, ahora que Cobán retorna a su normalidad, mi informante plantea su propia pregunta retórica.

—¿Y qué más iba a pasar?

4

Ser un nadie en tierra de narcos

Petén es la gran puerta de salida de la droga que cruza Centroamérica rumbo a México. Un departamento vasto, selvático y con presencia de todas las grandes familias del crimen organizado chapín. Petén es también un descarnado ejemplo de cómo en este tema todo es un amasijo en el que políticos y narcos a veces son sinónimos. El Estado ha decidido no subir al ring con los grandes rivales y, en cambio, apalear al más débil en aquella selva.

—Entonces, ¿aquí es donde viven ustedes, los narcotraficantes?

—Aquí mismo, mire usté. Venga, le voy a presentar a toda la gente —me dice Venustiano.

Retira el alambre del palo y deja caer la portezuela. Asoman un viejito minúsculo y arrugado y un hombre recio que termina de bañarse a guacaladas en medio del patio. Morenos, tostados. El viejito dice algo en lengua quekchí, y de las champas comienzan a salir mujeres, muchas mujeres ancianas, y niños, unos 20 niños.

Esto es el departamento de Petén, al norte de Guatemala, los arrabales de un municipio llamado La Libertad. Para llegar hasta aquí hemos dejado atrás el bullicio del mercado, nos hemos alejado de cualquier punto de tuc-tuc, esas motocicletas con carcasa que hacen de taxis, y nos hemos internado por una vereda polvosa y reseca. El predio es del tamaño de media cancha de futbol, y acoge siete champas desperdigadas, todas de plástico, cartón y palos. En medio del predio hay un charco grisáceo y espeso, con restos de comida. Huele a animal muerto. En una de las champas se cocina el almuerzo sobre un enorme comal. Sobre el comal, el almuerzo: tortillas y más tortillas.

Todas las personas se reúnen alrededor de Venustiano. Están sucias. Los niños, raquíticos y panzones. No dicen nada porque muy pocos pueden hablar castellano. Me ven y esperan.

—¿Ustedes son los narcotraficantes de Centro Uno?

—Nosotros somos —me contesta Venustiano, el líder de los moribundos—, ¿qué le parece?

—No sé qué decirle, Venustiano.

LA PUERTA DE ORO

Las autoridades de México llaman al estado norteño de Sonora la puerta de oro hacia Estados Unidos. Allí están las rutas antiguas del contrabando, y allí viven y prosperan sin esconderse quienes manejan esos negocios. Bajo esa misma lógica, Petén podría bautizarse como la puerta de oro centroamericana hacia México.

El informe lo deja bien claro; ya verán.

Petén es el departamento más vasto de Guatemala: más de 35 000 kilómetros cuadrados, una extensión que casi duplica la de El Salvador. Petén comparte 600 kilómetros de frontera con México y es un territorio en el que abundan los ríos y las selvas. Las autoridades militares guatemaltecas tienen claro que es el tramo de frontera más problemático del país. La fórmula que aplican es que mientras más se acerque la frontera al océano Pacífico, más se puede hablar de migrantes, de contrabando de mercaderías, de grupos criminales locales, de prostíbulos de la trata, de machetes y pistolas. En cambio, mientras más se acerque a Petén, más se trata de grupos transnacionales, armas de asalto y vínculos políticos.

Las similitudes entre Petén y Sonora no se limitan a ser la sede principal de las grandes ligas del crimen organizado de los respectivos países; también se parecen por sus características demográficas. Un terreno con zonas sólo accesibles por aire o en poderosos vehículos y, por tanto, despobladas. Mientras que Guatemala tiene en promedio 132 habitantes por kilómetro cuadrado, esa cifra en Petén es de apenas 16.

Aquí las extensiones se miden en una medida llamada caballería, que equivale a 64 manzanas o a 45 hectáreas.

La región sur de Petén es una zona, cada vez más, de amplias extensiones privadas donde empresas transnacionales siembran caballerías y caballerías de palma africana. Son una especie de palmeras chicas de las que se obtiene el aceite vegetal que, si bien apenas se consume en Centroamérica, es con el que más se cocina en el mundo entero. Justo en la franja central del departamento, delgada en proporción con el resto, se extiende de sur a norte una tira urbana que en sus extremos laterales se despuebla y deja paso a lo verde e indómito, a las caballerías de familias acusadas de estar vinculadas con el crimen organizado hasta por el propio Álvaro Colom, el presidente de la República. Y en la parte alta, una franja —menos gruesa que la de palma africana, pero más que la urbana— que está repleta de reservas forestales protegidas donde no se puede deforestar sin permisos especiales. Al menos eso es lo que dice la ley. Petén está despoblado porque en su mayoría o es privado o restringido para el cultivo y la construcción.

Ese cariz privado y latifundista de las tierras peteneras responde no sólo a las reservas protegidas, sino también a la acumulación de caballerías por parte de las grandes empresas de palma africana y de los grupos criminales. Así se dice en el informe.

Todo este entramado complejo es el que ha llevado a Venustiano y su gente a vivir en champas que circundan un charco que huele a animal muerto y aun así ser etiquetados como narcotraficantes.

VOS O TU VIUDA

Los que saben cómo funciona este lugar parecen estar convencidos de que hay ojos y orejas por todas partes. Antes de subir a Petén, pasé una semana para amarrar fuentes confiables que me recibieran. Desde Ciudad de Guatemala conversé con cinco personas que viven o vivieron aquí. Conseguí un contacto de unos religiosos que me pidieron que bajo ninguna condición se me ocurriera visitarlos en Petén. Pero ese contacto aceptó hablar con la premisa de detalles a cambio de anonimato.

La cita es hoy. Nos reunimos en Santa Elena, el más poblado de los municipios de la franja urbana, en una oficina donde un potente ventilador nos salva del pesado calor y de los mosquitos. Él es un respetado activista que trabaja en coordinación con decenas de organizaciones de la sociedad civil.

Por estos días, los medios de alcance nacional hablan de Petén en sus portadas por una única razón. Allá en el Parque Nacional Sierra del Lacandón, en la frontera con México, acaba de ser desalojada una comunidad de campesinos que usurpaba esos terrenos supuestamente prohibidos para los humanos. En las notas, el ministro de Gobernación, Carlos Menocal, relaciona el desalojo con el narco, y los medios televisivos celebran el duro golpe al narcotráfico de la zona que se ha dado al retirar a esas 300 familias que trabajaban para los apellidos renombrados por estos lares.

—Otra vez desalojaron a los narcos —dice el hombre con el que hablo, y se echa a reír.

Le pregunto el porqué de la risa.

—Con lo que se teje por acá, tener el descaro de decir que ellos son… En fin. De aquí todos los periodistas se van creyendo que contaron algo sobre el narco, y apenas han hablado de un grupo de campesinos pobres. Gente que ha perdido sus tierras, muchos a los que se las han arrebatado y que se van buscando dónde diablos cosechar su maíz, su frijol, sus pepitas. Y cuando encuentran un lugar allá perdido los acusan de narcos, los desalojan y los dejan tirados en cualquier parte, mendigando.

—Pero ellos invaden tierras prohibidas —hago de abogado del diablo.

—Y usted y yo lo haríamos. ¿No le digo que no tienen dónde cultivar, pues? ¿Y si sólo eso saben hacer? Claro, si usted no tiene nada, si sabe que pronto le quitarán su siembra y su tierra y un señor le dice que por 1 500 quetzales [unos 190 dólares] descargue o cargue una avioneta, ¿qué haría?

Sobra la respuesta.

—No son poquitos los hijos que tiene un campesino —dice el activista, y ríe de nuevo.

Le digo que quiero hablar con ellos, con los campesinos, los supuestos narcotraficantes. Vuelve a reír. Lo hace como con hartazgo, como quejándose de mi ingenuidad. Dice que para ir a hablar con los que ocupan tierras, hay que meterse en terrenos demasiado vigilados por el crimen organizado. Además, dice, no sé si le hablarán, están hartos de que los periodistas los busquen con la misma pregunta: ¿ustedes trabajan para el narco? Dice que lo mejor es hablar con comunidades ya desalojadas.

En 1959 inició un plan para poblar Petén, para integrarlo en el país y para explotar su potencial agrícola. Se entregaron tierras a grandes empresarios, pero también a pequeños campesinos que podían cultivar.

—Sí —dice el activista—, y durante un tiempo los campesinos cultivaron sus cosechas y se las comieron y vivieron de eso. Vinieron de todas partes del país, pero hablamos de mediados del siglo pasado. No había carreteras buenas y no interesaba tanto acumular tierra. Muchos empresarios tenían grandes propiedades, pero no las ocupaban.

—¿Y qué cambió?

—Que hoy dos carreteras comunican Petén con el país, y que desde el año 2000 se vino con fuerza la palma africana, y los árboles maderables, teca y melina, y entonces la parcelita del campesino se volvió interesante para muchos. Ah, claro, y el acceso fácil por tierra a Petén hizo que narcotraficantes y contrabandistas y otros señores se interesaran más por acumular tierras fronterizas con México.

—En todo caso, lo que me dice es que los campesinos vendieron sus tierras.

—Hay formas y formas de vender. Le explico: si un abogado de una empresa lo visita una y otra vez hablándole de sumas de cinco números, y usted es un campesino quekchí, le brillan los ojos y vende sin saber nada. Si usted es un campesino, indígena o no, y los narcos quieren su tierra, entonces está más jodido, porque sólo le avisarán que usted va a vender a una cantidad, y punto.

—¿Y si uno se niega?

—Hubo una frase famosa aquí a principios de la década: si vos no querés vender, tu viuda va a vender barato.

Este activista sabe de lo que habla. Recibe cada mes a decenas de campesinos que han sido presionados para vender, y asesora a los que no les pagan lo acordado o simplemente no entienden lo que dice su contrato de venta, porque no leyeron la letra chica o porque no saben leer.

El meollo del discurso de este activista se puede resumir en un Estado que ocupa dos varas para castigar: es implacable con los débiles, aparenta con ellos que es un Estado fuerte, y deja en paz a los verdaderos rivales de peso.

—Guatemala recibe fondos privados y de organismos internacionales para la protección de reservas y zonas arqueológicas. ¿Dónde muestra fuerza el Estado para aparentar ante esos donantes? Con los más débiles, a los que además acusa de narcotraficantes, lo que lo hace quedar mejor aún.

El activista vuelve a reír fuerte y con sarcasmo.

—Mire, nosotros nos metemos en esa zona, hablamos con esos campesinos y sabemos perfectamente que familias renombradas de narcotraficantes como los Mendoza, los León y los Lorenzana tienen grandes extensiones en reservas protegidas como los parques nacionales Sierra del Lacandón y Laguna del Tigre.

Y eso no sólo él lo sabe. Incluso informes gubernamentales confirman que, parafraseando lo que en su día dijo monseñor Óscar Arnulfo

Romero, las leyes en Petén son como las serpientes, que sólo muerden a los que caminan descalzos. El informe también lo explicita.

LOS MILITARES Y EL INFORME

El viento sopla con fuerza en este café de la Zona 18 de Ciudad de Guatemala. Alrededor revolotean las servilletas que el chiflón arrebata a las mesas vacías. Desde esta terraza se ven los tejados de las casas de varias colonias de la clase media–baja. A pesar del frío, escogimos sentarnos aquí por privilegiar el aislamiento.

El coronel Díaz Santos pide un té negro. Lo conocí a principios de año, cuando era el segundo al mando de los militares en el estado de sitio con el que el presidente guatemalteco intentó frenar la entrada de los Zetas a Alta Verapaz, el departamento ubicado al sur de Petén. El coronel ahora es el encargado de la Fuerza de Tarea Norte de Petén, que cubre Sayaxché, el municipio por excelencia de la palma africana y del trasiego de droga por el río La Pasión, rodeado por caballerías de las renombradas familias chapinas del narco. También se encarga del suroeste petenero, que cubre parte de La Libertad, cuando la franja urbana se diluye mientras más se acerca a México, y deja paso a las reservas. Allá se encuentra El Naranjo, un pueblo fronterizo al que, echando mano de un desfasado estereotipo, los mismos militares llaman la Tijuana guatemalteca: trasiego de drogas y otras mercancías, trata, migración indocumentada.

Cuando conversamos la primera vez, lo hicimos en el cuartel general de Cobán, la cabecera departamental de Alta Verapaz. Él vestía uniforme y hablaba con desenvolvimiento de los Zetas y de las familias locales vinculadas al narcotráfico. Ahora, de civil y en su día libre, es más mesurado para referirse a Petén. Hay que arrancarle los dobles sentidos a algunas de sus respuestas.

El coronel conoce bien la zona donde ocurrió el último desalojo de 300 campesinos. Estuvo de hecho en ese operativo. Recalca una y otra vez que cumplían órdenes del Ministerio Público, que fueron a sacar a gente asentada en zona prohibida, que encontraron gente humilde: mujeres, muchas mujeres ancianas, y niños. Dice que a él nunca le dijeron nada acerca de narcotraficantes.

Le hago ver que tanto el ministro de Gobernación como el mismo comunicado oficial del gobierno dijeron que se trataba de personas vinculadas al narco. Sin matices. "Áreas en poder del narcotráfico", califi-caron ese asentamiento campesino. El coronel se reserva su opinión. De cualquier modo, es un despropósito seguir preguntando por el tema. Es absurdo, el gobierno mismo se contradice. Desalojar a unos narcotrafi-cantes por usurpar un área natural protegida sería como arrestar a un asesino por robar el teléfono a quien acaba de matar.

El coronel medita un instante, sorbe té, aclara que no va a opinar so-bre la postura de Menocal, que él puede dar su opinión. Lo interrumpo y le pregunto si cuando acompañó el desalojo en La Libertad creyó que estaba sacando narcotraficantes.

—No. Pienso que no se puede descartar que más de algún campesino esté involucrado, pero no se puede generalizar. Muchos se ven forzados a buscar las áreas protegidas. Venden sus terrenos para que sean tomados por la gente que cultiva palma africana… ¿Y para dónde agarran? La única zona que queda para cultivar es el área protegida.

—Usted conoce la zona, coronel. Se dice que hay extensiones enor-mes de tierra que pertenecen de facto a los Mendoza, a los Lorenzana, a veces a través de testaferros.

—La gente señala unas extensiones de terreno como de una familia, de otra familia, pero a ciencia cierta no se puede saber porque no hay nadie que alegue el registro.

—¿Usted cree que hay gente realmente poderosa que tiene tierras en áreas protegidas?

—Pienso que sí.

—¿Grupos que las ocupan para trasiego de drogas, maderas y contra-bando…?

—Pienso que sí.

Existe un informe con datos gubernamentales que habla de que algu-nos de estos terrenos están registrados legalmente. Incluso algunos altos mandos militares, como el general Eduardo Morales, que coordinó la instalación este año del estado de sitio en Petén, consideran que la zona norte del departamento, repleta de áreas protegidas como Laguna del Ti-gre, está atestada de grandes extensiones de los capos que coordinan ate-rrizajes constantes de avionetas que luego queman, para no dejar pistas. Morales incluso me habló hace unos días de depredación descarada de la naturaleza para construir pistas y cementerios de avionetas. Me habló de un hotel con capacidad para 100 personas en Sierra del Lacandón, y de un aterrizaje reciente en Laguna del Tigre donde un oficial y dos soldados se enfrentaron a unos 40 hombres armados que los obligaron a huir. "Es triste reconocerlo —dijo—, pero es así."

Le digo al coronel Díaz Santos que me parece muy raro que el Consejo Nacional de Áreas Protegidas (Conap) no se entere de esto, pero sí de los asentamientos campesinos; que la policía, que apoya en la vigilancia al Conap, tampoco se entere. Le pregunto si él confía en esas autoridades.

—¡Uf! Me reservo la respuesta.

—Coronel, y ya que hablamos del informe que ha estado dando vueltas en todo Petén, ¿usted le da credibilidad?

—Le voy a contestar con el comentario que me hizo un amigo. Para lo que sirve el informe es para ser cauto de lo que uno tiene que hablar y de con quién tiene que hablar.

El informe se titula "Grupos de poder en Petén: territorio, política y negocios", salió a la luz pública en julio de este año y fue financiado por el organismo internacional Soros Foundation. Un resumen fue publicado por el portal Insight Crime, consultado por la cúpula política de Washington. A escala nacional, fue retomado por medios guatemaltecos como *El Periódico* y *Plaza Pública*. En Petén ningún medio local se hizo eco, pero no hubo una persona, fuera activista, funcionario o militar, con la que conversara durante mi viaje, que no lo hubiera leído. Ha circulado de mano en mano, de boca en boca, de e-mail en e-mail.

Los autores, investigadores de diferentes países, de diferentes especialidades, no firmaron el informe. Es anónimo. Ellos no han dado declaraciones en ningún medio. Temen por sus vidas y no quieren que nadie sepa ni siquiera de qué nacionalidad son o en qué país viven. Luego de varios intermediarios, conseguí que dos de ellos accedieran a conversar vía Skype. El informe es muy explícito, rico en fuentes oficiales. Toda su información sobre propiedades está sustentada con datos del catastro; el resto, con datos oficiales, informes internacionales, declaraciones de funcionarios publicadas en medios de comunicación y entrevistas con informantes claves en Petén.

En las conversaciones vía Skype me dijeron que no publicaron sus nombres porque los poderosos de los que hablan tienen influencias incluso a nivel internacional. Me aseguraron que fueron recatados. "Publicamos sólo lo que pudimos comprobar, aunque hay muchas propiedades no registradas en áreas protegidas que de facto pertenecen a grupos del crimen organizado", explicó uno.

El informe no deja títere con cabeza. Petén aparece dibujado como tierra fértil para la corrupción política, el trasiego de drogas y la concentración de tierras y poder en muy pocas manos. Petén no es tierra para gente humilde.

En la evaluación que se hace de los partidos políticos, las conclusiones son escandalosas: a las candidaturas ganadoras para alcaldías o diputaciones distritales sólo se llega si se tienen nexos políticos con el crimen organizado o si directamente se forma parte de alguna estructura criminal. El informe señala con nombres y apellidos personas en todos los partidos, sin excepción, que serían las encargadas de realizar esas alianzas.

Las acusaciones llegan hasta el más alto nivel. Sobre el candidato presidencial del partido Líder, Manuel Baldizón, quien es originario de Petén, se dice que su familia consiguió su poder económico en gran parte gracias al contrabando de piezas arqueológicas. El informe remite a testimonios anónimos de las personas que participaron en grupos de saqueo de ruinas mayas: extraían piezas para luego venderlas a coleccionistas extranjeros.

El informe también explica cómo familias que desde hace décadas se dedican al crimen organizado, como los Mendoza, originarios del estratégico departamento de Izabal, fronterizo con Honduras y Belice, se han apropiado de enormes fincas en Petén desde hace mucho tiempo. Los Mendoza poseen 23 fincas dispersas en cuatro municipios peteneros. La extensión de esas fincas suma 660 caballerías. Muchas de las propiedades están en las riberas del río La Pasión, y al menos una de ellas tiene una mansión con piscina y pista de aterrizaje.

Ninguna autoridad desaloja o señala en voz alta a estos terratenientes. El informe explica que la mayor extensión de tierras, 250 caballerías que los Mendoza poseen a su nombre y a nombre de testaferros, se encuentra en gran parte dentro de la reserva Sierra del Lacandón, el parque nacional del que fueron corridos los 300 campesinos del último desalojo, muchos de los que, sin otro lugar al que ir, se retiraron a la selva del lado mexicano. Tanto el coronel como el general apuntan a que no se trata sólo de que en esas zonas las familias del crimen organizado invaden terrenos que no les pertenecen, sino que en sus rutinas mafiosas se apropian para establecer sus cinturones de tenencia de tierra que les permitan hacer sus trasiegos. Incluso el general Morales asegura que los Zetas tienen bases de entrenamiento y descanso en Laguna del Tigre.

No se trata de actividades discretas. El general Morales recuerda cómo hace unos tres años encontraron en la ribera del río San Pedro, entre

Laguna del Tigre y Sierra del Lacandón, bodegas enormes de almacenaje e incluso un barco en construcción. "Un barco grande, como para llevar carros. Uno de los fiscales dijo que parecía el Arca de Noé", recuerda el general.

Esas fincas tienen conexión entre sí hasta llegar a la frontera natural con México, el río Usumacinta. "En cada una de las fincas —dice una de las personas entrevistadas para el informe— tienen grupos armados."

Petén se ha convertido en una especie de condominio de las grandes familias del crimen organizado de Guatemala. Entre los apellidos que el propio presidente Colom ha relacionado con el narcotráfico, Mendoza no es el único con fuerte presencia en el departamento. Los León, originarios de Zacapa —también frontera con Honduras—, tienen en Petén 316 caballerías; "en puntos estratégicos de las rutas de la droga", explicita el informe. Los Lorenzana, también de Zacapa, tenían incluso cuatro fincas en el área protegida de Laguna del Tigre. Una de las fincas, en un sinsentido del sistema, estaba inscrita en el Registro de Propiedad a nombre del patriarca Waldemar Lorenzana, extraditado este año a Estados Unidos bajo cargos de narcotráfico.

El informe concluye que las propiedades relacionadas con los grupos criminales alcanzan una cifra de cuatro dígitos: 1 179 caballerías. O sea, siete veces la superficie de la ciudad de San Salvador. Las empresas de palma africana tienen en registro oficial 1 027 caballerías. Eso significa que al menos 10.5% de la tierra que el Estado cataloga como cultivable en Petén está fuera del alcance de un campesino común, así tuviera el dinero para comprar.

A cambio de eso, y según el Conap, para el año 2007, sólo en el municipio de Sayaxché, casi 8 000 personas habían sido desplazadas de 902 caballerías. Eso eran 27 comunidades campesinas que dieron paso a las empresas de palma africana o a otros compradores. Lo que nadie dice es que los campesinos, que muchas veces se quedan sin opción cuando los narcos quieren sus tierras, también deben bregar con la insistencia de compra de las empresas transnacionales, que en ocasiones presionan para conseguir lo que quieren: más tierra.

SUSURROS EN QUEKCHÍ

Son las seis de la mañana, y los rayos del sol son débiles, reconfortantes. Voy en un autobús que de El Subín, cerca de Sayaxché, trepa hacia el norte petenero, hacia Santa Elena. El vehículo no va lleno, y en la parte de atrás sólo viajan dos personas más. Uno, según entiendo, es campesino, y hace preguntas al otro, que es obrero de la construcción. Van delante de mí y resulta obvio que no les importa ser escuchados.

El campesino pregunta al obrero si hay trabajo en su rama. El obrero le dice que sí, que en la zona de Santa Elena se están levantando buenas construcciones. El campesino le contesta que tiene suerte, que no son tiempos de trabajar la tierra, que "si vos tenés una buena tierra, te la quitan", que ya sólo van quedando "tierras secas, muertas". Le dice también que allá abajo, por Sayaxché, sólo queda trabajar para las empresas de palma africana, porque "los señores que tienen tierras buenas no quieren trabajadores para trabajar la tierra".

Ya en Santa Elena me recibe Alfredo Che, un campesino recio, compacto, con ese castellano cortado y lento de los quekchí. Él es de la directiva de la Asociación de Comunidades Campesinas Indígenas para el Desarrollo Integral de Petén, que a su vez forma parte de la Coordinadora Nacional de Organizaciones Campesinas. Su red de contactos es enorme, y una de sus principales reivindicaciones es que se negocie con las comunidades que han sido desalojadas de reservas naturales. Piden que, a falta de opción para conseguir otras zonas para cultivar, se les permita regresar condicionados a no expandirse y a cultivar bajo normas que respeten el ecosistema.

Che habla con rabia, se le nota en el gesto, pero la voz nunca deja de ser un susurro. Se queja de que en Petén hasta los asesinatos de campesinos son un argumento contra los campesinos. En mayo de 2011, en una finca llamada Los Cocos, en la zona despoblada de La Libertad, hubo una sonora masacre de 27 personas. Según las autoridades, fue perpetrada por los Zetas. También dijeron que el ataque iba dirigido contra el dueño de la finca, pero que como no lo encontraron, se desquitaron con los campesinos. A algunos los decapitaron con motosierras. En unas fotografías que me mostró un investigador que estuvo en la escena aparecen cadáveres con las botas de trabajo puestas.

Incluso el Ministerio de Gobernación aseguró que los cadáveres eran de campesinos que realizaban labores agrícolas en la finca, pero Che dice que las autoridades peteneras se agarran a casos como este para argumentar en las negociaciones con su organización que los campesinos colaboran con las "narcofincas" y que por eso los matan. Para Che, aun si eso fuera cierto, los desalojos siguen aplicándose siempre a los mismos, a los que se parecen a Venustiano.

—Es que no desalojan a los finqueros, sino a los campesinos que están fuera de las fincas, a las comunidades que cultivan lo que se comen. Le dirán que es verde por ahí, pero lo real es que al caminar el parque Sierra del Lacandón, la Biosfera Maya, ya no se ven montañas vírgenes. La Conap tiene guardas, pero no pueden hacer nada, andan una pistolita .38, y la Unidad de Protección de la Naturaleza... Dos policías más tres guardas no pueden enfrentarse con un grupo armado con armas de asalto. A lo mejor los mira y les dice adiós. Están atacando a las comunidades indefensas, pero a los finqueros no les hacen nada.

No son sólo voces de la sociedad civil las que denuncian estas contradicciones entre poderosos y humildes. Francisco Dall'Anesse, el fiscal al mando de la Comisión Internacional contra la Impunidad en Guatemala (CICIG) instalada por Naciones Unidas en 2006, dedicó unas palabras a este desbalance durante un discurso que pronunció el 4 de septiembre en un encuentro de periodistas en Argentina. Dijo que en Petén "hay grupos de indígenas tirados a la calle de sus terrenos", mientras que contra los verdaderos narcos nadie hace nada, y contó la anécdota de cómo cuando un alto comisionado de Naciones Unidas iba hacia el rancho Los Cocos a presenciar la escena del descuartizamiento de los 27 campesinos, lo pararon narcos armados hasta los dientes para preguntarle hacia dónde iba, y lo obligaron a identificarse para dejarlo en paz.

Che asegura que, ya sea bajo amenaza de los narcos o por presiones de las empresas de palma africana, por una caballería que puede valer 200 000 quetzales (25 500 dólares) se reciben con suerte 50 000. Le pregunto por qué no denuncian. Contesta que ya lo han hecho muchas veces, pero el resultado es un trámite burocrático que termina engavetado en alguna delegación del Ministerio Público en el mejor de los casos.

Le pregunto por esa otra modalidad de sacar a los campesinos de su tierra, la que ocupan las empresas, y me dice que hay coyotes, que es como llaman por estos lados a los negociadores contratados por las empresas, gente de las mismas comunidades muchas veces. Los envían para insistir a los campesinos, una y otra vez, hasta que ceden y firman contratos que no comprenden. Me dice que lo mejor es que para entender eso hable con otro miembro de su asociación, con Domingo Choc, quien se encarga del municipio más codiciado por las transnacionales de palma africana, Sayaxché.

Por la tarde aparece Choc. Las empresas son inteligentes, dice, saben meter miedo en las comunidades.

La amenaza consiste en presionar y dividir. "Si un coyote no lo logra, enviarán a otro más pilas, hasta que lo consiga", explica. Insisten una y otra vez hasta que dividen a la comunidad y se quedan con los últimos a los que amenazan con dejarlos encerrados dentro de la parcela de palma africana. Y una vez que ocurre eso, los guardias privados no permiten que esos campesinos que se quedan encerrados entre palma africana pasen por las tierras de la empresa, no dejan que metan vehículos para sacar sus sacos de maíz, de frijol y venderlos en la calle. Los condenan a cosechar para comer y nada más. Así van logrando que esos mismos renuentes vendan y se conviertan en trabajadores de la finca a los que suelen mantener sin contrato, por jornal, o sea, a los que les pagan menos de los 63.70 quetzales diarios (ocho dólares) por día de trabajo que la ley estipula como salario mínimo. Y así hasta que los campesinos se hartan de sudar por una miseria la tierra que antes era de ellos, y se largan como Venustiano a una zona protegida, esperando no ser desalojados y exponiéndose a ser acusados de narcotraficantes.

A José Cacxoj, un campesino de Sayaxché que conocí en este viaje, le ocurrió eso. A sus 63 años se hartó de recibir cada día la visita de un tal ingeniero Gustavo que lo invitaba a vender su parcela en la aldea Las Camelias antes de quedarse encerrado entre palma africana. Vendió por 100 000 quetzales su parcela que no llegaba ni a la mitad de una caballería. Hace dos años que busca una parcela en otras tierras del departamento que no le interese a los narcos ni a las empresas de palma, pero no la encuentra, porque la manzana cuesta el doble de lo que a él le pagaron. Así que Cacxoj está dilapidando su dinero alquilando parcelas bajo el trato de que de lo que cultive tiene que dar la mitad al propietario. Si una de las dos cosechas anuales se cae, como le sucedió el año pasado que llovió poco, Cacxoj se arruina. Ahora anda pensando en ocupar lo poco que le queda para largarse a invadir tierras protegidas, para convertirse en un invasor, como llama el Estado y los grupos de poder a esos campesinos, para convertirse en narcotraficantes como llamaron a Venustiano y a su comunidad.

Pregunto a Choc qué tan extensa es la lista de comunidades desalojadas. Me contesta que no sabe decirme en número de personas, sino en comunidades con nombres y familias.

—Está la comunidad El Progreso, en Sayaxché; se terminó, 23 familias. La comunidad El Cubil, 32 familias, terminada, ya no existe. El Canaleño, 46 familias. La Torre, mi comunidad, 76 familias. Santa Rosa, 86 familias.

Arroyo Santa María, 43 familias... Y la que todos recuerdan como la primera comunidad, Centro Uno, 164 familias, terminada, ya no existe.

VENUSTIANO Y CENTRO UNO

Ha pasado un día desde que me junté con Che y Choc. Ellos fueron quienes me ayudaron a contactar a campesinos de Centro Uno. Es un mediodía ardiente y húmedo. El autobús que va hacia La Libertad, donde nos encontraremos, lleva las ventanas abiertas, cruza por varios tramos estropeados de la carretera donde el polvo se instala en la piel sudada y parece atraer nubes de minúsculos mosquitos que revolotean en la cara.

El centro del municipio es un mercado callejero. Los tuc tuc se mueven con rapidez entre la gente y sorprendentemente no atropellan a ningún peatón. Cada negocio tiene un altavoz con música norteña o un megáfono desde el que un dependiente grita las promociones. Entro en una pollería, y desde el traspatio donde lavan los trastos en una pila, llamo a Venustiano, que me dice que ubica el lugar, que espere ahí mismo, que llegará con Santos, otro ex habitante de Centro Uno.

Venustiano, a sus 56 años, es un campesino prototipo. Fibroso, de bigote, con una raída camiseta blanca, unos jeans y botas negras de trabajo. Con esa piel en el rostro que, en miniatura, tiene grietas como las de la tierra del campo que seca después de la lluvia. Lo acompaña Santos, un recio y lampiño indígena quekchí.

Ambos hablan con un tono a medio camino entre la pena y el agradecimiento. Parece que no están acostumbrados a contar su historia. Cuando ocurrió el desalojo de Centro Uno en 2009, los medios sólo recogieron la versión oficial. Dice Venustiano que a él nunca nadie le preguntó nada. Venustiano habla sobre un lugar infértil, de plásticos, maderos y champas, de la economía de la miseria, de días en que trabaja ocho horas en parcelas ajenas, lejos de su improvisada casa, de ganar 30 quetzales por jornada, de que "al sembrar en lo ajeno ni la semilla pepena". Lo interrumpo para pedirle que empiece por el principio, que me cuente cómo era Centro Uno allá en Sierra del Lacandón. "¿Cómo era?", pregunta, deja el pollo asado que comemos sobre el plato, se limpia la grasa del bigote y espanta el nubarrón de mosquitos de su cara con un manotazo lento. Hace una pausa y pone los ojos del que recuerda, tornados hacia la nada.

—Donde vivíamos teníamos agua, un arroyo, tierra. El arroyo era limpio, se miraban bien los pies. Había una vaquería donde uno se enlodaba para entrar, pero al pasarla, aquello era lindo, había maíz, frijol y éramos felices. Había palos de coco, de aguacate, palos cargadores todos, naranjas, limón, mango cargador, así, ve —estira la mano semiabierta hacia arriba—. Uno conoce sus tierras. Caña también, yuca, y guineo, macal, o malanga que le llaman, uno se sentía feliz de la vida.

A las 10 de la mañana del 16 de junio de 2009, un contingente de unos 600 militares, policías, guardias forestales, autoridades del Ministerio Público y funcionarios de la Procuraduría para la Defensa de los Derechos Humanos (PDDH) inauguraron con la comunidad Centro Uno una modalidad de desalojos masivos de campesinos en Petén. Ciento sesenta y cuatro familias fueron removidas de la comunidad que, por unos pocos, y sin permiso, había sido creada antes de que se firmara la paz en 1996. Unos llegaron antes, allá por 1992. El grueso, familiares de los pioneros, llegó en los siguientes cinco años, casi todos campesinos de Ixcán, Izabal, Quiché y Cobán que habían deambulado buscando dónde instalarse para cultivar la tierra lejos de la guerra, que fue particularmente cruel en las zonas indígenas del interior, donde palabras como *genocidio* y *masacre* han sido tan útiles para describir lo que ahí ocurrió. Se calcula que en esa guerra murieron 200 000 guatemaltecos.

Centro Uno nunca fue un secreto. Había dos escuelas construidas por los propios campesinos donde 180 niños recibían clases de cinco maestros de la comunidad que habían sido capacitados por el gobierno. Tienen cartas, algunas de la década de los noventa, donde solicitan a las autoridades nacionales y estatales audiencia para discutir la legalización de Centro Uno, como lo lograron unas pocas comunidades que se instalaron en el parque antes de la declaratoria de área protegida en 1990. Los de Centro Uno reunieron cartas oficiales de cinco alcaldes auxiliares de caseríos aledaños que dan fe de que los fundadores de Centro Uno, aun antes de nombrar la comunidad, vivían ahí mismo desde 1988.

—En fin —continúa Venustiano—, aquel día de 2009 nos dieron media hora para desalojar. Yo logré agarrar a mis cuatro niños. Dejé una prensa de maíz del ancho de dos metros cuadrados. Ya lo tenía en mi casa, y también 10 manzanas de pepitoria listas para cosechar. Todo el mundo perdió todo.

Estuardo Puga, el auxiliar de la PDDH a cargo de Petén que estuvo ahí, me confirmó que ése fue el tiempo que les dieron para desalojar, y que en camiones sacaron a las familias y las dejaron en Retalteco, un case-río a las afueras de La Libertad. Dijo que ellos se fueron a la 1:30 de la tarde, cuando terminó la diligencia, pero que se quedaron los militares y funcionarios del Conap. Dijo también que luego hubo denuncias de saqueo. Venustiano dice que se lo llevaron todo en unos camiones, que pasaron frente a ellos en Retalteco con sus novillos, sus sacos de cultivo, sus plantas eléctricas.

—Nos sacaron con el decir que nosotros somos narcotraficantes. Yo lo que veo es que es una excusa para las autoridades actuales, como para taparle el ojo al macho —dice Venustiano.

Le pregunto si alguien en la comunidad participaba en alguna activi-dad del narcotráfico.

—El narcotraficante vive en mansiones, no tiene necesidad de vivir en casitas de palma como vivíamos allá, y mucho menos en champas de nylon como vivimos ahora… ¿Quiere ver dónde vivimos los narcotrafi-cantes de Centro Uno?

Tomamos un tuc tuc que nos saca del bullicio del mercado. Nos deja en una vereda de tierra por la que caminamos durante unos 15 minutos hasta llegar a una parcela.

—Entonces, ¿aquí es donde viven ustedes, los narcotraficantes?

—Aquí mismo, mire usté. Venga, le voy a presentar a toda la gente —me dice Venustiano.

Retira el alambre del palo y deja caer la portezuela.

5

Narco hecho en Centroamérica

Durante una mañana de conversación, un importante narcotraficante nicaragüense habla sobre lo que se necesita para ser un agente libre de las drogas en la región. Socios en la policía y una buena red social son dos de los ingredientes que este narco sabe utilizar.

Hoy no habrá cita con el narco. El trato era otro. Si hoy antes de las cinco de la tarde yo me plantaba en San Jorge, departamento de Rivas, Nicaragua, muy cerca de la frontera con Costa Rica, habría cita con el narco. Pero ahora mismo es el día y la hora indicada y no habrá cita con el narco. La razón que media no es una trama de fechas falsas, horas equívocas y conversaciones encriptadas para despistar. Tampoco se trata de que este narco haya recibido, como suele ocurrir, información fresca sobre el paso de un cargamento de cocaína y se vea tentado a robarlo. No, la razón es más mundana: el narco se tomó una botella de whisky y no está en condiciones de decir ni media palabra.

A la hora y el día pactados lo único que obtengo es un balbuceo incomprensible por el auricular del teléfono. Pasan 10 minutos y cae la llamada de la mujer del narco de Rivas. Dice que disculpas, pero que el señor no podrá hoy, que cuando pueda, más tarde, llamará para la cita.

Estos tratos siempre penden de un hilo. ¿Por qué un narco querría hablar con un periodista? La respuesta es la de siempre. Por interés. Algo les interesa denunciar. Sí, los delincuentes tienen mucho que denunciar. Siempre les interesa acusar a alguien.

Son las 11 de la noche cuando el narco de Rivas llama a mi celular. Atiendo desde un restaurante con muelle, en San Jorge, a orillas del lago de Nicaragua.

El narco de Rivas se disculpa, dice que así son las cosas, que el calor de la costa pacífica de Nicaragua llama al trago. Dice que ya se levantó recuperado, pero que unos buenos amigos han llegado a verlo y han llevado otras botellas de whisky. Que hoy será imposible, pero que mañana le llame a las siete de la mañana en punto, para que a las 7:30 desayunemos.

Decido que lo intentaré a las nueve de la mañana.

. . .

San Jorge es un municipio del departamento de Rivas, un pueblo de unos 8 000 habitantes partido por una sola calle que termina en el embarcadero de las lanchas que van hacia la isla de Ometepe, destino turístico en medio del Gran Lago de Nicaragua. El inmenso lago no es mar, pero casi, y San Jorge se contagia del espíritu marino de todo el departamento: hay un restaurante El Navegante, un hospedaje El Pelícano, un hotel Las Hamacas, un restaurante El Timón… el pueblo resulta pausado, caluroso, de tierra y madera, de chancletas y pantalones cortos.

Como departamento, Rivas es el único de Nicaragua que tiene paso fronterizo formal con Costa Rica, la frontera de Peñas Blancas. Eso y más de 80 puntos ciegos. Rivas es la entrada de la droga colombiana a Nicaragua por este lado del mapa. Rivas es, según la Policía Nacional, la ruta de los mexicanos, por donde los cárteles de Sinaloa, del Golfo, de Juárez o la Familia Michoacana trasiegan su cocaína rumbo a Estados Unidos; a diferencia del Atlántico, donde los colombianos siguen dominando el tráfico para, más al norte —en Honduras o Guatemala—, entregarla a los mexicanos y quedarse con una mejor tajada por sus servicios de transporte.

La diferencia entre el Pacífico y el Atlántico es que esta última ruta es una autopista marina, donde las lanchas con motores de 800 caballos de fuerza pasan zumbando y, cuando mucho, se detienen para recargar combustible. En cambio, por el lado de Rivas, un buen porcentaje de la droga pasa por tierra, para aprovechar el movimiento que caracteriza al Gran Lago, y así llegar con facilidad hasta Granada o la capital, Managua.

. . .

Son las nueve de la mañana y, según me dice su mujer, el narco de Rivas se ha encerrado en su habitación bajo llave para dormir su resaca en paz. Pero asegura que lo levantará a como dé lugar.

A las 10 me llama el narco de Rivas.

—Venite pues, echémonos un cafecito, que esto está duro. ¿Dónde estás? Voy a mandar a que te recojan.

Parece hecho con el mismo molde que varios de los narcos con los que he conversado. Regordete, moreno, con enormes manos, amable al primer trato, jovial, dicharachero, de hablar campechano, sudoroso y con alguna muletilla confianzuda: hermanito, mi amigo, maestro, viejo, viejito.

En Rivas hay al menos cuatro capos. Él es uno de ellos. Los capos centroamericanos, menos secretos que los mexicanos, menos ostentosos, menos ricos, más ubicables, normalmente empezaron de una de dos formas: ocupando la red de contactos que construyeron por alguna razón —porque eran cambistas de moneda en alguna frontera, porque pertenecieron a una banda de delincuentes menores que traficaba queso o robaba furgones, porque tuvieron un cargo público municipal— para servir de base social a un capo internacional que quería pasar su droga hacia el norte, o bien ocupando esa misma red de contactos para tumbar droga en su región. El narco de Rivas empezó como tumbador, como traficante que roba a otros traficantes

Cuando al final nos saludamos, el narco de Rivas se ve bien. Ni ojos rojos ni gestos lentos ni mal humor. Sudoroso, eso sí, pero alegre y gritón. Me recibe en la salita pequeña en su casa. Afuera de la sala, dos jóvenes hacen guardia. Así, alegre y a gritos, me pide que le entregue una identificación. La revisa, le da vuelta, la lee. Me la devuelve. Anota mi nombre en un cuaderno.

Los narcos centroamericanos, salvo excepciones como algunos ex diputados o los famosos y ancestrales patriarcas guatemaltecos y hondureños, son agentes libres. No son del mexicano cártel de Sinaloa ni tampoco tienen contrato de exclusividad con el colombiano cártel del Norte del Valle; trabajan con quien pague, con quien llame. El narco de Rivas es agente libre. Y cuando hablamos de narco no nos referimos a un vendedor de esquina, sino a alguien que trasiega cientos de kilogramos.

El narco de Rivas empieza a hablar de lo mismo que los otros tres narcos centroamericanos a los que he entrevistado. Que dejaron el negocio. Esa afirmación suele ser como las boletas de raspe y gane. Con tantito que se le pase la uña, aparece la verdad. Y la verdad suele ser que siguen siendo lo que al principio dicen ya no ser. El narco de Rivas dice que ya dejó de tumbar.

—Supuestamente yo soy tumbador. Viene un cargamento y se le hace su operación. Si uno anduvo en la guerra [del sandinismo]… sabe —se presenta al poco el verdadero narco de Rivas.

Bajo esa lógica, si la escuela es una guerra civil, Centroamérica está llena de gente que sabe. Tres guerras civiles han ocurrido en el norte de la región en los últimos 40 años.

Nicaragua es en Centroamérica el país de tumbes por excelencia. En el Atlántico, las lanchas rápidas de los locales salen desde comunidades perdidas, cerca de la frontera de Honduras, a interceptar cargamentos completos para luego revenderlos. En el Pacífico, bandas armadas interceptan furgones, o incluso algunos policías se encargan de pellizcar los cargamentos incautados. No es un secreto para los investigadores sociales.

Roberto Orozco, del Instituto de Estudios Estratégicos y Políticas Públicas (IEEPP), un respetado centro de estudios nicaragüense cuyos investigadores se desplazan a los sitios para sus indagaciones, asegura que Rivas es uno de los cuatro departamentos donde los niveles de corrupción policial levantan alerta. Eso combinado con que, según este investigador, en Rivas los grupos ya son "cárteles embrionarios", con mucha mayor capacidad de corrupción que la de un delincuente solitario.

No es un secreto tampoco para la policía. La primera comisionada Aminta Granera acepta que Rivas es un reto para la institución: "Se necesita más la cooperación de la base logística nacional en Rivas que en la costa Atlántica, porque allá no atraviesan por tierra. Estamos encima. Acabamos de pasar a cinco policías al sistema judicial. Tenemos un trabajo intenso de asuntos internos en todo el Pacífico porque está más vulnerable a la corrupción del crimen organizado".

Quizá sea cierto que el whisky no deja resaca, porque la conversación continúa sin haber visto un vaso de agua. Pregunto al narco de Rivas qué red debe tener un tumbador.

—Como uno es viejísimo de haber andado en eso, pues a uno lo conoce gente. Hasta trabajadores de cárteles. Viví en México cinco años. ¡Te llaman! Porque el colombiano es el más miserable para pagar, por eso te ponen al colombiano, te llaman, o los mismos contactos locales al que no le pagaron su trabajo anterior. ¡Es por resentimiento! Son miserables. Esos jodidos, por eso caminan perdiendo en todos los países. Y también que siempre funciona con el hilo nacional. Ellos [los policías] hacen sus zanganadas. El colombiano no te va a mandar 472 kilogramos. Te va a mandar 500, números cerrados; uno lo sabe. Aquí los policías te reportan decomisos de 87, 83, 940.

El tumbador es un cosechador de la traición en un gremio de traidores.

Cuando en abril de 2011 estuve en Bilwi, la capital de la Región Autónoma del Atlántico Norte, pregunté a diferentes fuentes, desde policías hasta miembros de las redes de traslado de cocaína, por qué los tumbadores seguían vivos cuando lo más normal es que el afectado termine por enterarse de quién le robó. Al fin de cuentas, pocos tienen la magia para esconder, en el mismo mercado, una lancha o un furgón cargado con cocaína. En el Caribe me contestaron que era porque no había bases extranjeras instaladas, sino locales con los que era mejor no entrar en conflicto para evitarse problemas. La mejor solución era comprar la droga a los tumbadores. Aunque cuando el tránsito se realiza por tierra, como sucede en Rivas, parece que la cautela debe ser mayor.

—Es raro, fijate. Aquí ya han aparecido muertos por haberse robado 20, 10 kilos. Es pueblo chico, todos nos conocemos. Si vos mirás a un maje raro… El local sabe bien que lo pueden joder, entonces también te llama: mirá, loco, aquí andan unos majes así y asá buscando a tal.

Incluso aquí, en tierra firme, se sigue intentando despistar.

—Cuando tumbás, mandás a llamar a gente de Guatemala, de Honduras. Incluso decís: fijate que se robaron tanto de tanta marca… ¡Reempacalos! El mundo es para los audaces. Aquí el tumbador sabe bien que le andás tocando los huevos al toro. Aquí tumbás 500 kilos. El dueño de eso tiene una competencia. La competencia compra eso que se robaron y la va a vender por arriba. Sabés que un día te toca perder.

En Centroamérica, a diferencia de México, donde un narco debe demostrar que tiene más balas que el otro, todavía la regla de la discreción tiene su peso, como en el México de los ochenta y de los noventa. Es preferible negociar que llamar la atención, a menos que la situación sea demasiado descarada. Como dice el narco de Rivas, aquí el que hace locuras o va a la cárcel o termina jodido. De esos locos hay presos.

Pero sin duda la regla de protección número uno para un agente local es esa segunda palabra. Local.

—Para matar a un rivense, se necesita a otro rivense.

El capo de Rivas se echa a reír orgulloso. Se siente cómodo en su reducto, donde sabe interpretar todos los símbolos. Si una camioneta está en la esquina de su casa más de una hora, es la policía. Si ciertos carros particulares lo siguen, es la policía. Si ciertos hombres se sientan cerca de él en los restaurantes, sabe que son policías, les conoce el nombre, las andanzas y el apodo, como conoce también los del taxista, el peluquero, el alcalde y el lanchero. De éstos son de los narcos que abundan en

Centroamérica, de los que tienen una parcela de control en la que conocen cada brote y sonido. Una parcela, un cerro, una playa, un municipio, una carretera, un cantón, una aldea. Y desde esa cómoda posición ayudan a quien se deja ayudar.

. . .

Desde su despacho en uno de los pisos superiores del cuartel central de la policía, Aminta Granera asegura que los cárteles mexicanos no tienen presencia fija en Nicaragua. Que lo que urge enfrentar son las "estructuras de cooperación nacional" de esos grandes cárteles mexicanos. De hecho, desde hace al menos cuatro años, la estrategia policial ha cambiado. Según el comisionado Juan Ramón Gradiz, brazo derecho de Granera, esto se debe a que antes se estaba "embodegando, capturando al que iba transportando la droga, pero la red quedaba ahí". Desde entonces, una serie de operaciones han pretendido una de dos: o arrestar infraganti a los miembros de las redes logísticas del traslado de droga o quitarles todo lo que puedan, casas, negocios, armas, vehículos. "Dejarlos destapaditos", dice Gradiz.

Uno de esos operativos se llamó Dominó I, se realizó aquí, en Rivas, la noche del 4 de diciembre de 2011, y ahora 20 pescadores, transportistas, gente en apariencia común, enfrentan juicio por tráfico de drogas, y otros 19, por lavado de dinero.

La policía justifica el éxito de su nueva estrategia con una gráfica titulada "Cocaína incautada *vs.* células neutralizadas 2000-2011". Abajo, dos líneas, una azul y otra roja, se entrelazan, se separan y se vuelven a entrelazar. La azul representa los decomisos de cocaína, que suben en toneladas hasta llegar a 15.1 en 2008, y empiezan a bajar hasta llegar a 4.05 en 2011. La roja, en cambio, representa a las "células neutralizadas", que se mantiene en cero hasta despegar en 2005 y subir hasta 16 en 2010, justo cuando la línea azul vive su caída más radical. Para la policía, la lectura es obvia: se decomisa menos droga porque, como se desmantelan más estructuras, está pasando menos droga.

Al investigador Orozco, esta visión le resulta una lectura demasiado básica y equivocada. En primer lugar, porque esta frontera sigue siendo un "zaguán abierto", con 82 puntos ciegos que él mismo ha identificado en sus recorridos. En segundo lugar, porque los organismos internacionales siguen hablando de una producción de cocaína por los países andinos de 850 toneladas anuales desde, al menos, 2009. De esas, 90% pasa por Centroamérica en su carrera hacia el norte. Orozco suma elementos y concluye que si los índices de consumo en Estados Unidos se mantienen estables desde hace años, que si los índices de producción andina se mantienen estables desde hace años, que si los índices de consumo centroamericanos y mexicanos aumentan cada año, entonces la policía debe estar equivocada cuando dice que está pasando menos droga por su país.

En la casa del narco de Rivas, él intenta enumerar a todos los que son agentes libres en la zona. Ha nombrado a unas 15 personas e incluso ha llamado a un amigo que cumple condena en alguna prisión nicaragüense para acordarse de un nombre que se le escapó.

Al narco de Rivas, la lógica policial no le cuadra, aunque acepta que Dominó I se llevó a "varios narcos de verdad". Mientras charlamos, los argumentos se van desgajando.

—Es que aquí te pasa de todo, de la Familia Michoacana, de Sinaloa, del cártel de Zacapa, Guatemala… Aquí vienen paisanos tuyos, y los ticos. No sólo son los locales. Eso sí, al local siempre lo contacta un extranjero.

Parece que hay clientes de sobra, y siempre necesitarán de un local. Entonces, siempre habrá locales. Y siempre los habrá, cree el narco de Rivas, porque la oferta es más seductora que otras.

—Se ha agarrado como una manera de sobrevivencia, si aquí sólo hay esa zona franca y el mar y los pescados —dice, y abre los brazos con las palmas hacia arriba, como quien ha mencionado un argumento muy obvio.

Ésta bien podría ser otra regla del narco centroamericano por excelencia. El narco de este nivel, el agente libre que ahora mueve buenas cantidades para el mejor postor, tuvo una vida ante la que era pan comido hacer una mejor oferta, mostrar una mejor baraja.

Los dos narcos salvadoreños con los que hablé, por ejemplo, coincidían en que ambos trabajaron desde pequeños en mercados, cargando bultos, arreglando montones de verduras, descargando camiones. José Adán Salazar, mejor conocido como *Chepe Diablo*, señalado por las autoridades policiales salvadoreñas como uno de los líderes del cártel de Texis, incluido por el presidente Barack Obama en la lista de capos internacionales, se pasó años asoleándose en la frontera entre El Salvador y Guatemala en su intento por cambiar quetzales por colones (cuando El Salvador aún tenía moneda propia) y ganarle unos centavos a cada billete cambiado. Ahora, *Chepe Diablo* es un empresario millonario. En el

Caribe nicaragüense, para no irnos tan lejos, muchos jefes de células de apoyo a los colombianos y muchos jefes de grupos de tumbadores marinos fueron pescadores de langosta en los cayos misquitos. Se sumergían a pulmón durante más de tres minutos para sacar el animal por el que les pagarían no más de tres dólares, para luego venderlo en algún restaurante a más de 10. Muchos de esos pescadores sufrieron atrofias cerebrales por la falta de oxígeno y quedaron postrados en sus casuchas sin poder mover piernas ni brazos.

Luego de mencionar que los clientes que necesitan de los agentes libres rivenses abundan hoy por hoy, el narco de Rivas se ha enzarzado en un pensamiento en voz alta sobre quiénes vienen y cómo son. Para él, los guatemaltecos y hondureños bajan mucho por estos lados, "gente pesada", pero sin duda cree que los más "aventados" son los salvadoreños, y que muchas veces suelen ser pandilleros de la Mara Salvatrucha (MS-13) los que se encargan de contratar los servicios de algún local para mover vehículos con algunos kilos de cocaína. Rivas, podría decirse, tiene dos tipos de visitantes: los mochileros que buscan las playas de San Juan del Sur y los narcos que vienen a abastecerse. La policía ya ha arrestado a hondureños y mexicanos con cargamentos de drogas y armas. Tres de los mexicanos detenidos en 2007, por ejemplo, son del celebérrimo estado de Sinaloa, en el norte mexicano, la cuna de los capos más conocidos en aquel país.

En fin, que al narco de Rivas no le cuadra ni de cerca la lectura que la policía hace del baile de la línea roja con la azul en aquel cuadro de incautaciones y células delictivas. Para demostrar que no le cuadra, se ha quedado pensando un rato, buscando con qué comparar esta frontera.

—Creo que ahorita aquí hay más droga que en Pereira, Colombia.

. . .

—Mirá, ¿cómo se llamaba el comisionado aquel con el que caminaba tu amigo Marcial? —pregunta el narco de Rivas por teléfono a algún colega narco. Ha decidido responder a mi pregunta haciendo esta llamada.

—…

—¿Y está activo todavía?

—…

—Mirá, estoy aquí con un amigo que me pregunta si algún día hemos pagado a la policía nosotros.

El narco de Rivas activa el altavoz para que yo pueda escuchar la respuesta de su amigo, que parece encontrarse en medio de una fiesta.

—Sí, claro. ¿Quiere que le contactemos alguno?

—¿Vos le has pagado a alguno?

—¡Ja, ja, ja, ja!

Aquí podrán venir sinaloenses, pandilleros o centroamericanos que conozcan como la palma de su mano este departamento, pero la importancia de ser de aquí seguirá pesando. No conocer aquí, ser de aquí. Ése es el valor en el mercado de un agente libre.

Aquí es un pueblo. El interior de los países centroamericanos es un pueblo. Los países centroamericanos son una capital rodeada por varios pueblos con título de ciudad. Y en los pueblos todos se conocen. Por ejemplo, si yo quiero que un taxista venga a recogerme, basta que le diga el nombre del narco de Rivas, y él sabe dónde está la casa.

El narco de Rivas ha vuelto a poner en firme un punto que ha recalcado varias veces. Si no tienes infiltrada la policía, como agente libre no estás en nada. Es curioso, pero hay un punto en el que la primera comisionada de la policía, el investigador del IEEP y el narco de Rivas coinciden. Este último lo resume.

—No te hablo de la primera comisionada, no te hablo de los directores; te hablo de los jefes, de los segundos jefes, de los jefes departamentales.

Orozco sigue creyendo que la policía de su país es de las mejores de la región; sigue creyendo que dista mucho de la policía hondureña, que "tiene departamentos donde todos colaboran con el crimen organizado". Cree que el problema nica de corrupción policial es "allá abajo", en los departamentos, pero cree también que o se corta o crecerá.

La información es poder. Eso queda tan claro en un lugar como Rivas. Hay familias, como los Ponce, dice el narco de Rivas, que de ser pescadores pasaron a ser grandes narcos por una sola razón: se enteraron de cosas y conocieron a gente. Empezaron a trabajar en las quintas de descanso de la clase pudiente y oyeron, preguntaron y terminaron como lugartenientes fijos del cártel de Cali.

Pero para estar informado hay que tener muchos ojos y oídos. Le pregunto al narco de Rivas la receta para poder operar bien, y comienza a enumerar los ingredientes.

—La policía claro que te puede mover a un oficial de tránsito en la carretera y mandarte a su perro fiel. La otra opción es que te bandereen para salir del departamento. Uno tiene muchachos que le trabajan, que conocen esta frontera como la palma de su mano. Van adelante en un vehículo o una moto, tenés gente con celulares en La Coyota, en La Virgen o en la entrada de Cárdenas. Los taxistas, los de la gasolinera, que ven pasar. Cuando la policía va a operativos antes van a *fulear* a la gasolinera.

Pero claro, ver mucho, saber mucho, tiene su precio.

—Es una red horrible. Ahí en la frontera, por 10 000 dólares pasa un tráiler lleno. Es la policía la que hace la revisión. La frontera la usan los más grandes. Si vas a pasar tres tráileres, son 30 000 dólares. No la puede pasar un local que vende bolsitas y mandó a traer su kilito a Costa Rica, que está más barato.

Para los menos grandes, los 82 puntos ciegos que Orozco contó son la opción, pero igual, de esa manera hay que pagarle al bandera que irá a la vanguardia.

—Si es bastante lo que se lleva, unos 200, 300 kilos, pues son unos 5 000 dólares para el bandera. ¡Qué bebida de guaro se da!

Todo bajo la lógica de avanzar, de entender que el negocio de un narco centroamericano es subir la droga lo más posible, porque los kilómetros son dólares. El mismo narco de Rivas sabe que un kilogramo de cocaína que en su departamento vale 6 000 dólares en El Salvador se paga a unos 11 000; en Guate, unos 12 000, y en México, depende, si es en Chiapas, 15 000, y si es en Matamoros, unos 20 000.

. . .

El narco de Rivas me dice que el tiempo se le agotó, que debe ir a Managua a resolver un asunto, y que me dejará en la gasolinera de la carretera. Mientras avanzamos, señala un motel, una tienda de variedades, un restaurante. Señala los sitios y menciona un nombre, el del narco que según él tiene dinero invertido en cada negocio. Interrumpe, porque recibe una llamada.

—Ajá, decime… Sí… Entonces, ¿el sábado? ¿Cuatro? Pero decime si es seguro, porque yo pensaba salir del país.

Termina la llamada. Sonríe con orgullo, como quien ha querido demostrar algo que, a la luz de un hecho concreto, ha quedado demostrado.

—Viene droga el sábado. ¿Que se acabó la droga? ¿Que si se va a acabar? ¡Ja!

SEGUNDA PARTE

LA LOCURA

En medio de la soledad, lejos de la autoridad formal, los que siguen aquí deben sobrevivir a las reglas de la violencia. La locura, lo que aquí se creó, también puede definirse como un gran desacierto.

6

Nuestro pozo sin fondo

Es un hecho que allá abajo hay cadáveres. Ni la fiscalía, ni los pandilleros, ni los periodistas, ni los policías, ni el gobierno de El Salvador dudan de que abajo, en ese punto exacto, hay cadáveres. La pregunta a responder es qué ocurre una vez que toda esa gente lo sabe. Éste es el diario de un pozo, y del país en el que está ese pozo.

Adentro del pozo hay cadáveres. Quizá 10, quizá 12, quizá hasta 20, y ciertamente no menos de cuatro. En el municipio de Turín, en el occidente de El Salvador, luego de una calle de tierra, luego de unas vías de tren, luego de una casita de bahareque, luego de un maizal, hay un pozo, y al fondo de ese pozo hay cadáveres.

DICIEMBRE DE 2010

Un hombre se afianza a un arnés. Lo aferra a un árbol con una cuerda de seguridad. Se coloca un tanque de oxígeno en la espalda. Toma su lámpara. Se mete en un pozo. Oscuridad. Desciende. Diez metros, 20 metros, 30 metros. El pozo es más profundo de lo que el hombre pensó. El hombre calculó que sería de unos 30 metros, como el pozo al que había descendido meses atrás muy cerca de aquí. Cuarenta metros, 50 metros, 55 metros, calcula. El hombre toca fondo. Alumbra. Ve calcetines, ve ropa, ve cosas viejas, ve muchos huesos, algunos pies, ve varios tarsos. Sube.

El pozo es demasiado viejo, parece demasiado frágil como para excavar ahí mismo, a pala y pico. Sin embargo, está claro. Sí, hay cadáveres al fondo del pozo.

El hombre es Israel Ticas, el único investigador forense de la fiscalía salvadoreña, el único que ha bajado al pozo. El único que hoy por hoy en este país se encarga de abrir la tierra y sacar cadáveres que luego se convertirán en evidencia en los juzgados.

El mes pasado, el testimonio de dos pandilleros coincidió. Uno era de la clica Hollywood Locos Salvatrucha; el otro, de la Parvis Locos Salvatrucha. Ambos habían sido parte de la Mara Salvatrucha en el departamento de Ahuachapán. Ambos se habían convertido en traidores a su pandilla. Ninguno de ellos estuvo nunca en Estados Unidos, por eso el primero no sabe dónde queda la avenida Hollywood —de hecho, no sabe dónde queda Hollywood— y el segundo no sabe que su clica le debe el nombre a la calle Park View, que se encuentra frente al parque McArthur de Los Ángeles, pero que al salvadoreñizarse suena así: Parvis. Los dos son de aquí, del monte, del campo. Sus testimonios han coincidido: en el municipio de Turín, luego de entrar por la carretera y seguir la calle de tierra, se llega a las vías del tren; ahí se cruza a la derecha y se recorren unos 200 metros por las vías, pasando a un palmo de las portezuelas de las casitas humildes, y al llegar a la primera callecita de tierra que cruza a la izquierda, y en la que quepa un carro, se toma ese desvío, se deja atrás la casa de la entrada, se deja atrás el maizal, se abre una gran explanada y ahí se verá un árbol de jocotes, y debajo del árbol, una pila y el saliente de cemento de un pozo. Al fondo de ese pozo hay cadáveres.

Este día de principios de diciembre de 2010 es el primero en que las autoridades reconocen la zona. Ticas ha subido del pozo con la confirmación de que los testigos de la fiscalía no mintieron, pero también con la certeza de que este túnel vertical será para él el reto más grande desde que en 2008 empezó a abrir tumbas clandestinas, a desenterrar cuerpos, a descender en pozos.

El trabajo no podrá hacerse en vertical, ampliando el diámetro del agujero para poder sacar los huesos. Eso es para pozos poco profundos, como el de Santa Ana, de 16 metros de profundidad, y del que Ticas sacó dos cadáveres en pleno invierno. No, el de Turín tiene 55 metros. La estrategia deberá ser otra.

3 DE ENERO DE 2011

Una excavación en ángulo de 45 grados. Ése es el plan A al que ha llegado Ticas. En lugar de excavar verticalmente abrirá un camino de 30 metros de ancho, casi una carretera, que empezará a 100 metros de distancia de la cabeza del pozo y descenderá hasta llegar a la raíz, hasta los cadáveres. Una vez que la excavación haya topado con la raíz del pozo, abrirán un hueco en la pared de tierra, una puerta hacia los cadáveres, y sacarán lo que encuentren.

El Ministerio de Obras Públicas (MOP) ha prestado el equipo: una pala mecánica, dos camiones y un tractor cargador para llenarlo de tierra. Hoy comenzaron a excavar.

27 DE ENERO DE 2011

Malas noticias. Dos frentes fríos se han encadenado este mes y han causado desastres, sobre todo en el interior del país. El MOP necesita sus máquinas. Ticas se ha quedado sin nada. En sólo 24 días había logrado descender 10 de los 55 metros. Estaba feliz, porque a ese ritmo con certeza evitaría el invierno. El invierno es la peor época para sacar cadáveres en El Salvador. Uno escarba, la lluvia inunda; uno vacía, la lluvia inunda; uno pone plásticos de contención en las paredes de las excavaciones y, mientras, la lluvia lo inunda todo. En fin, el MOP ha dicho a la fiscalía que serán pocos días, que sólo necesitan las máquinas para unas obras de mitigación y reconstrucción y que luego las tendrán de vuelta en Turín.

FEBRERO, MARZO, MAYO, JUNIO, JULIO, AGOSTO, SEPTIEMBRE, OCTUBRE, NOVIEMBRE DE 2011

El MOP no ha devuelto ninguna máquina. Los 10 metros excavados hace casi un año siguen siendo 10 metros. Un policía cuida desde hace nueve meses un pozo que nadie está excavando. Durante nueve meses, un policía se resguarda del sol y el sereno bajo unas láminas, y hace de velador de la profunda tumba de los sin nombre. Las gestiones de la fiscalía del departamento de Ahuachapán tampoco han servido para que el Ministerio de Defensa ponga a disposición de Ticas el equipo que no presta el MOP.

El pozo, antes cubierto sólo por maderas, ahora está sellado con cemento.

Ticas ha publicado en su página de Facebook que necesita una pala mecánica, un tractor cargador y dos camiones, que si hay alguien que se los pueda prestar se lo agradecería mucho, porque los necesita para sacar unos cadáveres de un pozo en Turín.

23 DE DICIEMBRE DE 2011

El Niño, de la clica de los Hollywood Locos Salvatrucha, es uno de los dos testigos que ha hablado sobre lo que hay al fondo del pozo. A este hombre de 30 años le encanta conversar. Le gusta conversar con fiscales, aunque lo hace de manera más formal, con menos adjetivos, con menos tripas y menos sangre. Le encanta que lo visiten otros ex pandilleros de la Mara con quienes recuerda nombres de caídos en su guerra contra el Barrio 18, e intenta impresionarlos con su capacidad para leer a las personas con la llama de una candela y sus conocimientos sobre brujos y brujería. Él vive desde 2009 en este solar, frente al puesto de investigadores de El Refugio, y es el testigo clave contra *Chepe Furia*. Hoy es la primera vez que en la casita con solar donde vive custodiado por un policía lo visita un periodista, y su actitud de gran contador de historias no cambia.

Han pasado tres horas de conversación. *El Niño* ha hablado de cómo se integró a la MS allá por 1994; ha dado detalles de cómo su jefe, *Chepe Furia*, se movía entre el concepto de mafioso y el de marero; ha contado algunos asesinatos en los que participó, otros que atestiguó y unos de los que supo. Ha hablado de drogas, extorsiones, amenazas, traiciones, policías corruptos, jueces amigos. Ha explicado de qué forma una traición puede destruir a una clica entera. A él, su propia pandilla le asesinó al hermano. Su hermano, conocido como *el Cheje*, era miembro de la MS en una clica diferente a la que pertenecía *el Niño*. Lo asesinaron porque sospechaban de él, y luego los asesinos del *Cheje* intentaron terminar con *el Niño* también, para evitar que quedara suelto un matador enfurecido. Lo intentaron *caminar* —y este verbo es fundamental como pocos en este relato—, pero fue *el Niño* quien los terminó *caminando* a ellos.

Cuando un pandillero te *camina* es cuando con engaños te lleva al lugar donde te asesinarán. Vamos a tomar un trago. Vamos a visitar a aquel. Vamos a asesinar a fulano, pero allá te daremos el arma. Vamos a fumarnos un *puro* al pozo de Turín.

Así, hablando de esto y de aquello, la conversación con *el Niño* ha llevado a que él hable del intercambio de pandilleros. Cuando un pandillero está muy marcado por la policía en la zona de operación de su clica, se mueve a otra clica, a otra zona, y opera allá por un tiempo. Se *enfría*, dice *el Niño*.

Dice que ellos tenían intercambio con otras clicas, que él mismo solía moverse hacia San Salvador de vez en cuando, pero que en cambio los pandilleros que se acercan a la zona de su clica, de la Hollywood, suelen hacerlo porque saben de sus pozos.

—Ellos vienen acá porque se da que hay calaveras en pozos. Y traen *homeboys* o *bichas* [pandilleros rivales] que las traen *caminando*, o *homeboys* que han *cagado la vara*, los traen a nuestros pozos, porque tenemos pozos. El pozo de Turín es el que yo entregué. El de Atiquizaya [un municipio vecino] ya hasta lo tapamos. No lo entregué yo porque son ondas antiguas, de *homeboys* que ya murieron y que para qué. En el de Turín, puta… Sólo yo sé de cuatro calaveras.

12 DE MARZO DE 2012

—Estoy de brazos cruzados. Yo quisiera que fuera más pacho y hacerlo yo con pala y con piocha, pero no puedo.

Israel Ticas está frustrado. Se le ve impotente. Desde hace unos 20 minutos camina alrededor del pozo y señala. "¿Ves?, los mismos 10 metros." Apunta con el dedo la excavación que desciende hasta la raíz del pozo. "Las excavaciones en invierno van a ser demasiado peligrosas. He tenido experiencia en otros pozos. La tierra que ves arriba se vuelve una sedimentación y todo eso baja y se nos inunda abajo tanto de sedimentación sólida como de agua."

Se sienta al lado del pozo, de cara a la excavación, con los cadáveres abajo.

—Me siento desesperado, decepcionado, como fiscalía hemos tratado por todos los medios de que no quede impune esto. Son más de 15 personas las que hay en el fondo. Estoy seguro. Eso me dicen los investigadores.

Desde hace un mes, Ticas cuenta con una pala mecánica que le prestó la única institución que en el último año hizo caso a una de las cartas del fiscal jefe de Ahuachapán, René Peña. El Comando de Ingenieros de la Fuerza Armada le ha prestado la máquina. Sin embargo, la máquina sola no sirve de nada. Sin camiones de carga y un tractor cargador, la pala mecánica tiene que sacar la cucharada de tierra, recorrer unos 100 metros y soltarla afuera de la obra. Volver una y otra vez. Eso, en tiempo y combustible, está fuera del presupuesto.

—Lo repito —dice Ticas, como si ahora fuera a surtir un efecto distinto al que ha surtido en todo un año—: un cargador y dos camiones. Un cargador y dos camiones. Un cargador y dos camiones…

Vale la pena recordar un detalle más. Hace un año, cuando en enero de 2011 Ticas tuvo todo lo que necesitó, consiguió en sólo 24 días excavar 10 metros. El pozo tiene 55. Si aquel 27 de enero no le hubieran retirado las máquinas, y concediendo algunos días de imprevistos, hace unos 10 meses que hubiera llegado a los cadáveres.

3 DE ABRIL DE 2012

—¿Has visto que a un costado del pozo hay una pila? —pregunta *el Niño* desde el solar de su casa-refugio, mientras revisa los rábanos que ha sembrado.

En efecto, a un costado del pozo hay una pila. Una pila puesta ahí, lejos de todo, como si algún día alguien hubiera habitado esa parcela, vivido bajo ese árbol y sacado agua del pozo para lavar la ropa en esa pila.

La pila es el escenario de la breve historia que *el Niño* cuenta esta tarde. Es la historia de un asesinato, y como todas las historias de este tipo tiene una trama detrás. Ocurre que en este caso la trama es difícil de explicar, porque en esta guerra de pandillas hay cosas que son difíciles de entender desde afuera. A manera de ejemplo, en una ocasión, los miembros de la clica del *Niño* mataron a un aspirante a pandillero porque en lugar de decir que estaba "pedo" por los efectos de la marihuana, dijo que estaba "peda". Ellos consideraron esa una ofensa terrible, porque un pandillero lo hace todo en masculino, y son los enemigos los que hacen las cosas en femenino. Al autor de la confusión lingüística lo asesinaron a puñaladas ahí mismo, en plena reunión amistosa. Difícil de entender desde afuera. Los pozos no se llenan sólo de asesinatos planificados y explicados en una perfecta lógica mafiosa. Muchos de los huesos son de personas que murieron por una lógica violenta mucho más simple, animal, pura. ¿Puedo matar? Sí. ¿Puedo ocultar el cadáver? Sí. ¿Es complicado que lo encuentren? Sí. ¿En mi entorno eso implica valentía? Sí. Entonces lo hago. De tanto hacerlo, me acostumbro, y forma parte de mi vida, y así poco a poco lleno pozos oscuros.

La historia que cuenta hoy es la de un muchacho al que *el Niño* recuerda como Ronal Landaverde, hermano del *Gringo*, alguien que, según las sospechas del *Niño* y de sus colegas salvatruchos, pertenecía al Barrio 18. Sin embargo, Ronal insistía en acercarse a los salvatruchos. Le agradaba fumar con ellos. Los salvatruchos se lo permitían, hasta que un día dejaron de permitírselo. Porque sí. Lo *caminaron* hasta el pozo de Turín. Ahí se dieron cuenta de que ninguno de los salvatruchos llevaba una pistola, así que utilizaron la pila de camilla y lo estrangularon con una pita. "Con corvo no, porque no queríamos sangre en el pozo", razona *el Niño*. La razón dentro de la locura.

El de Ronal es uno de los cuatro cadáveres que la fiscalía ha identificado gracias a los testimonios del *Niño* y el otro testigo. Por esos cuatro cadáveres, la fiscalía acusa a seis de los 43 miembros de tres clicas que fueron capturados gracias a las declaraciones de informantes. Todos ellos fueron capturados en octubre de 2010, y si en octubre de este 2012 el pozo no deja ver las calaveras, los reos deberán ser puestos en libertad tras cumplirse lo que la ley establece que puede detenerse a un ciudadano sin condena. La fiscalía cree que hay más huesos en el fondo del agujero, porque los dos ex pandilleros han dicho lo que les consta, pero han asegurado que el pozo era frecuentado por varias clicas: Ángeles, Parvis, Hollywood, Acajutlas, Priding Gangsters, Fulton...

25 DE MAYO DE 2012

Ticas está feliz. Luego de un altibajo, Ticas está feliz. Dice que a principios de abril consiguió que le dieran los camiones y el cargador, pero que a finales de abril se los volvieron a quitar. De nuevo se quedó sólo con una inútil pala mecánica. Pero hace una semana, sorpresa: las cartas que parecían nunca llegar a nadie obtuvieron respuesta. Ticas vio entrar por el maizal la pala mecánica, tres camiones de volteo, un cargador e incluso un tractor para aplanar la excavación. La Fuerza Armada y el MOP le prestan de nuevo sus máquinas.

El invierno asoma, pero Ticas está revestido de optimismo.

—Le vamos a meter; antes de que los saquen [a los pandilleros], lo abrimos, antes de octubre.

21 DE AGOSTO DE 2012

El pozo parece ser una metáfora del país. Mientras más se escarba, peor se pone la cosa. Mientras más se espera para solucionar los problemas, éstos se vuelven más engorrosos.

El pozo se ha inundado. Llegaron las lluvias y el pozo se le ha inundado a Ticas. Cuando todas las máquinas estaban listas, cuando sólo faltaban 18 metros, el "maldito pozo", como lo llamó Ticas, se ha inundado.

Las lluvias jodieron las matemáticas benevolentes del verano. Con semejantes aguaceros, en tres meses Ticas ha logrado avanzar sólo 27 metros. Van 37 de excavación.

Es así, cuando el problema se deja reposar, el remedio ya no es el mismo. Ticas ya no tiene todas las máquinas que necesita. Tiene todas las que necesitaba antes. Ahora le falta una máquina para drenar el agua.

Pero Ticas sigue optimista. Cree que en mes y medio logrará abrir el pozo y antes de octubre las pruebas de ADN de los cadáveres dirán que esos pandilleros son culpables. Está emocionado con la posibilidad de que se rescaten más cuerpos, porque dice haberse enterado de que un informante, que perteneció a una banda de secuestradores, ha dicho que cuando lo abran "se van a sorprender".

29 DE AGOSTO DE 2012

El Niño ha integrado a su conversación algunas frases creativas para referirse al pozo. Por ejemplo, sobre los muertos, asegura que "los que están en el pozo no es de sequía que han muerto". Luego se pone un poco reflexivo y se pregunta a sí mismo: "Imagínate si alguien hubiera decidido hacer una casa y limpiar el pozo". Entonces uno se pregunta cuántos pozos desconocidos hay, detrás de cuántos maizales abonan los muertos, a cuántas historias de sangre le dan sombra los palos de jocote.

3 DE SEPTIEMBRE DE 2012

Hace apenas una semana que Ticas consiguió una bomba para drenar el agua. La drenaron y aceleraron la excavación, pero en el lodazal todo es más difícil. Sólo han conseguido un metro más. Faltan 17 metros y mes y medio para el juicio.

Ticas ha ideado una técnica que le permitirá a él y su equipo bajar a reconocer la pared que tienen que perforar. Intentan abrir un agujero para entrar como topos hasta los cadáveres. Él, el investigador que levanta el acta de lo que se va encontrando y el técnico de laboratorio que debe llevarse las piezas serán los topos. Cada uno se amarrará un lazo de un color. De esta forma, explica Ticas, "pensando en un desastre, así nos van a encontrar: el rojo es Ticas, el amarillo es el investigador y el celeste es el técnico".

30 DE OCTUBRE DE 2012

Ticas anda en otra cosa. En otros muertos. En estos días ha sacado de la tierra a unos jóvenes de Soyapango, en el centro del país, y a unas mujeres de Santa Ana, en el occidente. Las lluvias aguaron todo en Turín. Era imposible excavar. Se empezó muy tarde a querer solucionar el problema, y el MOP se llevó su maquinaria y también la Fuerza Armada.

Todo está parado, nadie remueve la tierra de esos muertos.

Los seis pandilleros ya deberían estar, por estos días, en la calle de nuevo, tras dos años encerrados esperando lo que nunca ocurrió.

Ticas se siente como al principio, frustrado.

—Imaginate si cada uno de los que salga mata a una persona o a dos cada uno. ¿Cuántas serían?

Luego repite que le hubiera gustado poder hacerlo con una piocha y una pala.

Quizá somos eso, un país de piocha y pala para escarbar, sin capacidad para llegar más profundo y rescatar a nuestros muertos.

PRINCIPIOS DE FEBRERO DE 2013

El jefe regional de la fiscalía, Mario Jacobo, confirma que la representación del Estado pidió sobreseimiento provisional para los acusados de meter cadáveres al pozo. Dice que es una estrategia para ganar un año más y seguir excavando, que han logrado relacionar a dos de los cadáveres con seis de los pandilleros, pero que están seguros de que hay al menos cinco cadáveres en el pozo, si no es que muchos más. Espera que al final de este mes lleguen "al punto exacto al que el criminalista Ticas quiere llegar". Desde hace más de un año, se podría agregar.

El jefe fiscal le llama "estrategia", pero en el mundo de los juzgados, a la figura del sobreseimiento provisional, muchos le llaman el "sobreseimiento y no vuelvo más".

2 DE FEBRERO DE 2013

En estos días los medios de comunicación han vuelto a hablar del pozo con titulares como "Pozo en Turín contiene unos 20 cadáveres" o "Casi por finalizar las excavaciones en el pozo de Turín". Las publicaciones confirman algo que nadie sabe explicar a ciencia cierta. La profundidad del pozo ha cambiado. Ahora, calculan que la base está a 42 metros de profundidad, quizá porque allá abajo hay nacimientos de agua, venas que la pala mecánica perforó. Haciendo cálculos desde la última medición donde faltaban 17 metros para los 55, ahora sólo faltan cinco metros para llegar hasta los 42, hasta el fondo.

En una de las notas de prensa, el ministro de Obras Públicas, Gerson Martínez, fue entrevistado sobre el aporte de camiones que ha hecho la institución que dirige. Dijo: "El MOP tiene un convenio con Seguridad Pública a través del cual estamos permanentemente colaborando con ellos". También dijo: "Es una contribución que hace el MOP para derrotar la impunidad en el país".

27 DE FEBRERO DE 2013

El Niño declaró ayer contra 19 pandilleros de la Hollywood Locos Salvatrucha por el delito de homicidio, aunque ninguno de ellos vinculado al pozo. Dice que ahora sólo le queda esperar que abran de una vez el pozo y fijen fecha para la audiencia en contra de los acusados, que quién sabe si estarán o no, si los volverán a atrapar o no. Dice que ya se está hartando de ir a tanto juzgado a declarar tanta cosa.

Por cierto, y aunque a estas alturas ya no parezca importante, por primera vez ha pronunciado los apodos de los acusados: *Danger, Maleante, Gallo Callejero* y *Patas*. Dice que no sabe acerca de quiénes más ha hablado el otro testigo.

30 DE MARZO DE 2013

Ticas dice que está a sólo cuatro metros del fondo, que está a sólo cuatro metros de los 42 que marcan la nueva meta, que está a punto de llegar y que tiene miedo de morirse ahí adentro.

Los últimos seis metros parecen más un pantano que un hueco seco. Tienen lodo, agua. Ya no llueve en la excavación, pero ahora el agua sale de abajo. Un nacimiento subterráneo, varias venas de agua que ora explotan por aquí, ora tras esta arremetida de la pala mecánica.

Pero Ticas sigue entusiasmado, viendo la vida en lo muerto:

—Creemos que ahí al fondo hay un muchacho alto, delgado, de Santa Ana, al que se lo llevaron con todo y su laptop.

Ahora la hipótesis es que el primer cadáver está a 39 metros, y el último de los que han reconocido, con las exploraciones de topo que hacen abriendo agujeros que al poco tiempo el agua borra, está a los 42 metros. Y más allá, como dice Ticas, quién sabe.

Éste es el plan B, o C, o Z. Éste es el plan que queda: desde la pared de tierra sobre la que destaca el pozo, en línea horizontal hasta el agujero donde están los muertos hay ocho metros. Ocho metros por avanzar hacia adelante. Ticas empezará a excavar desde arriba, desde los 30 y algo metros, e irá haciendo un túnel a manera de escaleras que descienden, de un diámetro de unos cinco metros, hasta meterse al pantano oscuro. Para eso, asegura Ticas, la fiscalía le está buscando un traje de buceo de segunda mano o prestado. Así, podrá sumergirse en el líquido de muertos, en la raíz del pozo, en ese caldo de tierra y huesos que está bajo nosotros.

1º DE ABRIL DE 2013

Ticas sigue sin lograrlo. Al día de hoy han pasado 805 días desde que las autoridades descubrieron el pozo. Al día de hoy han pasado 28 meses desde que las autoridades descubrieron el pozo. Al día de hoy, esto es lo que se puede decir del pozo:

Adentro del pozo hay cadáveres. Quizá 10, quizá 12, quizá hasta 20, y ciertamente no menos de cuatro. En el municipio de Turín, en el occidente de El Salvador, luego de una calle de tierra, luego de unas vías de tren, luego de una casita de bahareque, luego de un maizal, hay un pozo, y adentro de ese pozo hay cadáveres.

7

Los más miserables de los traidores

Sin esos asesinos, cientos de asesinos estarían sueltos. Sin esos violadores, cientos de violadores estarían sueltos. Los testigos criteriados, los delincuentes a los que el Estado perdona a cambio de su confesión, son también hombres y mujeres que arriesgan su vida. Se enfrentan, muchos de ellos, a las dos pandillas más peligrosas del continente, y de su lado sólo tienen a un Estado que en ocasiones parece más bien otro de sus enemigos.

Al fondo está el cuartito. La puerta metálica está entreabierta. Como el cielo amenaza con un chaparrón, afuera del cuartito el calor es uno más, una presencia tangible. Se intuye que el cuartito es ocupado en cada esquina de su reducido espacio por esa presencia. Ése es el cuartito, una habitación donde se guarda el calor y donde una vez también se guardó a Abeja. ¿Quién iba a decirle a Abeja —al insustituible soplón de Abeja, al delator de uno de los más buscados— que terminaría, en su afán por salvar su pellejo, refundido en ese cuartito?

Para llegar a ese cuartito hay que subir a un vehículo en la capital de El Salvador, y hay que alejarse de la capital, conducir por una autopista, atollarse en la trabazón de uno de los municipios periféricos del área metropolitana, volver a salir a una autopista rumbo a la frontera de departamento de Chalatenango con Honduras, preguntar a una persona y a dos y a tres, hasta que alguien sepa en esta carretera dónde hay que cruzar para dirigirse hacia el municipio recóndito de Agua Caliente. Hay que frenar en ese cruce y preguntarse si el carrito aguantará el trajín de una calle de tierra, piedras y lunares de asfalto. Hay que internarse entre esos cerros del breve norte salvadoreño, breve pero intenso. Hay que admirarse por lo extravagante de ese palacete morado, de arquitectura Walt Disney, que en medio de lo rural corona una loma. Hay que lidiar con la duda de si ese puñado de casas es Agua Caliente, y preguntarle a un viejito campesino en la vereda, para que él responda que no está seguro, que cree que es más adelante. Y seguir. Y llegar hasta el cartel que sin alarde reza: "Bienvenidos a Agua Caliente". Y seguir, porque no hay de otra, hacia adelante. Hay que preguntar a una persona y a dos y a tres, hasta que alguien sepa en este pueblo dónde queda el puesto policial. Hay que enfrentar con una sonrisa la mirada de búho sorprendido que ponen la primera y la segunda y la tercera persona a las que un foráneo pregunta dónde está el puesto policial. Hay que cruzar en el microparque central, a la izquierda, y seguir recto, bajo más miradas y bocas abiertas, y llegar a un punto donde el pueblo definitivamente se acaba en el monte y convencerse de que una de esas casitas rurales que quedaron atrás debe de ser el puesto policial. Retroceder. Preguntar. Ojos, boca abierta. Encontrar, a medio construir, el puestito policial.

La mascota del puestito policial es una tortuga que aparece y desaparece entre el monte de la entrada. El puestito policial es una casa de bloques de concreto de dos pisos y un esqueleto arriba: un tercer piso sin marcos ni ventanas ni puertas ni pintura. La puerta del puestito está abierta y en la primera planta sólo se encuentra una amable mujer que da las buenas tardes y que duda cuando se le pregunta por el encargado del puestito. "Déjeme ver quién se puede hacer cargo de atenderlo", dice.

A los 20 minutos, baja de la segunda planta un agente joven, sorprendido. Me invita a pasar a la oficina, un cuarto ardiente sin computadora que en una de sus paredes muestra con flechitas el limitado organigrama del lugar: Jefe de puesto rayita Atención al público rayita Patrulla uno rayita Patrulla dos rayita Patrulla tres.

—¿En qué le puedo ayudar? —pregunta el joven agente.

—Tengo entendido que en este puesto es que tenían a Abeja, que de aquí se les escapó —digo.

—Aaaah, como aquí es bien alejado, pensé que no se iban a enterar los medios allá en la capital.

—Nos llegó la noticia, y venía a ver dónde es que lo tenían. Es delicado el asunto, ¿verdad?

—Sí, hombre, es un tema delicado, porque aquí no es lugar para tener a una persona así. Ya hay lugares según la ley allá en la capital.

—Porque ustedes sabían sobre qué personaje estaba hablando Abeja, ¿verdad?

—Bueno... aquí estuvo el muchacho... No sabíamos bien así todo el asunto, pero es delicado.

—Y a alguien como él, aquí en esta zona, ahora que se fugó, ¿qué le esperará?

—Yo supongo que a alguien así como él allá afuera le espera la muerte.

LA PARTE CONOCIDA DE LA HISTORIA

Es domingo 27 de mayo de 2012, y la policía ha mandado a convocar a cuanto medio sea posible para que se presenten en El Castillo, la sede central en San Salvador. Tiene algo importante que mostrar. Efectivamente, en medio de tres policías corpulentos con pasamontañas y armas largas está José Misael Cisneros, esposado con las manos atrás. El hombre de 36 años es mejor conocido como *Medio Millón*, y si alguien se ha topado con cualquier informe de inteligencia policial de los últimos ocho años que lleve las palabras *crimen organizado*, seguramente ha visto su rostro con vestigios de acné.

Medio Millón fue uno de los primeros líderes de la Mara Salvatrucha en El Salvador incluidos en la lista negra del Departamento del Tesoro de Estados Unidos. Eso ocurrió el 5 de junio de 2013 —esa lista es ahora de 10 personas, pues el Departamento del Tesoro incluyó a otros tres líderes en abril de 2015—. De todos los implicados, *Medio Millón* es el único que no es miembro activo de la MS. *Medio Millón* es un socio, pero nunca fue brincado a ninguna clica de la pandilla. Los demás son algunos de los principales líderes nacionales de la MS: *el Diablito de Hollywood*, *el Trece*, *Crook*, *Colocho de Western* y el *Viejo Pavas*.

Medio Millón, que ahora en El Castillo luce impávido, era prófugo desde el 14 de septiembre de 2010, cuando logró escapar de un operativo realizado por un centenar de policías que pretendían capturarlo. La inteligencia policial dijo que hubo fuga de información. La policía estaba interesadísima en él porque están convencidos de que *Medio Millón* es el gran operador de la cocaína en el norte del país, y que utiliza como su brazo armado a una de las clicas más numerosas de El Salvador, la Fulton Locos Salvatrucha, de la Mara Salvatrucha, nacida en el Valle de San Fernando, en el sur de California. La policía asegura que, entre miembros activos y colaboradores, esa clica de la pandilla llega a los 200 miembros sólo en Nueva Concepción, el municipio donde intentaron capturar a *Medio Millón*, el municipio vecino de Agua Caliente.

La policía entregó su investigación a la fiscalía, y la fiscalía llevó a un juzgado a *Medio Millón*, a 18 pandilleros de la Fulton y a tres policías de Nueva Concepción. La fiscalía llevó también a tres testigos que aseguraban haber estado a punto de ser asesinados por los pandilleros y los policías que actuaban bajo las órdenes de *Medio Millón*. La fiscalía llevó también a un miembro de la pandilla que actuaba como testigo criteriado, un pandillero confeso a quien la fiscalía no acusó con tal de que explicara cómo esos pandilleros y esos policías mataban y cómo *Medio Millón* les pagaba por ello. El Tribunal Especializado de Sentencia de San Salvador escuchó todo y dijo que no le parecía cierto y que todos los acusados quedaban absueltos ese 18 de septiembre de 2012.

Pero la fiscalía no quedó desnuda ni *Medio Millón* libre. La fiscalía tenía aún con qué cubrirse, y presentó nuevos cargos contra *Medio Millón*. Lo acusó de asociaciones ilícitas con los pandilleros de la Fulton y también acusó a 47 pandilleros de la Fulton de múltiples homicidios. La fiscalía aseguraba que algunos de esos homicidios habían sido cometidos con un arma de guerra que *Medio Millón* le había entregado a un líder de la clica conocido como *el Simpson*, y lo aseguraba porque tenían a otro testigo criteriado que traicionaba a la pandilla y declaraba en contra de ella. Y la fiscalía volvió a empezar, y volvió a llevar a *Medio Millón* a un juzgado, y el 5 de junio de este año, el Juzgado Especializado de Instrucción de San Salvador, el que dice si hay razones suficientes como para que se inicie un juicio y desfilen las pruebas, dijo que había pruebas suficientes y ordenó que iniciara ese nuevo juicio. Y entonces todo marchaba bien porque *Medio Millón* seguía su camino hacia una condena. Y todo marchaba bien porque el Estado salvadoreño seguía persiguiendo de cerca al hombre que una semana antes el Departamento del Tesoro de Estados Unidos había ubicado en una lista de los líderes criminales a los que consideraba prioridad perseguir. Y todo marchaba bien porque la fiscalía tenía a un muchacho pandillero que estaba dispuesto a contarlo todo, a explicar cómo se ejecutaron los asesinatos y a describir la escena de *Medio Millón* bajando con un escolta de un pick up y entregando en un corral un AK-47 al *Simpson*. Todo estaba bien porque el Estado salvadoreño tenía a Abeja.

La parte desconocida de la historia

—¿Y ustedes aquí dónde tienen la bartolina para guardar a los delincuentes que arrestan? —le pregunto al joven agente del puestito de Agua Caliente.

—No, o sea que aquí no tenemos bartolina, sino que hemos hecho ese cuartito para guardar a los bolitos que se pelean o a gente que tenemos uno o dos días por delitos graves como robo o extorsión. Pero a esos los mandamos al puesto de Nueva Concepción, que es más grandecito y ya tiene bartolina —responde el agente.

El cuartito del fondo. El ardiente cuartito del fondo.

—¿Y qué hacía Abeja mientras estaba aquí? —pregunto.

—Ahí pasaba encerrado en el cuartito —dice el agente.

—¿Cuánto tiempo pasó encerrado ahí?

—Unos 15 meses.

—¿Y no lo dejaban salir para nada?

—No, o sea que si él quería una gaseosa, por ejemplo, nos decía y le hacíamos el favor de írsela a comprar a la tienda. Pero como casi nunca tuvo dinero, casi no nos pedía el favor.

A finales de 2011, Abeja, un muchacho veinteañero, se sentó frente a unos fiscales de Chalatenango y, por alguna razón que no consta en el documento que elaboraron esos fiscales, les dijo que él era miembro de la Fulton Locos Salvatrucha. Les dijo que su clica se dedicaba a extorsionar, asesinar y traficar droga en los departamentos de San Miguel, Santa Ana, Sonsonate y Chalatenango. Les contó varios secretos, secretos que cupieron en 63 páginas escritas a máquina. Secretos que los fiscales titularon: "Caso amarrado en calle vieja", "Caso homicidio en la plaza Don Yon", "Caso Carmen Guerra". Los fiscales escucharon los secretos que Abeja contó y creyeron que esos secretos les servirían para encarcelar a 47 pandilleros y a *Medio Millón*. Los fiscales, entonces, teclearon en su informe: "Los hechos se desprenden de lo manifestado por el testigo criteriado que por estar sometido a régimen de protección de víctimas y testigos ha sido denominado Abeja".

—¿Y tuvieron algún refuerzo de agentes cuando les trajeron a Abeja al puesto? —pregunto al agente.

—No hubo refuerzos. La unidad que lo trajo no se acordaba de él. Pasaron meses sin venir.

Cuando el Estado salvadoreño cree que un criminal confeso ha contado secretos creíbles, comprobables, le deja de llamar criminal y le llama testigo criteriado. Deja de perseguirlo y empieza a necesitarlo. No lo lleva a prisión, sino a la Unidad Técnica Ejecutiva del Sector Justicia (UTE), y le ofrece llevarlo a un centro de gente como él, de gente que delinquió junto a otros y que luego los traicionó, los delató. Le ofrece protegerlo con policías, darle comida y techo mientras dura el proceso mediante el cual él contará esos secretos ante un juez. Pero si ese hombre decide que no quiere ir a ese centro, entonces la UTE le promete una canasta de alimentos al mes, y ese hombre queda en manos de la policía y la fiscalía. Esto último le pasó a Abeja.

—¿Y Abeja qué comía? —pregunto al agente.

—Que yo sepa, una vez en 15 meses le mandaron esa canasta de comida. A veces nosotros le dábamos de nuestra comida. A veces pasaba uno o dos días sin comer.

Para los agentes del puestito policial, el testigo del que dependía el caso del celebérrimo *Medio Millón* era un estorbo. No sólo perdían parte de su plato de comida cuando se conmovían del pandillero que hambreaba en el cuartito, sino que no podían descansar a gusto en la segunda planta. El puestito policial de Agua Caliente tiene 13 agentes asignados. El de mayor rango es un cabo. Sin embargo, decir 13 es decir cinco. Ahora mismo, cuatro agentes prestan servicio en otra unidad. Quizá cuidan alguna obra en la carretera principal o acompañan alguna excavación de búsqueda de cadáveres en algún monte cercano. Cuatro agentes más están de vacaciones. Cinco están aquí y se dividen en dos turnos. Los que están de turno, patrullan, atienden denuncias, salen del puestito. Los que no están de turno descansan en la segunda planta del puestito con los ojos cerrados y, cuando Abeja estaba aquí, con los oídos pendientes del hambriento muchacho que tenían en el cuartito de abajo.

El 17 de enero de 2013 una señora se acercó a la oficina de la Procuraduría para la Defensa de los Derechos Humanos (PDDH) en Chalatenango. Lo bueno de esta institución estatal es que sus funcionarios anotan y levantan informes de cuanto aire sople dentro de sus oficinas. Esto escribieron sobre la visita de la señora:

Se hizo presente a esta delegación una señora que no quiso identificarse, pero expuso que ella tenía un familiar detenido en el puesto de la PNC de Agua Caliente —o sea, en el cuartito—, que ya había recuperado su libertad, pero a ella le preocupaba la situación de un joven que se encontraba detenido, ya que ella le llevaba comida a ambos presos, y como su familiar ya había recuperado su libertad, a ella le daba lástima, porque ya nadie le llevaría alimentos, pues le manifestó que no tenía familiares y que tenía bastante tiempo de encontrarse en esas bartolinas —o sea, el cuartito.

El día siguiente, el funcionario que recibió la visita de la señora y el jurídico de la oficina de derechos humanos llegaron al puestito policial y dieron el nombre del muchacho —porque aunque nosotros le seguiremos llamando Abeja, la señora, el funcionario y el jurídico conocen, e incluso escribieron en el informe, el nombre completo del testigo protegido—. Lo único que Abeja dijo al funcionario y el jurídico es que le agradecía a la señora.

—Pero ustedes sabían qué tipo de testigo tenían, lo importante que era lo que declaraba y contra quién. ¿Cómo iba a querer quedarse en esas condiciones? —pregunto al agente.

—Sabíamos el tipo de persona que era. Sabíamos que se iba a aburrir, pero no podíamos hacer nada.

LA PARTE QUE NO NOS GUSTA DE LA HISTORIA

Abeja no es único. Lo peor de todo esto es que Abeja no es único. Como Abeja hay muchos. Él y ellos son criminales a los que necesitamos. Son buena parte del combustible del sistema de justicia de El Salvador, de Centroamérica. Cada año, la UTE debe lidiar con el mantenimiento en sus casas de seguridad y fuera de ellas de más de 1 000 personas. En los siete años de existencia de la Ley Especial para la Protección de Víctimas y Testigos, el programa ha albergado a 1 000 personas que traicionaron a sus estructuras criminales para no ir a prisión, para aspirar a una mejor vida, o que fueron víctimas de esas estructuras, o que fueron testigos de lo que hacían esas estructuras. Mantener a toda esa gente vinculada de maneras tan distintas con la violencia asfixiante del país implica desde papel higiénico hasta leche para bebés. La mayor parte de esas personas, la gran mayoría, según las cifras de la UTE, vio, participó o casi sufre un homicidio.

Un porcentaje menor de todas esas personas son testigos criteriados. Más de 50 personas al año son traidores, criminales que deciden delatar. Muchos aceptan entrar a las casas de seguridad; otros, como Abeja, prefieren no hacerlo. Y muchos más nunca llegan al estatus de criteriados, se quedan ahí, en las delegaciones policiales dando información, encerrados en cuartitos o bartolinas, en un limbo entre estar presos y estar resguardados. Para considerarse criteriados, un juez debe autorizar la medida. Y como reconoce Mauricio Rodríguez, el director del Área de Protección de Víctimas y Testigos de la UTE, pueden pasar meses entre que una persona empiece a delatar y que sea reconocida como criteriada. Mientras un juez no la declara como criteriada, la UTE no puede hacer nada por esa persona. Los criteriados son una clase particular entre los protegidos del Estado. Son delincuentes —despiadados muchos de ellos— y a la vez personas que arriesgan su vida diciendo lo que dicen. Esto último nos quedará claro más adelante.

Muchos se regocijan de que *Viejo Lin*, el líder nacional de la facción Sureños del Barrio 18, esté tras barrotes, pero pocos recuerdan a Luis Miguel, el criteriado que lo delató. Puede ser un alivio para muchos salvadoreños que *Chino Tres Colas*, el otro líder de esa pandilla, esté junto a *Viejo Lin*, pero pocos saben de Zeus, Apolo, Orión, Aries y Neptuno. Fue noticia nacional el juicio contra los 13 pandilleros acusados de 22 homicidios en Sonsonate, conocidos como los Embolsadores, por empacar pedazos de sus víctimas en bolsas negras, pero nadie agradeció a Raúl; ni tampoco a Zafiro y Topacio por resolver la masacre de Las Pilitas, o a Daniel, por explicarnos cómo operaba la banda los Sicarios en el oriente del país, y conformada en parte por policías. Gran parte de la población salvadoreña vio por sus televisores en los noticiarios del lunes 28 de mayo de 2012 a *Medio Millón* esposado con manos en la espalda, pero nadie vio a Abeja pasar hambre en un cuartito de Agua Caliente.

Asesinos, violadores, descuartizadores. Testigos, declarantes, confesores. Pocos entienden tan bien esta ambigüedad como Israel Ticas, el hombre que saca muertos de la tierra, el único investigador forense de la fiscalía en todo el país. Desde 2000 hasta el día de hoy, Ticas ha sacado 703 cadáveres de la tierra.

Es difícil encontrar un lugar adecuado para conversar con Ticas. Él va a contar lo que va a contar, y la musiquilla de los dibujos animados que aparecen en el televisor del restaurante donde estamos sentados en la capital salvadoreña no va a ser una justa melodía.

Primero los números. Fríos, tétricos en este caso: la mayoría de esos 703 cadáveres, Ticas los ha recuperado gracias a la ayuda de un testigo criteriado. De los 12 pozos a los que Ticas ha descendido, ha sacado 27 cuerpos. A ocho de los pozos ha llegado porque los vecinos dijeron que salía un olor pestilente o porque alguno vio a unos muchachos que llegaron y lanzaron un bulto en el agujero. A cuatro de esos pozos, Ticas ha llegado gracias a un criteriado. Gracias a los criteriados, Ticas ha sacado 16 de los 27 cuerpos que sacó de esos 12 túneles oscuros.

Ahora, sus palabras. Quizá la peor parte.

—Ticas, de todas las excavaciones a las que has llegado con criteriados, ¿qué es lo que más te ha jodido ver?

—Una vez saqué a un niño de cinco años y una niña de ocho años. Según contó el testigo, habían violado a la niña, bajo la condición de que no iban a matar al hermanito si se dejaba violar por 15 sujetos. La violaron e igual la mataron. Fue en Ateos, allá por 2006. Encontré los dos cuerpecitos abrazados.

—Ticas, ¿y vos notás arrepentimiento en los criteriados que te han contado lo que te han contado?

—No, totalmente tranquilos. Eso admiro de esos cabrones. Nada de vergüenza. En Tonacatepeque, recuerdo a un chele que se murió de sida, bien buena onda se hizo después. La de arriba en la fosa era su mujer. Le pregunté: '¿Mataste a tu mujer?' 'Sí —me dijo—, la Mara me dijo que ella sabía mucho. Frente al pozo le dije que se iba a morir. Se me hincó, me pidió de favor ir a despedirse de nuestros tres hijos. Fuimos hasta la casa, le dio un beso a cada uno en la frente. Después me la traje de regreso, venía suplicando, que dijera que ya la había matado, que se iba a ir del país. Le dije que una orden era una orden. Aquí, en la orilla del pozo la degollé, y brincando el cuerpo lo tiré al pozo.' Así la encontré, arriba de los otros nueve. 'Le vas a encontrar una navaja en la vagina', me dijo el testigo. Así la encontré.

—Ticas, ¿y vos recibís atención psicológica?

—No, nada.

—Ticas, ¿y vos qué pensás de los criteriados?

—Son importantes en mi trabajo, porque ellos me dicen qué voy a encontrar abajo, qué sucedió, son importantísimos. He trabajado con unos 30 testigos que me han dado lujo de detalles, y yo luego compruebo si es cierto, y eso es prueba, historial. Por eso son tan importantes los testigos.

Pocos podrían contar primero lo de la niña de ocho años y después la importancia de esos traidores miserables que participaron en lo que le pasó a la niña de ocho años, pero Ticas entiende este país como muy pocos lo entendemos. Uno de los violadores de la niña quedó libre, 14 están presos. Ticas entiende este país mucho mejor de lo que la mayoría lo entendemos.

En el restaurante, sigue sonando la musiquita de dibujos animados.

119

LA PARTE QUE A ELLOS NO LES GUSTA
DE LA HISTORIA

Éste es otro restaurante y ésta es otra conversación. Ahora, del otro lado de la mesa, está un agente investigador de la policía, un policía raso que ha ido y venido de una a otra división de la institución. Este hombre ha participado en operativos contra pandillas que han derivado de la información de testigos criteriados a los que ha escuchado. Su trabajo, en parte, puede realizarse gracias a ellos. Ellos delatan, él atrapa. Sin ellos, él hubiera tenido muy poco que hacer en algunos periodos de su carrera policial.

—A mí sólo de oírlos hablar me da diarrea —dice, en referencia a los criteriados, para quienes no tendrá ninguna palabra de agradecimiento—. Son unos hijosdeputa, unos arma-paquetes-contra-policías. Se escapan cuando quieren de las casas de seguridad. Se han dado casos en que extorsionan desde las mismas casas. Hace 15 días se escapó uno de una de las casas. Llamó y dijo que regresaba, pero si le decíamos al fiscal que le llevaran a su mujer. Malditos. Yo no voy a andar cuidando a ese vergo de vagos.

A los policías no les gusta hablar de esos "pandilleros que se quieren salvar su propio culo", como dice este agente. De hecho, ni siquiera a nivel institucional les gusta hacerlo. Durante dos semanas solicité a la unidad de comunicaciones de la policía que designaran a alguien para una entrevista sobre el tema. Tras varios intentos de esa unidad por encontrar a la persona adecuada, la respuesta fue que sería imposible, que era un tema delicado y nadie de la jefatura quería conversar sobre él, mucho menos si en la entrevista se mencionaría el caso de Abeja.

Los testigos criteriados, sobre todo la mayoría de entre ellos, o sea los que son pandilleros, tienen que lidiar con que en muchas ocasiones sus clicas han participado en crímenes contra policías. En otras palabras, en varias ocasiones, sus guardianes les tienen un profundo odio. En otras ocasiones, ellos delatan la complicidad de policías en las estructuras criminales, como lo hicieron los testigos criteriados que intentaron, antes de Abeja, encerrar a *Medio Millón* con su testimonio que fue desechado por el juzgado. Y entonces, la misma conclusión, sus guardianes les tienen un profundo odio.

La identidad oculta de esos testigos en muchos de los casos, habiendo policías que los conocen y conviven con ellos a diario, es poco más que un mal chiste. Ponerles nombre clave se convierte a veces en un formalismo de juzgado, y nada más.

Cuando en un solar del departamento de Ahuachapán me senté a conversar por horas con el testigo clave Liebre, un sicario de la Mara Salvatrucha, él mismo me reveló su apodo dentro de la pandilla, su clica y su anterior apodo en esa misma clica, y me autorizó a que lo publicara. Liebre es *el Niño* de la clica de Hollywood Locos Salvatrucha, el sicario de la clica de *Chepe Furia*. Cuando le pregunté al *Niño* si no le importaba que yo publicara su verdadera taca, me dijo que de ninguna manera. Al *Niño* lo intentó asesinar un comando de pandilleros y ex militares que llegaron hasta el puesto donde se encontraba, pero fueron detenidos por policías de la zona. Ahora mismo, uno de los miembros de ese comando es también testigo criteriado del Estado, y a cambio de su testimonio le han perdonado la acusación de haber intentado asesinar al otro testigo criteriado del Estado.

Al *Niño* incluso le han llamado desde el penal de Ciudad Barrios para amenazarlo de muerte. Al *Niño*, cuenta él, policías de la zona le han ofrecido salir de su solar a participar en un asesinato, pero *el Niño* cree que era sólo una argucia para sacarlo de ahí y asesinarlo en el camino. Gracias al *Niño* fue condenado a 22 años de prisión *Chepe Furia*, líder de la clica de los Hollywood Locos Salvatrucha de Atiquizaya. *El Niño* declaró que él vio a *Chepe Furia* y dos líderes más de la clica llevarse a Samuel Trejo, *Rambito*, de 23 años, vendedor de verduras en Ahuachapán, recolector de extorsiones para la Hollywood; era un testigo clave en el caso de *Chepe Furia*, y su cuerpo apareció sin vida y con rastros de tortura una tarde de noviembre de 2009. En el caso que la fiscalía aún apela, se acusa a dos policías de la zona de haber entregado a *Rambito* a los líderes de la clica para que lo asesinaran. *El Niño* está resguardado en la zona donde esos policías operaron durante años, donde están sus mejores amigos dentro de la corporación. *El Niño* aún espera un juicio donde declarará contra 33 pandilleros más.

El Niño vive entre algunos policías que le guardan un profundo odio, en medio de la zona de control de la clica a la que casi desarticuló, aunque la zona exacta donde se encuentra está bajo el dominio del Barrio 18. La situación del *Niño*, como veremos más adelante, no es muy diferente a la que vivió Abeja.

Es una tarde de nubes negras. *El Niño* se acurruca en el solar, frente a una llanta que hace de mesa para el dólar de pan dulce que su mujer nos ha traído y para los cafés.

Le pregunto qué es lo que más extraña de su vida anterior, y *el Niño* responde que cazar garrobos y cangrejos en el río. Y lo que más le gustaría hacer si fuera un hombre libre, sería pasear con su hija en el parque, con esa niña de dos años que nos observa mientras espera que le entreguemos su almuerzo, uno de los güisquiles hervidos con sal y limón que su madre ha puesto sobre la llanta. Eso le gustaría hacer al *Niño* si fuera libre, porque él, aunque no está preso, se siente preso. Sabe que lo quieren matar por lo que ha declarado, y la pequeña casita en el solar donde vive es, como dice él, "sólo una jaula de oro".

Liebre ya está harto de la excusa de que a él el Estado lo ha exonerado de su condena. Él ya lleva tres años como testigo criteriado. Ya tiene tras barrotes a los principales líderes de la clica, y a decenas de sus sicarios. Sabe que sin su ayuda, ni *Chepe Furia* ni *Liro Jocker* ni *el Extraño* ni *el Maniático* ni él mismo podrían estar presos, porque lo único que tiene el Estado en contra de ellos es lo que él mismo contó. La situación del *Niño* es muy parecida a la que vivió Abeja.

Liebre reflexiona antes de responder. Aunque su jerga es totalmente pandillera, el contenido de sus palabras es producto de la reflexión que hace en esos momentos en que se queda congelado, como una estatua antes de responder y gesticular.

—¿Cómo se ha portado el Estado con vos?

—Es una mierda. Ellos tratan de hacerle huevos con uno, pero el problema es que aquí paso pidiéndoles a los *sierras* [policías] algo de dinero para pagar las tortillas. Para la niña sólo un paquete me mandaron de la UTE, cuando ella nació: ropita, zapatillos, unas pachas, toallas, pañalitos, onditas así, cosas básicas. Única vez. Todo eso ya lo dejó, porque creció. A mi hija no he podido comprarle un vestido. Yo allá afuera hago 40 dólares en un día sin problemas.

—¿Y si tu niña se enferma?

—Atención médica, nunca me han llevado. Yo he ido por mi cuenta. Cuando se enfermó la niña yo fui a gastar 20 dólares a una clínica allá en Ahuachapán. Cinco dólares me dio un investigador buena onda. La otra vez, cuando la tuve en un hospital, otros cinco dólares me regaló un investigador. Eso es todo lo que tenía cuando le dieron de alta a mi niña.

—¿Qué más te hace falta?

—No tengo calzado, no tengo ropa. La que tengo es regalada. Y una vez los fiscales me compraron una ropita usada. Pienso, mejor me hubieran dejado a correr por mi cuenta, porque anduviera más mejor. Leche, a veces viene en la canasta de la UTE. A mí me dijeron que me iban a dar nueve dólares diarios. Una vez me llegó la canasta sin frijoles.

La canasta mensual de la UTE no es ningún enser de lujo. Cuatro libras de frijoles, otras de arroz, pasta, salsitas, sal, azúcar, aceite, papel higiénico, jabón, cepillo.

Rodríguez, el funcionario de la UTE, lo sabe, pero está habituado a eso, pues tiene que lidiar con la administración de la precariedad cada año. El presupuesto de la UTE ronda los cuatro millones de dólares anuales, pero mantener el personal, a más de 1 000 personas que pasan por las casas de seguridad, pagar a decenas de agentes supernumerarios de la policía que asume la UTE para la protección de casas y testigos, enviar las canastas básicas y lidiar con algunos criteriados o testigos simples de cuello blanco que piden una casa digna para ellos y su familia hace que ese presupuesto se convierta en muy poco.

"Hay gente a la que le pagamos una casa de 500 dólares, para que viva con su familia, porque exigen esas condiciones", explica Rodríguez. "A veces, me toca andar tras los visitadores médicos pidiéndoles que me regalen leche", dice. Y eso sin contar aquellos periodos donde los diputados tardan en aprobar el presupuesto nacional. "Eso es el infierno —explica—, porque tenemos que lidiar con que no podemos pagar el alquiler de casas, y ver de dónde sacamos para enviarles la canasta de comida a la gente." Rodríguez recuerda que en una ocasión fueron capacitados por un miembro del Cuerpo de Alguaciles de Estados Unidos, los encargados de ejecutar las disposiciones de las cortes de aquel país, entre ellas la protección de testigos. El alguacil le explicó a Rodríguez que el programa de Estados Unidos incluía mover de estado al testigo y a su familia, darle al menos un año de capacitación en algún oficio, mientras se adaptaba, ponerle casa, darle alimentación, un salario mensual y cambiarle la identidad. Rodríguez imaginó si él tuviera esos recursos, y sonrió ante la escena. Aquí, por ley, la UTE no puede entregar efectivo, no puede cambiar identidad a nadie y sólo en casos muy especiales sigue dando protección a los testigos una vez que terminan su proceso. En la mayoría de casos, terminado el criterio, terminada la protección, terminada la canastita. Canasta que, en casos como el de Abeja, poco llegó.

"Si usted viera una casa de seguridad, y viera cómo nos las ingeniamos para reducir costos. Sembramos hortaliza en jardines que improvisamos en los techos, les compramos piscinas plásticas para que cultiven tilapias en ellas. De todo, hacemos de todo", cuenta Rodríguez.

—¿Y cuando todo acabe? —sigue la conversación con Liebre.

—Lo que he hablado es de que al nomás terminar el procedimiento me van a dejar sin medidas. Dicen que del sueldo de ellos, los fiscales me van a dar un dinero para que me vaya a trabajar a otro lugar y deje algo de dinero a mi chava y la venga a ver cada mes. Ni casa ni canasta, ahí que vea qué me hago.

—¿Sentís que te usaron?

—Si de todo mi caso el único menos alivianado soy yo. Todos los viejos de allá arriba, de la alta sociedad, han salido alivianados. ¿Cuánto valía la muerte de *Rambito*? Once mil dólares pagó *Chepe* para que *caminaran* a *Rambito*. Yo soy el que menos he sacado.

—¿Y qué hay de nosotros? ¿Qué nos garantiza que cuando el Estado te suelte no seás sicario?

—No me han ofrecido otro camino. Tendría que haber un programa de trabajo. Te vamos a dar chance de que barrás en tal juzgado. Yo no me he borrado las tintas porque no me han ofrecido nada, y al menos esto me protege con respeto si me voy a otro lado. La información que he dado vale. Yo dije que yo fui, que yo disparé, y que los otros hicieron lo que hicieron. ¡Eso vale!

—¿Vos descartás que volvás a las andadas? —pregunto al *Niño*.

—No lo puedo descartar. Si estando aquí me han ofrecido oportunidades.

—Y a vos, ¿qué te debemos nosotros los salvadoreños?

—Yo arriesgo mi vida. Salí yo de las calles y saqué a otro vergo de sicarios. Por eso hay un vergo de gente que me quiere matar. Policías, pandilleros. Yo no sé quién trabaja para quién aquí. Es una onda que se llama crimen organizado. Yo no quiero estar ya en este riesgo, tengo a mi niña. A la sociedad no le importa que esté en este riesgo, a ellos sólo les importa que el testigo ya declaró. Si ellos se pusieran a pensar y dijeran: "Ey, a este bicho le puede ir mal, tiene a su hija, tiene a su mujer, pongámosle al menos una chambita".

LA OTRA PARTE QUE A ELLOS NO LES GUSTA
DE LA HISTORIA

Es 21 de junio de 2013. Es la Alcaldía de Ilopango, un municipio del área metropolitana del país que rodea a la capital. Son cuatro palabreros de diferentes clicas del Barrio 18. Se han reunido, en el marco de la tregua del gobierno con las pandillas, para reclamar a los operadores de la municipalidad que están haciendo más proyectos en las comunidades dominadas por la Mara Salvatrucha, y que su gente se empieza a desesperar.

Aceptan quedarse en la mesa de reuniones de la Alcaldía para contestar unas pocas preguntas. La primera es sencilla, directa: ¿Qué es un criteriado? Contesta el jefe de los cuatro palabreros, al que desde prisión le han dado el poder del municipio: "Un estorbo que se lleva en cuenta a personas que ni han participado. No es justo, por un testigo acusan a 10, a 20, a bastantes que ni han participado". Toma la palabra otro palabrero, *el Pelón*: "Es un traidor, un soplón que nos hace daño como familia".

Seguramente si no estuviéramos en la Alcaldía, si estaríamos en una de sus zonas sentados conversando, las palabras para los criteriados serían menos medidas. Ahora, en su papel de partícipes de una tregua, el vocabulario tiene frenos.

"Además —agrega el jefe—, los policías siempre te andan jodiendo para que les contés cosas. A mí me amarraron, me golpearon y me fueron a dejar a la Alaska [zona de la MS] para que me mataran. Todo porque yo les dije: 'Matame, que no soy culero, no te voy a decir nada'. Los policías te amenazan con la muerte si no hablás."

Les pregunto algo por el simple hecho de escucharlo de su voz. Es una de esas preguntas que por obvias suenan tontas: ¿Perdonarían a un criteriado? El más rudo de los cuatro toma la palabra: "Te lo voy a poner así. Si alguien lo hizo la primera vez, lo va a volver a hacer, y si ahora no hundió a un vergo de raza, lo va a hacer a la próxima".

El tiempo da para una última pregunta. ¿El Estado logra ocultarles la identidad de los criteriados o ustedes suelen enterarse de quién los traicionó? Los cuatro intercambian miradas y sonrisas. El jefe responde: "Es como que alguien de tu familia iniciara un chambrecito. Vos sabés quién fue, cuándo lo hizo y cómo lo hizo". El más rudo necesita decir algo, tiene la palabra en la boca: "Además, siempre se detecta, porque si te fijás, su familia empieza a desaparecer, y el que se 'criterea' tarde o temprano desaparece también".

LA PARTE QUE A NADIE LE GUSTA
DE LA HISTORIA

—No, efectivamente, no tenemos bartolina, por eso él no puede haber roto los barrotes, porque no es bartolina, es el cuartito del final de la planta baja. Es el espacio donde queda la fosa séptica.

Debajo de Abeja lo que había era mierda. El que habla es el cabo jefe del puestito policial de Agua Caliente. Por fin he conseguido que atienda el teléfono de la estación policial. Le dejé mi número de celular, pero como el teléfono del puestito está bloqueado para llamar a celulares, nunca pudo devolver la llamada. Lo que me dijo el jefe de investigaciones de Chalatenango hace unas semanas, cuando me enteré de que Abeja ya no estaba, fue mentira. Me dijo que Abeja rompió unos barrotes de la bartolina y se fugó. Mentira, ni bartolina ni barrotes. Y sí, como este puestito no está hecho para guardar a ningún reo, lo que los policías hicieron fue adaptar un cuartito arriba del agujero con mierda, para encerrar brevemente a los borrachitos.

—Aquí tenemos tal vez a un bolito, pero para que no siga molestando. Lo tenemos dos o tres días y luego se va libre. Pero gente vinculada a homicidios no vamos a tener nunca aquí. Es peligroso para nosotros y peligroso para él. A ese muchacho [Abeja], cuando lo trajeron, nos dijeron que sólo por una noche lo traían, pero lo dejaron 15 meses.

Abeja no se escapó de ninguna bartolina. Abeja se escapó de un cuartito ardiente que estaba sobre una fosa séptica en un puestito policial en el que con suerte hay dos policías al mismo tiempo.

Lo de Abeja es demasiado perfecto como para pensar que fue un error policial. Agua Caliente es el municipio donde nació *Medio Millón*, el hombre contra el que Abeja declararía. Agua Caliente es uno de los municipios de Chalatenango donde opera la Fulton Locos Salvatrucha, la clica a la que pertenecían los 47 pandilleros a los que Abeja delataría. El Salvador tiene 262 municipios y, de todos ellos, el Estado escogió el municipio donde nació *Medio Millón* para recluir a Abeja. La PNC tiene varias decenas de subdelegaciones, decenas de delegaciones repletas de policías. La PNC tiene, a sólo media hora de esta fosa séptica, un puesto policial de carretera, con bartolina, con varias patrullas, con más agentes. Pero no, la PNC decidió que lo mejor era recorrer la brecha de tierra, perderse en el norte salvadoreño, conducir por tierra y piedras y tierra y piedras media hora y refundir a Abeja en el municipio donde nació *Medio Millón*. El Estado pensó que lo mejor era refundir a su testigo clave ahí, y hacerlo pasar hambre arriba de una fosa séptica.

Y hay —seguramente hay— en este país gente que goza con la imagen de Abeja, un ex pandillero, un cómplice de homicidios, de violaciones, de extorsiones, retorciéndose del hambre en una habitación ardiente y pestilente. Pero como Abeja se fue, como Abeja ya no está, nadie dirá en un juzgado que el cadáver que el Estado encontró el 3 de julio de 2010 en el kilómetro 53 y medio en el caserío Ex Ira era de Francisco Domínguez; nadie va a contar que a él Jessica lo llevó a su casa con la promesa de sexo, y que entonces, cuando Francisco estaba en un *bóxer* rojo, aparecieron de un cuarto *el Tigre*, *el Simpson* y Abeja, y le metieron una pistola en la boca, y le pasaron un corvo en el cuello, y le volvieron a meter la pistola en la garganta hasta que echó sangre por la nariz. Nadie va a contar ya ante un juez que al *Chino* lo mataron por orden del *Simpson*, porque ya no quería pertenecer a la Fulton, porque ya no quería andar matando. Nadie contará que por eso acabó con varios tiros en un zanjón cerca de Nueva Concepción. Nadie va a contar que a la señora Carmen Guerra la llegaron a asesinar porque "tenía una relación estrecha con policías". Nadie va a recordar en un juzgado que el pandillero conocido como Monge —ni nadie va a recordar su nombre completo— le pidió un vaso de agua a la señora Carmen Guerra, que ésta se lo dio y que él le agradeció con varios tiros de una pistola .38. Nadie va a contar que una niña de piel morena salió de la casa y se le abalanzó a Monge, para que éste dejara de acribillar a la señora Carmen Guerra. Nadie va a contar el homicidio en perjuicio de Isaías Alcides Carrillo, el verdulero del mercado al que le pegaron un tiro justo en la cabeza. Nadie va a contar del fusil M-16 recortado que sigue en las calles ni de las 9 milímetros ni de las .38 ni de las .357.

Nadie, por supuesto, va a contar que

aproximadamente al mediodía, llega el sujeto que conoce con el nombre de Misael, alias *Medio Millón* […] En una camioneta tipo Four Runner, color gris, junto con un guardaespaldas […] Encontrándose en dicho corral además de clave Abeja, *el Simpson* y *el Rayder*, pues ya le había dicho *el Simpson* que llegaría *Medio Millón* a dejar un fusil, quien llega del sector de Nueva Concepción, entrando al corral en mención, bajándose primeramente *el Medio Millón*, y luego el guardaespaldas, portando *el Medio Millón* dos armas 9 milímetros y el guardaespaldas un AK-47 […] el que le entrega al *Simpson*, diciéndole *Medio Millón*: "Aquí te mandan, ya me entendí con aquellos".

Nadie contará eso.

Nadie lo contará porque quien lo iba a hacer se hartó de pasar hambre, de pasar calor, de no obtener más que pestilencia a cambio de contarle secretos al Estado. Nadie lo contará, porque Abeja se hartó un día de junio de este año de todo esto y destrabó unas varillas de tres octavos de pulgada de diámetro, abrió una de las rejas del balcón que ya estaban dañadas, se metió en un agujero —del tamaño de los agujeros donde se mueve un ascensor—, y trepó hasta la tercera planta. Dejó atrás la fosa séptica, se subió al muro del vecino y se largó.

—Yo creo —dice el cabo— que si tiene enemigos, lo más probable es que lo van a mandar a la otra vida.

El cuerpo de Kevin Ignacio Vásquez Maldonado yace en los brazos de su madre, Janeth Maldonado, minutos después de que lo asesinaran. El atacante llegó en una motocicleta, disparó y huyó a pie hasta perderse entre la multitud de niños que salían de la escuela primaria en el barrio Cabañas de San Pedro Sula, Honduras, la ciudad más violenta del mundo.

Un grupo de niños con uniforme escolar observa la mancha de sangre que dejó el cuerpo de un adolescente asesinado en Soyapango, El Salvador. La matanza de estudiantes ha sido común en los últimos años en este país; las autoridades culpan a las pandillas.

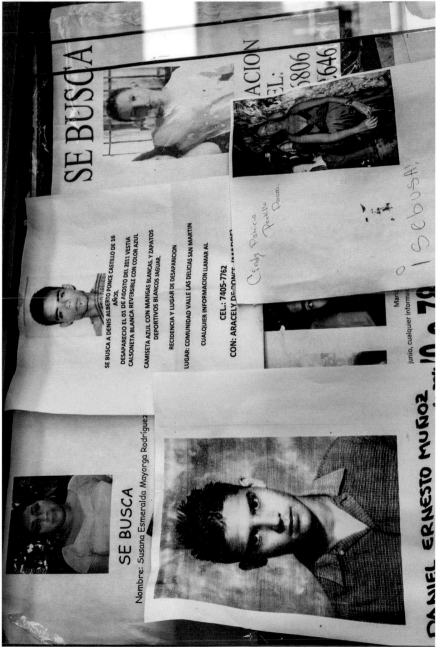

Carteles de personas desaparecidas en la sede del Instituto de Medicina Legal de San Salvador. Las familias que buscan a sus familiares suelen acudir a este instituto, ya que ahí reciben los cuerpos de personas asesinadas de manera violenta.

Israel Ticas, "arqueólogo forense", durante la exhumación de los cuerpos de varias víctimas de la violencia de pandillas en El Salvador.

Buitres en el cementerio de la ciudad de Guatemala.

Un barrio de pandillas en Guatemala.

Miembros del Barrio 18 enterrando a uno de sus compañeros, Carlos Alfredo Ramírez, el domingo 29 de julio de 2012. Carlos murió a causa de un disparo de un agente de la Policía Nacional Civil de El Salvador.

La novia de un miembro de una pandilla, una joven de 18 años, da el último adiós a su amado en el cementerio del barrio de Peleca, El Salvador. En ese momento ella tenía ocho meses de embarazo.

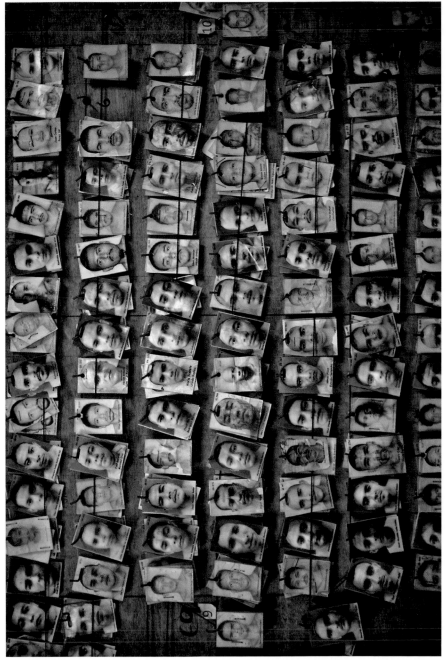

El rudimentario panel de control para determinar la ubicación de los presos en los diversos sectores de la cárcel de Izalco. Esta prisión, de seguridad media, es exclusiva para la organización de la pandilla Barrio 18.

Una de las secciones de la cárcel de Cojutepeque. En este antiguo cuartel militar, convertido en una prisión para albergar 300 presos, viven aproximadamente 1 200.

La prisión de La Esperanza, conocida popularmente como Miami, es el símbolo histórico de las deficiencias y los riesgos del sistema penitenciario en El Salvador. El hacinamiento no sólo obliga a sus cinco mil reclusos a soportar condiciones de vida medievales, también impide a las autoridades tener control real de todo lo que sucede.

En la Antigua biblioteca de la prisión La Esperanza, ahora adaptada como celda, la humedad y el calor obliga a los internos a permanecer desnudos. A éstos sólo se les permite salir 20 minutos al día.

En El Salvador, miembros de la Mara Salvatrucha (MS-13) y Barrio 18 llevaron a cabo un desarme simbólico para demostrar buena voluntad para contribuir a la paz.

Un grupo de migrantes que viajan en el espacio que hay entre los vagones. En el sur de México es común que cientos de personas indocumentadas viajen en un solo tren.

Las guatemaltecas Melisa y Beverly, de 24 y 7 años, adentro de uno de los vagones que van hacia Ixtepec. En Tapachula, Chiapas, fueron interceptados por agentes del Instituto Nacional de Migración, a los que tenían que entregar mil pesos para que los dejaran continuar el viaje.

Show erótico en el Club Calypso. Muchas de las mujeres centroamericanas que trabajan en este lugar son víctimas de trata. Cacahuatán, Chiapas.

8

Asesinaron al *Niño de Hollywood*
(y todos sabíamos que eso ocurriría)

Miguel Ángel Tobar era un asesino. Un ex miembro de la Mara Salvatrucha y su clica Hollywood. Fue asesinado el viernes 21 de noviembre por unos sicarios. Era también testigo criteriado de la fiscalía y ayudó a enviar a prisión a más de 30 pandilleros. Era un hombre al que el Estado había prometido proteger. Ésta es la historia de un hombre del que tanto la policía como la fiscalía sabían que iba a ser asesinado. Ésta es la historia breve de un hombre al que yo sabía que asesinarían.

Miguel Ángel Tobar era un hombre que desde noviembre de 2009 sabía que sería asesinado.

Él tenía dudas acerca de quién lo asesinaría. A veces creía que lo harían unos policías del occidente de El Salvador. A veces creía que sería asesinado por pandilleros del Barrio 18. Pero la mayor cantidad de veces en las que pensaba acerca de su muerte, estaba convencido de que sería asesinado por pandilleros de la que fue su pandilla, la Mara Salvatrucha.

Miguel Ángel Tobar, un hombre de 30 años, estaba convencido de que no moriría de un ataque cardiaco ni de una caída desde las alturas ni tampoco de viejo —jamás pensó que moriría de viejo—. A veces pensaba que moriría masacrado en alguna vereda polvosa del departamento de Santa Ana o una del departamento de Ahuachapán, en el occidente de El Salvador. Desde enero de 2012 que lo conozco, siempre tuvo presente que "la Bestia" lo seguía. Lo decía todo el tiempo. Hablaba de ella para referirse a esa muerte rabiosa que no te lleva, sino que te arranca de este mundo. Hablaba de ella porque la conocía, porque él la había ejecutado tantas veces. Por eso, Miguel Ángel Tobar recuperó el año pasado la escopeta 12 que había enterrado en un predio baldío luego de robarla al vigilante de una gasolinera del municipio de El Congo durante un asalto que la policía le pidió que hiciera. Era complicada la vida de Miguel Ángel Tobar. Por eso él consiguió a principios de este año una pistola .357, pero la policía se la decomisó cuando él caminaba cerca de su casa, en el cantón Las Pozas, del municipio de San Lorenzo, en el departamento de Ahuachapán. Por eso, porque sabía que "la Bestia" lo seguía, Miguel Ángel Tobar cruzó la frontera con Guatemala por un punto ciego a principios de este año y pagó 20 dólares para que le fabricaran un trabuco —dos piezas tubulares de metal que al chocar percuten un cartucho de escopeta 12—. Miguel Ángel Tobar sabía que sería asesinado, pero pretendía evitar ser descuartizado, torturado, ahorcado. Él prefería un balazo.

Sabía tanto que su muerte sería un asesinato que el tema se podía tocar sin ningún tapujo. El martes 14 de enero de 2014 lo visité. Solía visitarlo al menos una vez al mes desde que lo conocí en enero de 2012. Ese día él sentía que su muerte estaba más cerca que de costumbre. La noche anterior le dijeron que unos jóvenes habían llegado al cantón donde él vivía y habían preguntado por el marero del lugar. Ese día hablamos adentro del vehículo de vidrios polarizados en el que lo visité. El motor del carro nunca estuvo apagado.

—Ey, hay un problema, Miguel. Como a cada rato cambiás de teléfono, cuesta localizarte. Necesito que me des números de tu familia para llamarles por cualquier cosa —le dije aquel martes.

—Ah, simón, por si algo pasa… O sea, para que te avisen cuando me maten y te digan: "ey, mataron al *Niño*" —me dijo en el pick up Miguel Ángel Tobar, que siempre se refería a él por el apodo que tenía en la Mara Salvatrucha. *El Niño* de la clica de los Hollywood Locos Salvatrucha de Atiquizaya.

El viernes 21 de noviembre no me llamó ningún familiar. Me llamó un vecino del *Niño* desde el cantón Las Pozas. Fue él quien a las 3:43 de la tarde me anunció que había pasado lo que todos sabíamos que iba a pasar.

—Ey, malas noticias. Se dieron al *Niño* en San Lorenzo.

. . .

Miguel Ángel Tobar era un asesino.

Si se le preguntaba a cuántas personas había asesinado, él contestaba:

—Me he quebrado… me he quebrado 56. Como seis mujeres y 50 hombres. Entre los hombres incluyo los culeros, porque he matado a dos culeros.

Miguel Ángel Tobar era un asesino.

En expedientes policiales hay evidencia de 30 de los homicidios en los que ese hombre participó cuando era pandillero de la Mara Salvatrucha, la pandilla más peligrosa del mundo, según el FBI, la gran pandilla de centroamericanos que nació a finales de los años setenta en el sur de California y que fue desterrada, junto a unos 4 000 de sus miembros, hacia Guatemala, Honduras y El Salvador cuando aún había guerras civiles en la región, a finales de los ochenta. Ahora, sólo en El Salvador, se calcula que tiene unos 40 000 miembros. Lo que Estados Unidos pretendía desaparecer fue multiplicado.

Miguel Ángel Tobar era un asesino.

Era uno despiadado. Allá por 2005 asesinó junto con otros pandilleros a un joven de unos 23 años a quien apodaban *el Caballo*. Ese hombre, en un acto de estupidez, había decidido tatuarse un 1 en un muslo y un 8 en el otro, pero también tenía tatuadas dos letras en el pecho: MS. Quién sabe cómo lo logró, pero *el Caballo* se presumía pandillero del Barrio 18 cuando le convenía y marero de su archirrival, la MS, cuando era mejor para él. Miguel Ángel Tobar descubrió su secreto, lo adentró con mentiras en los montes de Atiquizaya junto a otros MS. Lo asesinaron. Basta decir que *el Caballo* murió sin brazos, sin piernas, sin tatuajes. Y cuando ya no tenía nada de eso, aún alcanzaron a torturarlo unos minutos más. Fue ese día cuando Miguel Ángel Tobar, que era conocido en su clica como *Payaso* —gracias a su cara socarrona, alargada, boca grande—, se cambió su apodo al de *Niño*, porque cuando le sacó el corazón al *Caballo* tuvo una epifanía y aquello le pareció como el nacimiento de un bebé. De un niño.

Miguel Ángel Tobar era un asesino.

Eso todos lo saben desde hace mucho. La policía, cuando se le acercó a principios de 2009 para que le ayudara a resolver casos de homicidios cometidos por la Hollywood Locos Salvatrucha, sabía que se acercaba a un homicida. Nunca creyeron que era otra cosa. De hecho, el cabo de la policía que llegó hasta su casa en el cantón Las Pozas a buscarlo aquella tarde que Miguel Ángel Tobar decidió traicionar a su pandilla, debió tener precauciones. El pandillero estaba armado esa tarde con una .40 y una .357 y bajo los efectos del crack, pero aceptó acercarse hasta el puesto de investigadores del municipio de El Refugio.

El Niño se sentía acorralado. Su clica empezaba a sospechar que él era el asesino de tres de los pandilleros de la clica de los Parvis Locos Salvatrucha de Turín (municipio vecino de Atiquizaya) que habían matado a su hermano. Así es el interior de una pandilla, un manglar de intrigas y conspiraciones entre sus propios miembros. El hermano del *Niño*, apodado *el Cheje* en su clica, fue asesinado en 2007. *El Niño*, poco a poco, vengó su muerte discretamente, sin anunciarlo a nadie de su clica. Asesinó al *Chato*, *Zarco* y *Mosco* de un tiro en sus cabezas. Sólo sobrevive un pandillero conocido como *Coco*, que huyó de la zona occidental del país al ver que sus amigos de crimen caían uno a uno con el cráneo perforado por el hermano de su víctima.

Sin embargo, Miguel Ángel Tobar fue mucho más que un asesino. Él fue la llave que la policía y la fiscalía usaron para meter en la cárcel a más de 30 pandilleros de las clicas Hollywood, Parvis y Ángeles, de Santa Ana y Ahuachapán. Fue el testimonio de ese hombre el que logró que un juez dictara 22 años de prisión contra los dos líderes de la Hollywood. Uno es José Guillermo Solito Escobar, conocido como *el Extraño*, un treintañero líder de la pandilla en la zona de Atiquizaya. El otro *Chepe Furia*. Hoy, gracias a lo que dijo Miguel Ángel Tobar en un juzgado especializado de San Miguel, *Chepe Furia* y *el Extraño* cumplen 22 años de condena por haber asesinado a un informante de la policía en el departamento de Usulután el 24 de noviembre de 2009. El muchacho se llamaba Samuel Trejo, tenía 23 años cuando lo asesinaron, y era conocido en la pandilla como *Rambito*.

Miguel Ángel Tobar era un asesino.

Sin embargo, sin su ayuda, 30 asesinos estarían sueltos en El Salvador. Y probablemente —muy probablemente— ese hombre fue asesinado por haber dado esa ayuda a la justicia salvadoreña. Y quizá hubiera encerrado a 11 más, pero ya no podrá declarar en el juicio contra los pandilleros acusados de tirar cadáveres en un pozo abandonado en medio de una milpa en el municipio de Turín.

El viernes 21 de noviembre no sólo fue asesinado un asesino. Fue asesinado un testigo protegido del Estado salvadoreño. El viernes 21 de noviembre Miguel Ángel Tobar fue asesinado a balazos en un acto de sicariato. Ese día fue asesinado un hombre al que el Estado salvadoreño prometió proteger a cambio de su testimonio. Era un hombre al que incluso el Estado le había dado un nuevo nombre. Liebre o Yogui. Así lo llamaban en los expedientes judiciales y en los juicios, cuando aparecía con un pasamontañas y vestido de policía con uniformes que le sobraban en su cuerpo menudo pero recio. Miguel Ángel Tobar era un hombre que fue asesinado mientras el Estado cuidaba de él.

. . .

La bicicleta y el charco de sangre que salió de su cabeza están a 30 pasos aquí en la calle del municipio de San Lorenzo, detrás del puesto policial. Aquí todos conocen ésta como la calle al Portillo. Es viernes 21 de noviembre de 2014. Son las ocho de la noche.

San Lorenzo es un municipio al que se llega pasando Santa Ana, entrando a Atiquizaya, dejando atrás el parque central y recorriendo unos 20 kilómetros por una calle de dos carriles que rompe el llano en medio de cerros. Llego aquí acompañado de mi hermano Juan, con quien visito al *Niño* desde enero de 2012.

El puesto policial es una casita que está casi al final del casco urbano de San Lorenzo. A esta hora temprana de la noche, este municipio es oscuro. Unas pocas bombillas públicas iluminan la calle. La gente se duerme poco después que los pollos y sólo un pequeño grupo de muchachos platica en la calle. Se extrañan al ver pasar el pick up.

En el puesto policial hay dos agentes. No dan ninguna señal de temor. Si un pick up polarizado se acerca a un puestito policial de un municipio rural salvadoreño por la noche, muy probablemente los agentes lo recibirán con la mano en la pistola. Si no lo hacen, como aquí en San Lorenzo, es porque no consideran que están en un punto crítico de este país. Y no lo están. San Lorenzo, con una población que ronda los 10 000 habitantes, tuvo, según datos de la policía, cero homicidios en 2013; en 2012, dos homicidios, y en 2011, cero homicidios. De hecho, este año los dos agentes del puesto sólo recuerdan un homicidio, el que ocurrió hoy hace unas horas, el de Miguel Ángel Tobar, *el Niño*. Desde junio de 2012, éste es el primer asesinado en San Lorenzo. Eso hace de San Lorenzo un pedacito afortunado de este país.

Tras una breve charla queda claro que *el Niño* es considerado por los policías como una lacra, alguien que estaba destinado a morir. "Era problemático." "Era un delincuente." "Incluso este año tuvo un problema de que lesionó a un compañero de la DIC [División de Investigación Criminal] de Santa Ana que estaba en su tiempo libre tomando allá en el cantón de donde era ese muchacho."

El Niño era conocido en toda la zona. San Lorenzo, a la luz de las cifras, no es un municipio con serio problema de pandillas. El mismo *Niño* lo describía como un lugar de asaltantes y miembros de bandas de robafurgones, pero no de pandillas. Era zona de paso de pandilleros que se movían entre la frontera con Guatemala y Atiquizaya, pero no de habitación. Cuando *el Niño* llegó al lugar, a mediados de este año, empezó a correrse la voz de que un pandillero o un traidor de la pandilla o más bien un líder de la pandilla vivía en el cantón Las Pozas. Unos decían una cosa y otros decían otra. La primera vez que lo visité en su casa, una de esas veces en las que conversamos dentro del carro con el motor encendido, varios curiosos llegaron a ver quién visitaba al célebre *Niño*. Llegaron vendedoras, vecinos, estudiantes de la escuelita del polvoriento cantón Las Pozas.

Los policías lo odiaban en primer lugar porque había sido pandillero. Hablaba como pandillero, era problemático como son los pandilleros, e irreverente y marihuanero.

Muchos policías de la zona lo odiaban porque era el testigo clave en el caso contra dos cabos de Atiquizaya. Se trata de José Wilfredo Tejada, de la unidad contra homicidios de Atiquizaya, y Walter Misael Hernández, de la unidad contra extorsiones. La mañana del 24 de noviembre de 2009, estos dos policías solicitaron a la unidad de seguridad pública que detuviera, en el mercado, a un muchacho de 23 años, porque tenían que hablar con él. Ese muchacho era Samuel Trejo, conocido como *Rambito*. Ese muchacho fue asesinado por *Chepe Furia*. En el libro de novedades del 24 de noviembre de 2009 consta que esos dos cabos se llevaron al muchacho de la subdelegación de Atiquizaya y nunca lo devolvieron. Horas después, *el Niño* lo vio en un pick up que era conducido por *Chepe Furia* y donde también iban *el Extraño* y otro pandillero deportado de Estados Unidos en 2009 con cargos de lesiones graves. En Maryland, según su ficha de deportación, ese otro pandillero era conocido como *Baby Yorker*. Aquí se renombró como *Liro Jocker*, el pandillero deportado de Maryland en 2009. Su nombre real es Jorge Alberto González Navarrete y tiene 32 años. *Chepe Furia*, *el Extraño* y *Liro Jocker* se llevaron a *Rambito* en un pick up, y *el Niño* los vio.

El muchacho, *Rambito*, que iba en ese pick up horas después de haber sido sacado de la subdelegación por los cabos, apareció asesinado 13 días después en una carretera en el departamento de Usulután. Putrefacto. Tenía las manos atadas por atrás con un lazo azul —el mismo lazo azul que *el Niño* declaró ver en el pick up—. El informe forense dice que fue asesinado el mismo día que los cabos lo sacaron de la subdelegación, el mismo día que los pandilleros se lo llevaron en el pick up. El informe dice también que lo torturaron y luego le metieron tres balazos en la cabeza. Los investigadores de la policía aseguran que *Rambito* era informante de la policía y ayudaba a levantar un caso de extorsión contra *Chepe Furia*.

134

Antes de llegar hasta el pick up de *Chepe Furia*, cuando *el Niño* caminaba hacia el punto de encuentro, había visto a los cabos pasar con *Rambito* en otro pick up. Eso declaró en la primera etapa del juicio.

El miércoles 15 de enero de este 2014, más de cuatro años después del asesinato de *Rambito*, los cabos fueron absueltos. Sus colegas policías no quisieron declarar nada. Dijeron no recordar lo que habían dicho en etapas anteriores del juicio. Dijeron que no recordaban si esos cabos habían pedido detener a *Rambito* el día de su asesinato. Los fiscales les mostraron el libro de novedades, donde esos mismos policías, de su puño y letra, habían escrito que los cabos se habían llevado a *Rambito*. Luego les mostraron a esos policías su declaración anterior, donde recordaban todo con claridad. Luego les recordaron que estaban bajo juramento. Los policías, los tres que declararon, dijeron que reconocían su letra, pero que ya no recordaban nada, que estaban confundidos. Bajaron la cabeza —los tres— y repitieron lo mismo: no recuerdo, no recuerdo, no recuerdo.

El Niño entró ese día con la cara cubierta a la sala de juicio del Juzgado Especializado de Sentencia de San Miguel. Aquel día, la fiscalía le había asignado el nombre de Yogui. Así lo llamaban en su calidad de testigo criteriado. Poco después de haber entrado a aquel horno, se quitó la máscara. Dijo que le picaba la cara. No le importó que lo vieran los abogados defensores de los cabos acusados —que ya estaban atrás de un biombo, rezando—. Dijo que total a él ya lo conocían. Todos sabían que *el Niño* era Miguel Ángel Tobar. Por orden del juez se puso de nuevo el pasamontañas y actuó igual que los policías que fueron citados como testigos. Dijo que no recordaba nada, que no recordaba nada de lo que había dicho antes, que no recordaba haber visto a *Rambito* en el pick up ni nada de nada. Los abogados defensores de los cabos reían en la sala de juicio, los fiscales se volvían a ver entre ellos, incrédulos, asustados. Los cabos rezaban tras el biombo. Los cabos fueron absueltos.

Las sentencias son un sinsentido bajo la lógica común. Los cabos absueltos sacaron a *Rambito* del lugar de su detención. Éste terminó en manos de los pandilleros que están condenados por asesinarlo. En medio de una cosa y otra todo es borroso.

La fiscalía, en aquella sala, sin *el Niño*, no era nada. Era dos fiscales asustados haciendo el ridículo. Era un espectáculo chistoso del que se reían dos abogados defensores privados.

Yo salí confundido de la sala. Pensé por un momento que *el Niño* me había engañado. Luego recordé que él mismo me había contado que algunos investigadores de Atiquizaya y El Refugio le habían pedido que se equivocara en la primera fase del juicio, que confundiera a los investigadores en el reconocimiento. Le ofrecieron 5 000 dólares por equivocarse, me contó *el Niño*. Luego le ofrecieron ir a cometer un homicidio a un monte de Atiquizaya, pero le dijeron que le darían el arma cuando estuvieran allá. *El Niño*, con odio, se rio de lo burda de la estratagema cuando conversamos en una de mis visitas.

—Pendejos, ilusos, malditas ratas, ellos querían *caminar* al *Niño*. "La Bestia", pendejos.

Cuando el juicio terminó y los cabos salieron libres, llamé por teléfono al *Niño*.

—*Niño*, ¿vos me mentiste a mí o le mentiste al juez?

—Yo los vi con *Rambito* y vi a *Rambito* irse con *Chepe* y los otros… La onda es que… Yo sólo no quería decir lo mismo. Ya tengo demasiadas cruces encima como para ponerme una más.

. . .

Cuando ocurrió aquella escena en San Miguel, *el Niño* no vivía en el cantón Las Pozas, de San Lorenzo. *El Niño* vivía en el municipio de El Refugio, muy cerca de Atiquizaya. Vivía en una casita con solar que la policía y la fiscalía le pagaban. Vivía enfrente del puesto de investigadores policiales de El Refugio. En teoría, lo habían sacado de Atiquizaya porque los mismos investigadores estaban convencidos de que *Chepe Furia* había infiltrado la subdelegación de ese municipio.

En El Refugio vivían *el Niño*, su compañera de vida, de 18 años, y su hija Marbely, de dos. Vivían de lo que *el Niño* pudiera hacer, que era cultivar marihuana o traer un poco de marihuana desde Guatemala a través de sus contactos y venderla en pequeñas dosis a los pocos consumidores que sabían que él vivía ahí. Por lo demás, la Unidad Técnica Ejecutiva del Sector Justicia (UTE) le enviaba cada mes una canasta, la canasta que preparan para los testigos criteriados que no viven en casas de seguridad de la UTE. La canasta es miserable.

La UTE atiende a unas 1 000 personas cada año. La gran mayoría son víctimas o testigos oculares de algún hecho delictivo. Sólo unos 50 cada año son como *el Niño*, testigos criteriados. Asesinos, ladrones, coyotes protegidos por la fiscalía y la policía para que declaren en juicio. El trato es sencillo: protección y mantenimiento a cambio de la traición en juicio a tu grupo de criminales.

Así, *el Niño* obtenía del Estado la casita con solar y una canasta mensual con cuatro libras de frijoles, otras cuatro de arroz, pasta, salsitas de tomate, sal, azúcar, aceite, papel higiénico, jabón, cepillo. Punto. Por eso, para comprar más comida, ropa para la niña o leche, *el Niño* vendía marihuana.

Lo que ocurrió es que desde enero de 2014 la canasta dejó de llegar. Sin que le hicieran saber razón alguna, la canasta dejó de llegar. *El Niño* aún tenía que declarar contra los policías y contra los asesinos del pozo de Turín —donde él mismo participó en el lanzamiento de dos cadáveres—. Y no sólo la canasta. Los 60 dólares que los policías le entregaban de vez en cuando dejaron de llegar. Cuando la policía consigue testigos que dan buena información, suelen darles una pequeña cantidad mensual para mantenerlos controlados.

El Niño decidió largarse en marzo de la casita de El Refugio con su mujer embarazada y Marbely.

Al principio, *el Niño* dejó a su familia en la casa de Las Pozas y se fue a vivir en un monte cercano en una casita abandonada que algún agricultor de la zona levantó años atrás. Vivía resguardado por la escopeta 12 que escondió tras el asalto a la gasolinera. Ese asalto a la gasolinera de El Congo en 2009 era una acción policial. *El Niño* era el infiltrado en el grupo de pandilleros, cuando la pandilla aún no se enteraba de que era un traidor. Él iba a informar del asalto minuto a minuto para que la policía llegara. Eso hizo. Envió mensajes, pero las patrullas nunca aparecieron, así que decidió participar de lleno en el asalto y llevarse la escopeta del vigilante y algo de dinero. *El Niño* recuperó su escopeta cuando se fue de El Refugio, y se llevó consigo a tres muchachos de Las Pozas a los que él llamaba *ganyeros*, porque todos consumían marihuana y de alguna u otra forma tenían problemas con los MS que de vez en cuando llegaban a Las Pozas a vigilar que el Barrio 18 no se hubiera tomado ese territorio de nadie. En Las Pozas hay pintas de la MS y de la 18. Es un territorio de paso de ambas pandillas.

El Niño y los suyos, allá en el monte, dormían por turnos: dos descansaban y dos vigilaban, y bajaban sólo si era necesario proveerse de algo.

La primera vez que lo visité fuera de El Refugio, *el Niño* me indicó que lo esperara en una vereda que sale a la carretera que va a San Lorenzo, donde hay un grande y frondoso amate. Ésa es zona 18. Unos muchachos de una vulcanizadora estaban ya demasiado inquietos por la presencia inmóvil de un pick up polarizado en medio de la nada. De repente, *el Niño* salió de la vereda a paso rápido. Llevaba en la mano un machete corto y en el pantalón un trabuco y cinco cartuchos de escopeta 12. Iba con el pasamontañas que ocupaba en los juicios como gorro, a medio poner. Se metió en la parte de atrás del carro —adelante me acompañaba mi hermano Juan—. Iba asustado, agitado. Veía para todos lados. Dijo: "¡Démosle, démosle con todo, metele la pata!" Cuando pasamos por Atiquizaya, se hundió en el asiento lo más que pudo y se tapó la mitad de la cara con una mano. Nos metimos en un motel de la carretera que va a Santa Ana. Cerramos el portón y pusimos tranca. Y entonces logramos conversar con calma.

Poco a poco fue midiendo los riesgos en Las Pozas y decidió volver a la casa de su madre, donde nació y creció. Vivía en alerta. Tenía un sistema de *ganyeros* que vigilaban cualquier movimiento extraño.

Ya fuera de El Refugio era mucho más difícil localizarlo. Se deshacía de los celulares cada semana. Viajaba por el monte hacia Guatemala a comprar onzas de marihuana para venderlas en Las Pozas. Fue detenido varias veces por soldados y policías. Le decomisaron las armas, lo arrestaron cuando iba al río a pescar y le encontraron dos puros de marihuana que pensaba fumarse para relajarse un poco. Lo llevaron a Atiquizaya y lo metieron en la bartolina de los MS. Eso ocurrió el pasado octubre. *El Niño* había dicho que él era un retirado de la clica de los Centrales Locos Salvatrucha de San Salvador. *El Niño* me contó que un policía pasó por la celda cuando él ya estaba adentro y dijo: "Éste es *el Niño de Hollywood*, el que metió preso a *Chepe Furia*". *El Niño*, por suerte, había logrado esconder la hoja de una navaja de bolsillo en su calcetín. Se amotinó en una esquina de la celda, pero los pandilleros —muy jóvenes, los recordó *el Niño*— no se atrevieron a atacar al celebérrimo ex pandillero. Finalmente, llegó la orden de que lo sacaran de esa celda, porque él, mientras blandía su navajita frente a los mareros, estaba bajo la protección del Estado. Eso se suponía.

El Niño era lo que era, un hombre de vida dura, un delincuente. Y ya suelto, empezó a vivir como tal. Se peleaba en la cantina. E incluso en una ocasión noqueó a un policía vecino, que un día borracho entró a casa del *Niño* aprovechando que éste dejó la puerta abierta para meter un tercio de leña, y empezó a insultarlo diciéndole "culero, traidor de la Mara, maricón". *El Niño* lo atizó. Horas después, el policía recibió dos disparos de escopeta 12. Él acusó al *Niño*. Tres testigos de la zona me aseguraron que fueron dos muchachos desconocidos en el cantón que pasaron por ahí. *El Niño* ya no tenía su escopeta en ese entonces. Él me aseguró que fueron "unos bichos 18" que, según su hipótesis, pasaron y vieron al policía de la División de Investigaciones Criminales de Santa Ana ebrio y decidieron atentar contra él.

Era muy común que *el Niño* se despidiera de la misma manera tras mis visitas.

—Va, pues, a ver si cuando vengás a la próxima sigo vivo.

. . .

La reconstrucción que la policía hizo de la escena del crimen señaló esto: *el Niño* iba en bicicleta por la calle hacia el Portillo, en San Lorenzo. Es una calle que conecta con caminos de tierra que llevan hasta el cantón Las Pozas. De frente a él, una mototaxi apareció con dos hombres gordos, rapados y de unos 40 años. Lo embistieron con la mototaxi. Su bicicleta quedó tirada. *El Niño* corrió. El primer tiro de los seis le entró por la espalda. Las primeras gotas rojas sobre el pavimento están a apenas un metro de la bicicleta. Avanzó mientras le asestaron otros dos tiros, uno en la cabeza, atrás de una de sus orejas, y otro al costado. Las gotitas se hacen más frecuentes a los 15 pasos largos. Dio 15 pasos más. Cayó boca abajo. Se volteó hacia arriba para pelear. Los victimarios se acercaron y le metieron tres tiros más. Cabeza y pecho. Los casquillos de las balas están ahí, junto al charco de sangre pintado en el pavimento, esparcido, como si un animal herido se hubiera arrastrado. Los asesinos se largaron no hacia el monte, sino hacia el pueblo de San Lorenzo en una de esas mototaxis que hacen un estruendoso ruido. La escena está a unos 50 metros del puesto policial. Los policías llegaron como 20 minutos después del hecho. No hubo operativo de búsqueda ni nada por el estilo.

Lo imagino, sobre todo, revolcándose en el pavimento y boqueando sangre. Lo conozco. Sé que peleó como animal hasta el último momento. Ya lo habían intentado matar antes. Ya había peleado como bestia, con cada pedazo de su cuerpo. Siempre dijo que un balazo era algo que seguramente le ocurriría, pero que se lo llevara "la Bestia", que lo levantara y lo llevara a un lugar donde matarlo tranquilamente… "Eso no, eso está paloma", decía. Y lo decía porque lo sabía, porque él había sido esa bestia antes.

El viernes 21 de noviembre de 2014, el día de su muerte, *el Niño* había ido a San Lorenzo a registrar a su segunda hija. Llevó su identificación y la de su mujer. Le puso Jennifer y tiene tres meses de edad. Ella se quedó huérfana de padre el mismo día que su padre la reconoció como su hija.

. . .

Nadie, ni un policía ni un fiscal ni un juez ni un funcionario de la UTE, hizo nada para que *el Niño* estuviera a resguardo de nuevo. Nadie hizo nada siquiera para que le devolvieran la canasta de víveres. Todos los policías con los que hablé del caso durante estos más de dos años sabían que *el Niño* terminaría asesinado. Lo decían como si eso no representara un fracaso de ellos mismos.

En marzo de 2014 publiqué en mi periódico, *El Faro*, una crónica titulada "La espina de la Mara Salvatrucha", un perfil del *Niño* que mi hermano Juan y yo escribimos en 2013 para un libro. Más o menos un mes después, mi hermano Carlos, también reportero de *El Faro*, me dijo que Raúl Mijango le había transmitido un mensaje de la ranfla nacional de la Mara Salvatrucha. Raúl Mijango es —acortando lo más posible su extenso currículum— un ex comandante guerrillero que desde marzo de 2012 se presentó a sí mismo como mediador entre el gobierno y las pandillas en la tregua que nació ese mes y redujo drásticamente los homicidios durante más de un año. La tregua ahora se desmorona al ritmo de la subida de los homicidios. Mijango sigue siendo reconocido por los pandilleros como su interlocutor. La ranfla nacional es el grupo de líderes nacionales que marcan las pautas generales para todas las clicas de la Mara. Todos están presos en el penal de Ciudad Barrios. En aquella ocasión, Mijango le dijo a mi hermano que la crónica causó malestar entre los *ranfleros*, que no les gustó que se ventilaran interioridades de la pandilla. Mi hermano Carlos preguntó a Mijango, entendiendo que la publicación aumentaba el riesgo del *Niño*, si había alguna solución para su caso. La respuesta de Mijango fue: "No, no hay ninguna solución".

Todos sabíamos que *el Niño* sería asesinado. Yo era uno de los que lo sabían.

Nadie hizo nada por evitarlo.

. . .

Los pandilleros que lo amenazaron por teléfono desde el penal de Ciudad Barrios en 2011 se equivocaron. Le dijeron que lo iban a dejar oliendo a pino. Se referían al material del ataúd. *El Niño* también se equivocó. Les dijo que no sabían a qué olía el pino, y que los ataúdes en su zona los hacían de mango y conacaste.

El ataúd del *Niño* es de teca. Era el más barato de la funeraria. Lo donó la alcaldía de San Lorenzo a petición del suegro del *Niño*.

La vela transcurre sin novedades este sábado 22 de noviembre. Unas 30 personas, amigos de la madre del *Niño*, cantan coros evangélicos. Uno de esos coros dice algo como que sólo hay dos lados, uno es el recinto celestial y el otro es el lago infernal. Hay atol, café y pan dulce. La madre del *Niño* está devastada en una silla de plástico frente al ataúd. No llora, no es primeriza en esto. En 2007 la Mara Salvatrucha asesinó a su otro hijo, un pandillero de la Parvis Locos Salvatrucha de Atiquizaya a quien llamaban *Cheje*. Hoy ella no llora, sólo está derrumbada sobre la silla, sin hablar. La viuda del *Niño* amamanta a Jennifer en una esquina.

Afuera hay fiesta. En el cantón Las Pozas hay fiesta. Hay una tarima y hay una discomóvil que echa unas pocas luces de colores y pone reguetón a todo volumen frente a la escuela. La fiesta está a 100 metros de la vela, por eso el reguetón y los coros evangélicos luchan por sobresalir. La fiesta ya estaba programada, se hace todos los años por estas fechas, la organiza la alcaldía de San Lorenzo. No la iban a detener por un muerto.

. . .

Es domingo 23 de noviembre, son las doce del mediodía. Es el cementerio de Atiquizaya. Es el entierro del *Niño*. La tumba es un hoyo junto a un barranco en los linderos del cementerio. El hoyo lo abrió desde la mañana el suegro del *Niño*. Unas 30 personas llegan. La mayoría de ellas convocadas por el pastor que predica en el cantón Las Pozas. Unas cinco tumbas más allá, un grupo de pandilleros chivea con dados. El enterrador, sentado junto al vigilante municipal del cementerio, nos dijo al entrar que "ellos son los que controlan aquí". La zona está dominada por el Barrio 18. La presencia de mi hermano Juan y la mía es desconcertante para los pandilleros que rondan el entierro. Uno aparece del barranco. Llegan dos más a la tumba donde chivean. Aparece uno riendo, justo cuando varios hombres echan tierra para sepultar el ataúd. Este último va disfrazado de pandillero hasta el ridículo: lleva un sombrero redondo pachuco, una camiseta blanca y floja por dentro de unos pantalones de tela negra flojos también y unos tenis blancos. Se siente fuerte, ríe, se pasea por atrás de nosotros, escupe. Se va. Entra otro más desde el barranco. Dos muje-res cantan coros evangélicos. La madre del *Niño* grita y llora durante unos cinco minutos. Decidimos irnos cuando los hombres echan las últimas paladas de tierra. Da la impresión de que pronto los pandilleros harán algo. Hay demasiados alrededor. Le decimos a la viuda que nos veremos en la entrada del cementerio, que es mejor que nosotros nos vayamos. Lo hacemos. Sin decirlo, ella y su padre han notado la tensión. Apuran el entierro. Un hombre corta una rama de un arbolito de izote, la flor na-cional de El Salvador, y la clava en el lugar donde quizá alguien ponga una cruz de cemento algún día.

Salimos Juan y yo y por el callejón nos persigue un muchacho alto, moreno, de no más de 25 años. Nos pide que paremos. No le hacemos caso. Detrás de nosotros viene toda la gente del entierro. Un pequeño desfile de pobres. El muchacho se aposta en la entrada del cementerio junto a otro más a vigilar que todos se vayan. Apenas logramos darnos la mano con la viuda y su padre.

Adentro del cementerio, sin cruz, sin mausoleo, sin epitafio queda un bulto de tierra con una rama de izote clavada. Abajo yace Miguel Ángel Tobar, *el Niño de Hollywood*, un hombre que todos sabíamos que iba a morir asesinado.

9

Las lecciones que nos dejó
la masacre de Salcajá

Guatemala es la "puerta de oro" de salida de la droga en Centroamérica. Hace poco más de un año, el Estado se enfrentó a la masacre de ocho de sus policías, y el descuartizamiento de otro. Salió en busca de los que masacraron. En esa búsqueda de la dignidad acribillada es posible entender el juego de ajedrez del gran narcotráfico centroamericano. Esto no es una guerra: altos funcionarios, como el ministro de Gobernación, ni siquiera están seguros de que extraditar a los grandes capos sea útil. Ésos sabían jugar ajedrez y, cuando se van, quedan los cavernícolas.

Aquel jueves 13 de junio de 2013 a nadie le resultó extraño escuchar detonaciones en Salcajá. Ese día los salcajenses habían reventado petardos toda la tarde para celebrar a San Antonio de Padua que, sin ser su patrono, tiene garantizados rezos y cohetes cada 13 de junio en el pequeño municipio agrícola del occidente de Guatemala. La tarde de ese día hubo una boda en la iglesia, justo frente a la alcaldía, justo frente a la plaza central, justo delante de la subestación policial. Los recién casados también detonaron cohetes para celebrar su unión. Por eso a casi nadie le resultó extraño que se escucharan varias detonaciones a las 8:17 de la noche en la primera calle del pueblo, a un lado de la iglesia. La primera de esas detonaciones mató, de un tiro directo en la cabeza, al primer agente de policía, que estaba de descanso tomando el aire en la calle. Faltaban siete policías más.

Ni siquiera a Miguel Ovalle, alcalde de Salcajá, le resultó raro que desde su despacho se escucharan retumbar explosiones. Hizo una pausa mientras se cepillaba los dientes durante un descanso de la sesión de concejo municipal. "Son cuetillos", pensó, y siguió en lo suyo. Hizo otra pausa. Le sorprendió el poder de las detonaciones. "Son cuetillos", volvió a decir para sí mismo. Terminó de cepillarse, salió de su despacho al área común de la segunda planta de la alcaldía y se topó, antes de entrar al salón del concejo, con sus concejales aterrorizados. Tres de ellos habían bajado a fumar y pudieron ver cuando el comando de sicarios llegó a la puerta de la subestación policial en dos pick ups doble cabina y una camioneta todoterreno.

—Señor alcalde, vinieron a matar a todos los policías —dijo uno de los concejales.

El alcalde Ovalle pensó: "Es una broma".

—¿Cómo van a creer ustedes? —dijo a los concejales.

Los concejales le pidieron que se asomara a la ventana del segundo piso, la que desde la alcaldía da hacia el patio de la subestación policial. El alcalde Ovalle se acercó. Lo que vio allá abajo fueron dos cuerpos de policías desparramados sobre dos círculos de su propia sangre.

El alcalde Ovalle pensó: "Ahora vienen por nosotros, no querrán dejar evidencia".

Los concejales y el alcalde Ovalle escucharon pasos subiendo las gradas de la municipalidad. Se arrinconaron en la sala de concejo convencidos de que pronto yacerían sobre su propio círculo rojo.

Sin embargo, entró uno de los concejales que había bajado a fumar y que se había quedado rezagado en aquel alboroto. El alcalde Ovalle recuerda que el concejal tenía un tono verde en la cara.

Escucharon cuando los carros de los sicarios aceleraron para alejarse del lugar.

—Se termina la sesión —dijo el alcalde Ovalle—. Vaya cada quien a su casa a ver a sus familias.

El alcalde Ovalle pensó: "Pero yo no me puedo ir a mi casa así nomás".

Se lavó la cara y tardó unos 15 minutos en reaccionar. Cuando salió del estupor, llamó a la gobernadora del departamento de Quetzaltenango y le dijo:

—Vinieron a matar a todos los de la PNC. Véngase. Mire qué hace. Comuníquese con quien sea, pero véngase para acá.

Cuando colgó, el alcalde Ovalle estaba en una alcaldía solitaria, junto a una subestación policial donde había ocho cadáveres y de la que un grupo de sicarios se había llevado vivo al jefe de los asesinados en un ruidoso convoy de vehículos ostentosos. El alcalde Ovalle pensó por un momento si todo aquello no era un mal sueño; intentó convencerse de que no se trataba de una mala pasada de su cabeza provocada por todos los estallidos de la celebración de San Antonio de Padua. Concluyó que no. Se fue a su casa.

. . .

Los días siguientes a la masacre de Salcajá, Salcajá fue el centro de Guatemala.

Salcajá apareció en todos los noticiarios de Guatemala y en las portadas de sus periódicos. Los primeros días, algunos medios especularon diciendo que el subinspector César García, quien no fue masacrado en la subestación, sino que fue secuestrado, había detenido días antes al hijo de un importante capo de la zona por manejar de forma inapropiada. El imaginario muchacho había reprochado al policía la detención y se había identificado como hijo de un capo de la droga. Sin embargo, el subinspector lo detuvo y eso provocó la ira del imaginario papá-capo que decidió incendiar el mundo por el agravio contra su hijo. Algunos medios nacionales dieron crédito a la versión que había salido de hipótesis de policías. El cuento no era verdad. Sin embargo, la mentira decía mucho de este país centroamericano.

Por Centroamérica pasa 90% de la cocaína que va a Estados Unidos. Guatemala es la puerta grande de salida. La oficina centroamericana, le llaman los narcos.

Una semana después, la versión oficial fue difundida. La masacre de Salcajá había corrido por cuenta de Eduardo Villatoro Cano, conocido como *Guayo* Cano, y los miembros de su grupo de narcotráfico. *Guayo* Cano, un hombre de 42 años originario de Huehuetenango, departamento fronterizo con México, empezó en el mundo del crimen a mediados de la década pasada. Era coyote. Su zona de operación, ubicada en el municipio de La Democracia, queda en el camino de centenares de migrantes que buscan acercarse al punto fronterizo de La Mesilla, para empezar su travesía de indocumentados a través de México. *Guayo* Cano empezó desde abajo en el mundo del narcotráfico, pero su crueldad y falta de prudencia lo hicieron ascender rápido gracias a batallas de horas que han marcado la vida reciente de ese norte, de esa frontera y punto de contacto entre los grupos criminales mexicanos y las estructuras centroamericanas. La persecución de *Guayo* Cano —de quien más adelante sabremos más— se desplegó por toda la frontera. El Ministerio de Gobernación guatemalteco no tuvo más que bautizar aquella cacería con un nombre directo, sin dobles sentidos: Operación Dignidad.

Un Estado vulnerado, agredido en una de sus partes sensibles —los policías dentro de un recinto policial—, salía en busca de su dignidad masacrada.

Un mes y tres días después de la masacre, la Operación Dignidad había capturado a 10 presuntos miembros de la banda de *Guayo* Cano.

El 16 de julio de 2013, cuando se dirigía a una carrera de caballos en Chimaltenango, capturaron al décimo acusado, un hombre llamado Francisco Trinidad Castillo Villatoro, conocido como *el Cebo* o *el Carnicero*, acusado de ser de la cúpula cercana de *Guayo* Cano y uno de los miembros del convoy asesino que entró a Salcajá aquel jueves de San Antonio de Padua.

Ese día, rodeado de 22 periodistas con sus micrófonos, cámaras y grabadoras, el ministro de Gobernación de Guatemala, Mauricio López Bonilla, dijo unas palabras. Sonó como alguien que está lleno de rabia, indignado. Humillado, quizá.

—Es un sicario, matón, igual que los otros; es un carnicero, su oficio es ser carnicero. De verdad, ésos no parecen seres humanos; son animales, y lo digo con respeto a los animales de verdad, pero esta estructura de narcotraficantes son lo más brutal que nosotros hemos conocido, y tienen responsabilidad en muchísimos asesinatos. Vamos a caer a todas sus propiedades, no les vamos a dejar ni televisores para ver noticias. Es un buen mensaje a los narcos que les gusta andar matando gente: pongan sus barbas en remojo, porque no vamos a permitir este tipo de cosas —dijo Bonilla aquel 16 de julio, cuando enfundado en saco negro y corbata azul se salió del protocolo.

Dos semanas después cayeron otros dos hombres de apellidos indígenas, Rax Pop y Pop Cholom, acusados de ser los guardaespaldas de *Guayo* Cano. Las detenciones ocurrieron en El Naranjo, en el departamento de Huehuetenango, otro punto fronterizo con México de cruce de migrantes, drogas, armas y mercancías de contrabando. A los pocos días también fue capturado Pop Luc, un hombre de 34 años, acusado de ser un sicario con un importante currículum. El ministro Bonilla aseguró que tras dos meses de estar en el ejército, Pop Luc desertó en 1998 y empezó su carrera delictiva en la banda de traficantes de droga dirigida por Juancho León. León fue asesinado en marzo de 2008 en un enfrentamiento armado de media hora en el balneario La Laguna, departamento de Zacapa, fronterizo con Honduras. Según las autoridades militares y de inteligencia policial, la banda mexicana de los Zetas fue contratada por algunos capos guatemaltecos para asesinar a León, que se había vuelto un competidor incómodo y un tumbador de droga. Después de eso, los Zetas decidieron quedarse.

La Operación Dignidad no cumplió su objetivo sino hasta 83 días después de que aquellos sicarios convirtieran en una morgue la subcomisaría policial de Salcajá.

El 3 de octubre de 2013, cuando salía de un hospital de la ciudad mexicana de Tuxtla Gutiérrez, en el sur de México, *Guayo* Cano fue detenido por policías mexicanos que atendieron la petición de captura de su país vecino. El ministro Bonilla dijo que *Guayo* Cano —que lucía notoriamente menos gordo que en las fotos que había difundido Gobernación— salía de hacerse una liposucción que era parte de todo un proceso de cirugía estética que incluía modificarse el rostro. Cuando un *Guayo* Cano serio y altivo —y acompañado de su primo también acusado de la masacre— bajó de un vuelo gubernamental mexicano para ser entregado a las autoridades guatemaltecas, dijo que él estaba en el hospital para ser atendido de una apendicitis. Y eso fue lo menos interesante que dijo. Dijo también algunas frases enigmáticas: "Todos saben que en este negocio no hay perdón", "yo no sé nada, yo no soy un soplón", "cante o guarde silencio, igual nos van a trabar… ustedes ya saben quién anda detrás de mí".

Tras 83 días, la recuperación de la dignidad guatemalteca se tradujo en números: 16 arrestos, 43 allanamientos, 117 226 dólares en efectivo, 4 412 municiones de distintos calibres, 33 pistolas, 12 rifles, nueve fusiles, tres escopetas, 65 vehículos, 56 celulares, ocho prendas militares, 10 pasamontañas, seis sacos con sosa cáustica, una onza de cocaína, 67 gallos de pelea, 16 venados, 43 caballos pura sangre, cuatro aves silvestres…

Guayo Cano pensó que podía abofetear en la cara al Estado y que nada pasaría. La Operación Dignidad desmanteló su banda de crimen organizado del occidente guatemalteco. El Estado ganó la partida… sin embargo, la partida empezó sólo porque *Guayo* Cano hizo un estúpido movimiento, sacudió el tablero de ajedrez y las piezas se movieron ante los ojos de todos en la habitación.

Aquí comienza la historia de los entretelones de la lucha contra el gran narcotráfico en el país que comanda el traslado de drogas por Centroamérica hacia Estados Unidos. Por aquí, según dijo el Departamento de Estado de Estados Unidos en 2013, pasan 600 toneladas de cocaína al año. La masacre de Salcajá y sus consecuencias son formidables guías para entender ese ajedrez donde algunas partidas se ganan, otras se heredan y algunas ni siquiera se inician. Se dan por perdidas.

. . .

Estamos en un salón pequeño, austero. Una mesa al centro, dos sillas con ruedas, dos vasos de agua y una grabadora sobre ella. Estamos en un cuartel de la policía guatemalteca en Ciudad de Guatemala. Delante de mí, en camiseta marrón, zapatos tenis y una sonrisa apacible, como de alguien conforme, está uno de los investigadores que dirigieron la operación contra *Guayo* Cano, uno de los que hicieron la investigación que sostuvo las capturas. Él fue uno de los encargados de salir a recuperar la dignidad de su país. Para salir en búsqueda de esa dignidad acribillada no le quedó de otra que aceptar que había que hacer algunas cosas poco dignas para un cuerpo policial. Lo normal en estos casos. Lo normal en un país como Guatemala. El investigador iba con un grupo pequeño hacia la zona. Tres o cuatro investigadores de su equipo, todos en el mismo pick up doble cabina. Salían de madrugada, a las tres o cuatro, rumbo a La Democracia, el municipio desde el que salió el convoy asesino de *Guayo* Cano rumbo a Salcajá. No avisaban a nadie más en la policía, y si por alguna razón tenían que pasar por la estación policial de Huehuetenango, inventaban una historia, decían que iban a otra cosa, a cualquier cosa, menos a investigar a *Guayo* Cano. Preferían no dormir en esa estación, ni en ninguna otra de la zona. Preferían volver, cansados y a toda velocidad, pero dormir en la capital, lejos de sus colegas que trabajaban cerca de *Guayo* Cano. Si no les quedaba de otra que pasar la noche en la zona, utilizaban las palabras mínimas antes de dirigirse a sus catres y cerrar los ojos. Los investigadores, como es normal en esta zona, sabían que hablar con sus colegas acerca de la investigación podía incluso implicar la muerte.

La idea de la reunión, a parte de entrevistar al investigador, es pedirle consejos para llegar a La Democracia.

—De Huehuetenango cabecera hacia La Democracia es complicado, toda la ruta tiene control por la cuestión del narcotráfico —dice el investigador.

—¿Y llegar allá a preguntar por el caso de Cano, por su control de la zona? —pregunto.

—Ése es el problema.

—¿Me detectan?

—Para decirle algo. Nosotros tenemos un ratito de no estar yendo a La Democracia, porque después del primer operativo en el que cae *Guayo* Cano, este año se realizó otro. Ya hemos estado, pero de entrada y salida, no hemos tardado mucho tiempo. Yo le recomiendo que no vaya.

—¿Qué pasó según ustedes en la sede policial de Salcajá?

—Es que lo que hizo Cano es ya atentar contra el Estado. Más que ingresar ahí, la saña que tuvo. Secuestrar a un mando policial y darle muerte como le dio muerte. Según lo que establecimos, entraron de 12 a 15 personas en tres vehículos. Una de las cosas que dio confianza a los de la subestación es que portaban vehículos que son muy comunes en las instituciones del gobierno, pick ups y camionetas. Usaban uniformes del Ejército Nacional. Ingresan como militares. Llevan fusiles. Gritan que es un operativo de inteligencia militar, que se retiren. La gente empieza a correr para todos lados. Ingresan a la subestación diciendo que es un operativo de inteligencia militar. Ya habían estudiado el área, porque al ver la escena, los elementos estaban en el lugar que les dieron muerte. Conocían muy bien el lugar: en esta puerta está aquél, en ésta, el otro. Ingresan a la cuadra donde estaba el mando policial, y de ahí lo sacaron.

—¿Qué le pasa al subinspector que se llevan?

—Lo sacan vivo y se lo llevan rumbo a Huehuetenango. A los dos días se encuentran partes de él. Lo desmembraron. Lo hicieron pozolito. El río se lo llevó en La Democracia.

. . .

El subinspector César Augusto García era el jefe de la subestación de Salcajá. A él no lo acribillaron. Se lo llevaron vivo aquel día de San Antonio de Padua.

Durante semanas, los medios mostraron un video explicando que era el video de su muerte subido a Youtube por la gente de *Guayo* Cano. Incluso algunos funcionarios de Gobernación lo siguen dando por cierto. En el video se ve sentado y amarrado a una silla a un hombre treintañero, achinado, moreno, con corte de pelo militar. Está evidentemente golpeado y parece no tener lengua. Lo que se escucha de él son estertores. Lo que se escucha de sus victimarios anónimos son risas y amenazas. "Te llevó la chingada", y cosas por el estilo. En un momento, la cámara enfoca su mano izquierda, y otras manos aparecen con un cuchillo para cortarle dos dedos. Luego, al poco tiempo, un hombre a quien no se le ve la cara se pone detrás de él, le levanta la frente y lo decapita con un cuchillo. Para muchos en Guatemala, el hombre decapitado era el subinspector de Salcajá.

No lo era. Sin embargo, que incluso funcionarios crean que sí es el subinspector nos vuelve a decir mucho de Guatemala. Sin embargo, la suerte del subinspector no parece haber sido muy distinta.

A dos días de que la banda de *Guayo* Cano golpeara la dignidad chapina, socorristas y policías encontraron pedazos humanos en la ribera del río Valparaíso, en La Democracia. Encontraron una parte del cráneo de cinco pulgadas por cinco, dos dedos, un poco de cuero cabelludo y algunas vísceras.

Según el investigador que llevó el caso, la evaluación forense arrojó que muchas de esas partes se las arrancaron mientras estaba vivo. También encontraron su camisa.

Guayo Cano operó como un ajedrecista enfurecido que en medio de la partida lanza el tablero por los aires y escupe en la cara de su rival. Algo, evidentemente, lo había enfurecido de esa manera.

. . .

—¿Quién era *Guayo* Cano en el mundo del crimen? —pregunto al hombre a cargo de investigarlo.

—En 2007 él era una persona trabajadora y humilde. Él empezó a trabajar como coyote, igual que su hermano, mientras que otro hermano trabajaba para otra organización de narcotráfico de un tal Romero. El hermano se lo jala. *Guayo* empieza a trabajar como chofer. Matan a Romero y *Guayo* se queda sin trabajo. Él, gracias a los contactos, empieza a trabajar con un mexicano llamado Gabi. *Guayo* se vuelve el de confianza. La gente empieza a conocerlo. Matan a Gabi, pero se quedó un lazo de comunicación con las organizaciones de Zacapa e Izabal [fronterizos con Honduras], que eran los proveedores, y ya tenía el enlace del lado mexicano. A uno lo conocen como *el Doctor*, de Tuxtla Gutiérrez, Chiapas. En 2008 ya se consolida Cano. Se organiza. Viene *Chicharra*, sabiendo que *Guayo* empezó a trabajar, y le quiere imponer un pago de 50 000 dólares al mes por derecho de piso. Cano dice que no. *Chicharra* es líder de una de las organizaciones más sanguinarias de esa área. *Guayo* Cano se va a México. Su escuela fue *el Doctor* y el cártel del Golfo. Tuvo incluso mucha ayuda de los Zetas cuando se arma como organización. Estuvo como tres meses en México. Regresa a Guatemala y se viene el otro hermano de Cano, que era coyote. Con ayuda de los Zetas quieren vengar la muerte de Gabi, a quien mató *Chicharra*, y es lo que pasó en Agua Zarca. Fue organizado por *Guayo* con ayuda de los Zetas, o al revés. Era una venganza. *Guayo* iba a ir, pero no se sumó.

Así son las historias del gran narcotráfico centroamericano, el que se cuenta por kilos y no por gramos. Parecen cuentos épicos de malos perfectos con nombres cortos que transcurren en un país inexistente donde sólo ellos viven y ponen las reglas. En un lugar extraño e impenetrable donde hay demasiados códigos para quienes no estamos ahí y donde las cosas más extraordinarias y terribles suelen pronunciarse con la simpleza de un día de campo: uno que era coyote le dio entrada a otro al que, meses después, le mataron al jefe, por lo que decidió armar una masacre de horas junto a los Zetas.

Lo que pasó en Agua Zarca fue un tiroteo de cinco horas que se desplazó por carretera a lo largo de unos 15 kilómetros en la aldea de ese nombre, en el departamento de Huehuetenango, muy cerca de La Democracia. Hubo 17 muertos. En medio de una competencia de caballos, dos bandas, una de mexicanos y otra de guatemaltecos, se agarraron a tiros y aquello se convirtió en una escena de guerra sin nada que envidiarle a Irak. Se dispararon con armas largas e incluso con lanzagranadas. Los mexicanos terminaron repelidos hacia su país. Según la inteligencia policial de Guatemala, los mexicanos eran los Zetas con apoyo de *Guayo* Cano, y los guatemaltecos eran la banda de *Chicharra*. Las autoridades no se animaron a entrar a la zona el día de la balacera. Esperaron los refuerzos por 24 horas, y hasta entonces entraron, para ya no encontrar prácticamente nada útil para la investigación. La Democracia, Agua Zarca, aquellos lares, son de la mafia. El Estado, cuando llega, es un intruso.

Según el investigador, la colaboración con los Zetas era la respuesta de *Guayo* Cano a la cuota de 50 000 mensuales que *Chicharra* le pidió. Luego de aquella balacera, que duró más que tres partidos de futbol seguidos, hubo una especie de cónclave pacífico. El investigador, que averiguó muchos de estos detalles gracias a sus informantes criminales, lo explica así: "Hubo una reunión con *Chicharra* y otros narcos menores que Cano en La Democracia. Cano también estuvo. *Chicharra* es más viejo. Se reúnen todos los narcos; ellos dicen que hicieron un documento, una alianza, de cero violencia entre ellos. *Chicharra* compra droga a estos pequeños. Él mide cuánto maneja cada uno, por eso ejerce un control. Cano se arma, contrata gente, como para resguardarse, pero ya no se vuelven a atacar".

Ese intento de cese al fuego en Huehuetenango fue un acuerdo entre los que gobiernan aquella región. Por eso no tenía mucho sentido invitar al gobierno guatemalteco.

En el cuarto austero del cuartel policial, la conversación con el investigador continúa.

—¿Qué área domina *Chicharra*? —pregunto.

—Agua Zarca —responde.

—¿Cuánta gente tenía *Guayo* Cano?

—Déjeme ver… entre pilotos, sicarios y colaboradores que le conocimos, diría que unos 25.

—¿Y *Chicharra*?

—El nivel de él es más alto, tendrá unas 50 personas. Su hermano está preso, *el Zope*. *Chicharra*, no sé. Se le quiso trabajar por un caso de una fiscal, pero la línea no pegó con él. Ese caso también fue adjudicado a *Guayo* Cano.

—¿*Chicharra* es más poderoso que Cano?

—Es una estructura sanguinaria y él tiene control en tema de drogas, porque él compraba a todas las estructuras, incluida la de Cano. Él mide cuánto maneja cada uno, ahí ejerce un control.

Los capos en medio de Estados débiles como los centroamericanos se parecen a un equipo de relevos. Uno muere o es extraditado a Estados Unidos, y otro releva hasta que muera o sea extraditado. La guerra contra las drogas, vista desde esta perspectiva, es infinita. Esa guerra —si se quiere llamar por el nombre con que la bautizó el ex presidente mexicano Felipe Calderón— tiene una larga lista de espera en el bando oponente. Es una lista que se renovará una y otra vez.

En el departamento de Huehuetenango, al que pertenece La Democracia, se puede ver un claro ejemplo de relevos. *El Zope* es Walter Arelio Montejo Mérida, extraditado en marzo de 2013 a Estados Unidos, para ser juzgado en una corte del Distrito de Columbia por tráfico de drogas. Él había recibido la batuta de Otto Herrera, el gran capo guatemalteco de las últimas décadas, atrapado en 2004 en México, donde escapó de prisión en 2005 mientras esperaba su extradición a Estados Unidos; recapturado en Colombia en 2007 y extraditado el siguiente año. Herrera fue liberado sin ningún escándalo en octubre de 2013 en Estados Unidos tras cumplir su condena. Herrera utilizó puertos salvadoreños para traficar buena parte de las más de cinco toneladas de cocaína que envió a Estados Unidos, y utilizó también a un diputado salvadoreño llamado Eliú Martínez, también extraditado y condenado a 29 años en Estados Unidos. En fin, Herrera pasó la batuta al *Zope*, que a su vez la pasó a Aler Samayoa, alias *Chicharra*, que ahora corre en solitario, porque el competidor de mejores capacidades que corría a su lado cometió una estupidez. Su mejor competidor acribilló a ocho policías y descuartizó a un subinspector en Salcajá el día de San Antonio de Padua.

Guayo Cano no entendió las reglas de la competencia. Ni siquiera fue descalificado de la carrera por la vía común, la extradición, el llamado del gran tribunal de esta competencia. *Guayo* Cano fue descartado por el árbitro de pista cuando creyó que nadie se daría cuenta de que él se atravesaba la cancha para llegar más rápido a la meta. El árbitro de pista tiene mala visión y pocos recursos para sancionar las faltas comunes, pero lo de *Guayo* Cano fue ya una caricatura.

A *Guayo* Cano lo volvió loco la idea de que el subinspector de Salcajá le había robado dinero.

Volvemos al salón pequeño y sencillo en el cuartel capitalino de la policía.

—¿Los policías asesinados trabajaban con *Guayo* Cano? —pregunto.

—Más bien hicieron algo en contra de los intereses de *Guayo* Cano. Para los narcos, la droga o el dinero son un compromiso. Si eso va en camino, tiene que llegar a su destino. No son compromisos mínimos. A él le encargaban [droga], y él buscaba en Zacapa o Izabal. Descargaban la droga y le llevaban el dinero a La Mesilla u otra zona de Huehue —responde el investigador.

—¿Y la hipótesis es que los policías le tumbaron dinero o droga?

—Se supone que dinero. El tumbe de este dinero se dio en ese sector de Salcajá, fue en ese punto. El dinero venía de Zacapa. El subinspector nunca supo qué traía el carro, porque él recibió un pago por interceptar un carro. Él no sabía si venían miles de dólares o kilos de coca. No sabemos quién lo secuestró [el carro]. El dinero era de *Guayo* Cano. ¿Quién contrató al subinspector? No sabemos. No sabemos si fueron dólares o quetzales, pero el subinspector recibió 50 000. Creo que eran quetzales.

—¿Y el carro traía?

—740 000 dólares.

—¿Atrapar a *Guayo* Cano le abre más camino a *Chicharra*?

—Si se perdió el control de parte de Cano, ¿quién lo podría absorber, si todos los demás son menores que *Chicharra*?

—Quiero decirle algo que creo. En Guatemala, en Centroamérica quizá, sólo hay dos formas de que detenga a un capo: o que lo pidan los gringos o que haga una pendejada como la que hizo *Guayo* Cano. Por lo demás se opera con tranquilidad. ¿Usted qué cree?

—Así parece.

—¿Sintió en peligro su vida investigando este caso?

—Sí. Había momentos de psicosis de estar en un sitio así. Tenemos indicios de que hay unos 20 policías muertos en casos ligados a *Guayo* Cano.

—Necesito ir a La Democracia. Necesito que me dé un consejo para llegar.

—El consejo es que no vaya.

—Si alquilo un carro aquí en la ciudad y manejo hasta La Democracia, ¿ellos sabrían que llegué?

—Sí.

. . .

El intento de ir a La Democracia se quedó en eso, un intento. Nunca fui. Llegué hasta Salcajá. Nadie —cuando nadie es un investigador, un activista, un detective, un fiscal y un ministro— me dio alguna garantía de seguridad en La Democracia, un contacto de confianza o sin miedo en La Democracia, una ruta segura para llegar a La Democracia y hacer algunas preguntas. La única oferta de apoyo que recibí fue la de un detective de la policía que ofreció: "puedo apoyarlo yendo a traer su cadáver". Porque La Democracia es de la mafia.

Guayo Cano y la Operación Dignidad son ilusiones. Es como ver en un espejo distorsionado a un flacucho. El Estado guatemalteco pareció fuerte en contra de *Guayo* Cano. Sin embargo, la zona donde operaba el brutal capo sigue siendo un territorio domado por los mismos domadores, incluso por uno más poderoso ahora mismo, *Chicharra*. El caso de *Guayo* Cano respondió a la regla más básica de acción —mediáticamente poderosa— reacción —obligada—. Por lo demás, La Democracia sigue siendo de la mafia.

La tolerancia del Estado sigue siendo alta, o el reconocimiento de sus limitadas capacidades sigue siendo honesto. En este proceso en contra de *Guayo* Cano, el Ministerio Público le imputa también dos asesinatos de funcionarios públicos más. En diciembre de 2012, una camioneta donde viajaba la fiscal Yolanda Olivares y una funcionaria del Ejecutivo junto a otras dos personas fue interceptada por un comando armado entre La Mesilla y el municipio de Huehuetenango, muy cerca de La Democracia. La camioneta fue acribillada y luego quemada con sus pasajeros dentro. La fiscalía ha construido la hipótesis de que el culpable es *Guayo* Cano, que enfrenta ahora todos esos cargos de asesinato.

Un optimista diría que de no haber masacrado a nueve policías, *Guayo* Cano igual hubiera sido capturado por el crimen de la fiscal en algún momento. Un pesimista diría que si no hubiera sido tan estúpido, *Guayo* Cano seguiría traficando drogas sin problemas en la frontera con México. Un realista diría que pasaron 10 meses entre el asesinato de la fiscal y la captura de *Guayo* Cano y que nunca nadie lo persiguió sino hasta que masacró el día de San Antonio de Padua.

Al fin y al cabo, *Guayo* Cano no era ni de cerca uno de los grandes capos guatemaltecos. Jamás hubiera rozado el prestigio criminal de apellidos como Lorenzana, Overdick u Ortiz López. Todos esos capos han sido capturados. Ninguno de ellos enfrenta cargos en Guatemala. Ninguno de ellos masacró a nueve policías. Todos ellos son pedidos para extradición por Estados Unidos.

. . .

En abril de 2013, cuando todavía era fiscal general de Guatemala la renombrada Claudia Paz y Paz, conversamos sobre capos, arrestos y posibilidades. Paz y Paz nunca intentó engañar y hablar de un Estado sólido. De hecho, dijo que era imposible saber qué hubiera ocurrido con las instituciones de justicia de Guatemala si los capos se hubieran juzgado en ese país. Sin embargo, tenía el optimismo del náufrago que ve un pájaro. Para mostrar su optimismo puso este ejemplo:

—En el caso de Walter Overdick hicieron un allanamiento en su casa de Alta Verapaz y detuvieron a su hijo, que ahora está condenado, y a su esposa. Overdick tomó la radio local, esto fue hace como cinco años, y dijo que si no soltaban a la esposa y al hijo iba a matar al juez. Los soltaron. Ahora no, ahora a Overdick lo detuvimos, un tribunal dijo que sí a la extradición y se fue. ¿Qué cambió de aquel día al de hoy? Que allá los jueces viven en Alta Verapaz, conviven en el territorio donde esta persona era fuerte. Ahora esos casos se traen a Ciudad de Guatemala y son los Tribunales de Mayor Riesgo los que están juzgando. La fiscalía de Alta Verapaz no tiene las condiciones de seguridad, ni la de Zacapa donde están los Lorenzana, ni la de Huehuetenango donde están los Montejo, ni la de San Marcos donde están los Chamalé [Ortiz López]…

El pájaro del náufrago se ve cansado, trastabilla, pero sigue siendo pájaro.

Overdick, *el Tigre*, el enemigo y luego aliado de los Zetas en Alta Verapaz, al norte de Guatemala, fue extraditado a Estados Unidos el 10 de diciembre de 2012. Waldemar Lorenzana, *el Patriarca*, el supuesto brazo del *Chapo* Guzmán en Guatemala, el viejo de 76 años, dueño de melo-neras en la frontera con Honduras, fue subido a un avión de la Fuerza Aérea y extraditado a Estados Unidos para ser juzgado en Nueva York el 19 de marzo de 2014. Juan Alberto Ortiz López, *Chamalé* o *Hermano Juan*, el hombre fuerte del Pacífico, que por más de 10 años gobernó su pedazo de costa, fue extraditado el 22 de mayo de 2014 para ser juzgado en Florida.

Los capos que no actúan como cavernícolas son asimilados por el siste-ma. Son parte de Guatemala y por eso Guatemala no los persigue, porque se vería como un perro tras su cola. Sin embargo, cuando Estados Unidos los quiere, la cola será mordida. Entre todos esos capos reúnen más de 40 años de tráfico de drogas a gran escala. Al momento de subirse a un avión rodeados por hombres con lentes oscuros, gorra azul e insignias de la Administración contra las Drogas de Estados Unidos (DEA, por sus si-glas en inglés), ninguno de los tres capos de capos chapines tenía ninguna acusación en su contra en Guatemala. Dejaron Guatemala como hombres limpios, para ser juzgados en Estados Unidos como terribles capos.

Durante otra conversación en su despacho, en junio de 2013, Paz y Paz reformuló la pregunta que le hice. Yo le pregunté por qué Guatemala no juzgaba a su capo, por qué no juzgaban al *Patriarca* Lorenzana en una corte del país, por qué se desentendían de sus capos más importantes y sólo juzgaban —como a *Guayo* Cano— a los más trogloditas. Su respues-ta fue:

—Es que usted debería preguntarme si yo hubiera detenido a Loren-zana, si hubiera tenido que juzgarlo en el país.

No se lo pregunté. En aquel momento me pareció obvio que la res-puesta era: no.

• • •

Ahora estamos en la mesa de un restaurante de comida rápida en la Zona 1 de la capital guatemalteca. Dos televisores suenan y varios niños corretean en el local. Nuestra mesa ha quedado aislada. Quizá porque a los comensales les resultamos raros los tres hombres que cuchicheamos alrededor de un teléfono que graba desde la mesa. Frente a mí tengo al que quizá es el policía más importante en el combate contra el gran narco-tráfico. Es un oficial de la policía que ha trabajado en colaboración con la DEA para capturar a, entre otros, Waldemar Lorenzana, su hijo Elio, y Walter *el Tigre* Overdick. Además, nos acompaña un ex fiscal.

156

Empezamos hablando de la esfera que no se toca. De los que no son *Guayo* Cano. El ex fiscal dice que las iglesias evangélicas y los despachos de abogados son de las instancias que menos se controlan y más se utilizan para lavar el dinero del gran crimen organizado chapín. Dice que los grandes capos de Guatemala se han mantenido en los departamentos, lejos de la capital, porque no quieren chocar con la "derecha histórica, que tiene copada la capital y se reparte las zonas: ésta es de esta familia, ésta de ésta, y así, para sus inversiones". Habla de los *broker*, "abogados o empresarios encargados de juntar esos mundos, porque una de esas familias no va a querer que entre a su edificio para hacer negocios un cerote con sombrero, botas y olor a caca. Pero él quiere venderle a ese cerote con sombrero y él le quiere comprar. Para eso están los *broker*".

Interrumpo para preguntar.

—No entiendo por qué entonces si el entramado sigue ahí, les interesa atrapar a gente como Overdick o Lorenzana.

El oficial entra a la conversación.

—Mirá, pues, no es que nos tenga que interesar o no. A esa gente no se le tiene interés en el país, sino miedo. Los que los buscan son los gringos, y los gringos los quieren como trofeo, aunque sepan que va a salir otro. Es para dejar un mensaje: "Nosotros sí los podemos pisar".

Según el oficial, la captura de Waldemar Lorenzana el 26 de abril de 2011 ejemplifica muy bien cómo la cuestión no es de querer, sino de animarse. "Sin los gringos, el hombre seguiría libre; igual que sin la masacre, *Guayo* Cano seguiría traficando. Aquí cae el pendejo o el que entró en el ojo de los gringos", dice con voz normal, ya no susurrando. Ya no hay ninguna mesa alrededor nuestro que esté ocupada.

La captura del *Patriarca* no implicó un operativo de fuerza. No se trataba de necesitar soldados. Guatemala tiene miles. Se trataba de que la detención tuviera sentido, y eso se llama extradición. Fueron cuatro policías hombres y dos mujeres hasta el caserío Maribel, en Teculután, Zacapa. Los hombres llevaban sombreros desgastados, botas de trabajo y camisetas. Nadie llevaba relojes ni anillos ni cadenas. Las pistolas iban en las botas. Comieron en una caseta de comida, cerca de la melonera. Comieron tres días ahí, frijoles, tortillas y huevos picados de desayuno y almuerzo. La caseta les permitió establecer una vigilancia verosímil. Y ellos, para la señora que atendía, eran trabajadores de la melonera. Al cuarto día, pidieron fiado. En su papel de trabajadores de la melonera, no pedir fiado equivalía a un Quijote sin bigote. Ellos le dijeron que esperarían el día de pago para saldar la deuda. Ella les dijo que según entendía, "el señor" pagaba los sábados como a las dos de la tarde. Ellos, haciéndose los ilusionados, preguntaron si era en serio. Ella dijo que sí, que ahí venía el señor en su pick up gris a pagar a sus trabajadores siempre los sábados, siempre a la misma hora. Desde el sábado siguieron el pick up gris, el martes decidieron atraparlo. Lo siguieron en dos carros. Cuando el pick up gris paró para que Lorenzana saludara a alguien, ellos vieron que el copiloto era él. Lo detuvieron. Iba solo con su nieto. Iba desarmado. Les quitaron los teléfonos y se llevaron el pick up. "Si dejamos al patojo con teléfono, llama y nos lo quitan en el camino y nos matan", explica el oficial. Así, nueve policías, una fiscal, una auxiliar fiscal y una oficial de la fiscalía, un capo y su nieto partieron en caravana directo hacia la torre de tribunales de la capital. Adentro del carro, recuerda el oficial, Lorenzana hizo su intento de soborno: "Paren, yo pido que les traigan un millón de dólares, ustedes resuelven su vida y yo sigo tranquilo", recuerda sus palabras el oficial. No aceptaron, pero la oferta dice mucho de Guatemala. Luego, Lorenzana hizo su intento de amenaza: "Resuelva su vida, no la desperdicie". El oficial recuerda que el auxiliar fiscal recibió una llamada de "un coronel" que intentó interceder por Lorenzana aduciendo que no podían llevárselo, que la orden de captura no tenía vigencia. No le hicieron caso, pero la llamada de un coronel dice mucho de Guatemala.

De la torre de tribunales, donde fue presentado ante una jueza, 10 patrullas trasladaron a Lorenzana hacia el penal de máxima seguridad de Fraijanes. "No me vas a creer —me dice el oficial—. ¿Sabés cuántos carros nos iban siguiendo? Unos 40 carros con gente armada, con armas legales según constatamos por encima. Estaban tratando de liberarlo, pero como lo metimos en una patrulla y no en una camioneta, no sabían en qué patrulla iba." El ex fiscal asiente en la mesa del restaurante y apoya. "Venían un vergo de carros detrás, pero la orden era no meterse en un vergueo." El oficial complementa: "Si se armaba el vergueo y él intentaba escapar, entonces se tenía que interrumpir el proceso de extradición para juzgarlo por delitos aquí. ¿Quién quería eso?"

—Si eso hubiera pasado y lo llevan a un Tribunal de Alto Riesgo en Guatemala, ¿qué se imaginan que hubiera pasado? —pregunto.

—Lo absuelven —responden el ex fiscal y el oficial al unísono.

—¿Con un par de llamadas que haga? —pregunto.

—Ja, ja. Con una —responde el ex fiscal.

—¿Pero por qué sí se animan a juzgar a *Guayo* Cano por la masacre de Salcajá aquí en Guatemala? —pregunto para provocar, previendo la respuesta irónica.

—Porque *Guayo* Cano no es nada, es un piojo molesto, sólo eso, un piojo igual que *Chicharra*, que es un piojo igual que Lorenzana.

La lógica de Guatemala —quizá la del triángulo norte de Centroamérica— parece ser que no hay cabida para los piojos molestos ni para los elefantes en la mira de Estados Unidos. Todo lo que queda en medio es fauna sin ningún riesgo de extinción. Lo que ocurre es que al irse los elefantes proliferan las molestas pulgas.

. . .

Normalmente uno como periodista se predispone a ciertas situaciones. Cuando uno va hacia un funcionario, sobre todo si se trata de un ministro de Gobernación, uno se predispone a que le mientan, a que le oculten y le aturdan con una monserga. Sin embargo, toda regla tiene sus excepciones. Desde hace varios meses, no entro con esa disposición al Ministerio de Gobernación de Guatemala. Un funcionario es un funcionario. Sin embargo, al ministro Mauricio López Bonilla uno encuentra pleno sentido de entrevistarlo. Él guarda mucho, pero no lo guarda todo. Sólo con funcionarios así tiene sentido conversar. A los otros más bien se les interroga.

Es marzo de 2014. Estamos en su despacho y él tiene que irse en 15 minutos. Esto no será una entrevista o, en todo caso, será de una pregunta. Opto por explicarle la lógica del elefante y la pulga molesta. Él responde algunas frases. Promete una entrevista más larga en otro momento. Dicho lo dicho, un funcionario extraño: vale la pena escuchar lo que dijo sobre el combate al narco.

—El problema es la afrenta. Nosotros sabemos que tenemos policías corruptos, pero de ellos nos encargamos nosotros, no *Guayo* Cano —inicia el ministro.

Entre el año pasado y lo que va de éste, más de 360 policías guatemaltecos han sido consignados ante un tribunal. Asociación ilícita es el delito por el que hay más consignados.

Continúa el ministro Bonilla.

—Es imposible pelear contra todos todo el tiempo, no es estratégico. A muchos los tenemos en la mira, pero tenemos otras prioridades.

Hay registros de inteligencia policial de que *Guayo* Cano opera en Huehuetenango desde 2009.

Continúa el ministro Bonilla.

—Eso sí, yo quise dar un mensaje en Salcajá de carácter. Si nos hace una animalada como esa, usted va a ser prioridad, y ni sus hijos ni sus nietos van a volver a traficar, aunque eso, como siempre ocurre, le beneficie a otro grupo.

Quizá ni los hijos ni los nietos de *Guayo* Cano lleguen a traficar ni un gramo de cocaína, para la alegría de los hijos y los nietos de *Chicharra*.

Continúa el ministro Bonilla. Y vale la pena escucharlo.

—Antes de que llegáramos al gobierno había en Guatemala de 10 a 12 grupos del crimen organizado con capacidad operativa. Ahora hay 54 en nuestro mapa, bien armados. La entrada de los Zetas tiene su cuota de importancia en esa atomización. Los líderes antes eran analfabetos, pero estratégicos. Los líderes que subieron son unos matones, unos cavernícolas. Si les gusta una mujer, pues "tráiganmela". Subieron los malditos. Los estadounidenses se llevaron a los jefes y nosotros nos quedamos con la parte operativa. Paralelo a eso, tras los acuerdos de paz, empezamos a desarmarnos sin tener una sustitución del poder del Estado. En la época del presidente Berger (2004-2008), llegamos a 15 000 militares. Tras los acuerdos había 30 000. Todo el mundo sabe aquí quién es el narco de la esquina o del pueblo. La cuestión es quién se pase. Asesinar a nueve policías es una estupidez. Tenemos una agenda de persecución de grupos a medida que adquieren poder armado y representan una amenaza violenta para el Estado, pero a los animales, de frente y con todo.

• • •

Lo cierto es que, al menos en este punto del combate a las drogas, el ministro Bonilla estaría muy de acuerdo con su antecesor, el ex ministro Carlos Menocal. El actual de la derecha y Menocal de la izquierda moderada, ven en todo esto una alta cuota de descaro estadounidense y una inevitable espada de Damocles. Bonilla es un ex kaibil que peleó la guerra y que se le recuerda por audaces estrategias como infiltrar un campamento guerrillero. Menocal es un ex periodista de televisión y ahora asesor legislativo.

Con Menocal nos reunimos en un restaurante de la Zona 1. Va de prisa, debe volver a la plenaria legislativa. Tenemos media hora para conversar.

Menocal está de acuerdo en que al irse los capos estrategas queda la parte operativa. Sin embargo, según Menocal, hay poco que se pueda hacer. Guatemala, el país de los capos que conectaron con el mismísimo Pablo Escobar, la "oficina centroamericana", como le llaman los narcos, la punta de lanza de la región, "se comprometió hace cinco años a la captura de peces gordos para mantener la armonía con Estados Unidos". A eso, Bonilla le llama "la espada de Damocles: o se llega a un número de incautaciones o se es descertificado y acusado de un montón de cosas". Préstamos en educación, salud o en seguridad incluso están supeditados a que policías como aquel oficial se disfracen de jornaleros de una melonera, coman huevos y frijoles durante cuatro días hasta que capturen a un pez gordo como Lorenzana y lo manden para el norte.

Es un trato unilateral de parte de Estados Unidos. Quiero esto y doy esto a cambio. Punto.

Menocal recuerda que en su gestión tenía una lista de 16 extraditables, de los que atrapó a 12. Y que era una prioridad que ponía a temblar a otras áreas del país si fracasaba. Aun así, Menocal no terminó su gestión satisfecho con lo recibido a cambio.

—La cooperación gringa a mí me parece una dádiva comparada con la inversión que el país le pone al combate al narcotráfico. Aun así, no podés obviar una agenda con los gringos. Ni Sánchez Cerén [actual presidente salvadoreño y ex comandante guerrillero] la podrá obviar. Somos como el jamoncito del sándwich: hacia el sur, una serie de países altamente productores de narcóticos; hacia el norte, un país altamente consumidor. Hay 20 millones de habitantes que consumen droga en Estados Unidos… Guatemala, de cada 10 dólares del presupuesto de seguridad, aportaba casi cuatro para el combate al narcotráfico.

Para Bonilla es un "círculo perverso" el generado con las extradiciones y la atomización de grupos violentos como *Guayo* Cano al interior del país. Durante otra entrevista en un hotel capitalino, en junio de este año, el actual ministro me dijo:

—Hubo una cumbre regional aquí, vino la ex secretaria de Estado [Hillary] Clinton. Dijo que por cada tres dólares que nosotros pusiéramos [en el combate al narcotráfico] ellos iban a poner uno. Es un chiste de mal gusto, porque al final estamos involucrando recursos que podrían servir en educación, salud, en muchas otras cosas.

La detención de capos en Guatemala no es otra cosa que el miedo a la espada que pende sobre las cabezas. No es una estrategia, es más bien sobrevivencia. La lucha contra el narco en Guatemala no se hace así por decisión soberana de Guatemala. Es una lucha impuesta.

Porque Centroamérica, el norte de Centroamérica, Guatemala, no es un lugar en el que el dinero de seguridad no se necesite en otras áreas. Antes de irse del restaurante, el ex ministro Menocal lanza unas pinceladas.

—De 2008 en adelante ingresaron más o menos 256 000 municiones legales al país, de lo que mucho se va al mercado negro; los coyotes aquí son una estructura muy fuerte que genera crimen; la trata... Teníamos un caso de jordanos llevándose a jovencitas engañadas a Jordania; las pandillas, que ya van más allá de la extorsión... Acaban de detener a una clica de la Mara Salvatrucha que se calculaba que más o menos tenía 2.5 millones de quetzales en sus cuentas...

Así las cosas, todo apunta a que los Lorenzana de Guatemala se seguirán yendo, mientras que los *Guayo* Cano seguirán por aquí.

. . .

Es 19 de junio de 2014 y llueve en Salcajá. Está nublado. Estoy en la tienda que está junto al lugar de la masacre de ocho policías hace un año. Sobre la mesa hay unas enchiladas de carne y en la televisión Costa Rica empata a cero goles con Inglaterra y clasifica primera de su grupo en el Mundial de Brasil. Salcajá es de casas bajas, de teja, de calles asfaltadas, de pequeños comercios; es un pueblo alrededor de una iglesia.

Anoche dormí en Xela, la capital de este departamento de Quetzaltenango, vecino de Huehuetenango. Aquí vino *Guayo* Cano a masacrar. De allá salió.

Anoche me junté con un político de carrera de Quetzaltenango en un bar de la ciudad. Escogí la mesa más apartada, en una esquina oscura del bar. El político aceptó llegar porque una pariente de él le pidió que me atendiera. No le bastó la oscuridad ni el aislamiento. Desde que le conté lo que investigaba, pidió terminar la conversación. Al final, conseguí que se tomara un té y hablamos de cosas triviales. Terminó su té y se despidió: "De esto hay mucho que hablar, pero no es prudente, me disculpo".

Hoy que llegué a Salcajá, visité al sustituto del descuartizado por *Guayo* Cano. El nuevo jefe de la subestación es el agente Milton García Paniagua. Un hombre joven. Nos reunimos en la cuadra en la que duermen los policías, en el segundo piso de un puesto policial improvisado, a una cuadra de donde ocurrió la masacre. La municipalidad los echó del lugar amablemente. Ahora es un lugar vacío. Ese espacio privilegiado en Salcajá, junto a la iglesia, junto a la plaza, junto a la Alcaldía, se ha vuelto maldito. Ni un negocio lo ha retomado. Está vacío. El agente Paniagua tiene sobre la mesita un papelito con nueve puntos anotados. Ha anotado lo que va a decir. Cuando nota que intento leer los puntos de su papelito, lo esconde de mi vista y lo sigue leyendo de reojo: estamos para servir a la ciudadanía, lo que ocurrió fue aislado, fue un hecho lamentable… Dice cosas inservibles.

Sin embargo, he conseguido que otro policía, un agente de Xela, se siente conmigo bajo la sempiterna regla del anonimato. Llega de civil a Salcajá y se sienta, sin decir ni mu, a mi lado en la tiendita.

—Es difícil ser policía aquí —me dice—: uno es corrupto desde que llega a la vista de los demás.

Hablamos largo y tendido, vemos el partido y comemos garnachas hasta llenarnos. Sin embargo, no creo que sea necesario transcribir más que una pequeña parte de nuestra conversación más formal.

—De los masacrados eran cuatro los corruptos, los otros pagaron por nada —me dice—. Y hay muchos que siguen ahí. Imagínese que el primer retén para detener a la caravana de *Guayo* Cano se montó casi tres horas después de la masacre. Curioso, ¿verdad? Justo el tiempo necesario para que él volviera a La Democracia.

—¿Usted, ahora mismo, tiene compañeros corruptos que trabajen con el crimen organizado?

—Sí.

—¿Sabe sus nombres y para quién trabajan?

—Sí.

—¿Me los dice?

—No.

—¿Por qué?

—Plomo.

—Por cierto, quiero ir a La Democracia. ¿Tiene algún colega policía que no sea corrupto y me ayude a llegar sano y salvo?

—No vaya ahí.

10

Los hombres que arrastran clavos

En este caos la regla es matar y la imponen los tres ejércitos de internos que disputan los penales. El Estado, espectador incapaz, observa cómo muerto se cobra por muerto, y masacre por masacre. Quien controla este inframundo controla los negocios, pero las cuentas pendientes persiguen a los internos como perros de caza hasta el fin. Hasta el fin.

"Ahí en Apanteos puede ocurrir una masacre en cualquier momento. Sólo estamos esperando a ver qué pasa. ¿Y saben qué es lo peor? Que con nuestros recursos no podemos evitarlo." Lo dijo en aquella reunión ante los cuatro periodistas que lo rodeábamos. Ya lo había insinuado antes, pero esta vez completó la frase. Y la remató tras la última pregunta, antes de despedirnos, de pie, cerca de la puerta de su despacho: "¿Y eso lo podemos citar?" "Claro, es que de lo que no puedo evitar no puedo ser responsable."

Lo normal es que un funcionario, sobre todo si es de la rama de seguridad del país más violento del continente, enrolle los argumentos, matice, relativice... suavice, ése es el verbo. La usanza es que argumente desconocimiento, que se escabulla, que se excuse... rehúya, ése es el otro verbo.

Aquella tarde en su oficina, Douglas Moreno, el director de centros penales, no hizo uso de los verbos básicos del botiquín de un funcionario. Cuando eso pasa, cuando uno espera lo contrario, las palabras suenan con más fuerza, con más entonación, sobre todo en el caso de una tan potente: ma-sa-cre.

Sí, una masacre en Apanteos. Eso es lo que en aquella charla a inicios de septiembre de 2010 auguró el director del sistema de centros penales para la cárcel de Santa Ana, en el occidente de El Salvador. Una matanza entre los 3700 internos apiñados en ese espacio diseñado para un máximo de 1800 seres humanos. Una carnicería en aquel recinto que alberga a 1900 presos más de los que le caben.

Mi duda era si el pronóstico de Moreno era producto de la inteligencia dentro de centros penales, del conocimiento profundo de lo que tras sus barrotes se cuece o si, por el contrario, era una amenaza perceptible para cualquiera que estuviera cerca de Apanteos. Cualquier familiar, cualquier abogado, cualquier representante de reos, cualquier reo.

El siguiente día me reuní en el centro de San Salvador con alguien muy cercano a los reos comunes del país, "los civiles", los que no son pandilleros ni ex policías ni ex militares. Mi contacto es un ex reo, como casi todos los que aquí afuera representan a los que están allá adentro. Es alguien que les conecta abogados, que conoce a muchas de las familias de los presos, que sabe sus apodos y que tiene sus números de celular, esos que los presos contestan dentro de las cárceles.

Aquel restaurante, aunque se anunciara como tal, de chino sólo tenía las letras y algún adorno en forma de gato. Pedí pollo frito y mi contacto pidió carne frita. Ambos pedimos horchata. Era la tercera reunión que teníamos, pero la primera tras haber escuchado lo que Moreno dijo. Fuimos al grano.

—Entonces, ¿todos están esperando la masacre en Apanteos?

—Pues sí, yo te dije que ahí lo que tienen es una bomba de tiempo que va a estallar de un solo vergazo, pues.

—Pero algo se podrá hacer.

—Separarlos, eso es todo. Si el clavo que tienen allá adentro es que no les ha gustado que lleven a los muchachos de la Mara.

A principios de junio, más de 100 mujeres de la Mara Salvatrucha habían llegado al sector 1 de Apanteos, una cárcel que en teoría es exclusiva para reos comunes, aquellos que no son miembros de ninguna pandilla. Entonces, las alertas se empezaron a encender en los sectores 5, 6, 7 y 8. Uno tras otro, varios reos se desvelaron como miembros activos de la Mara Salvatrucha y otros como simpatizantes: familiares de pandilleros, habitantes de sus barrios, compañeros de historias. Simpatizantes. Aquellos personajes de los que un marero bien podría decir: "Los dejamos caminar con nosotros".

La llegada de las *jainas* de la MS desató un efecto dominó que ni siquiera la dirección del penal se esperaba. De un día para otro resultó que cinco de los 11 sectores de Apanteos pertenecían a la MS. Hombres que se habían declarado civiles, que sabían que eso determinaría si serían recluidos en un penal de la Mara o en uno como Apanteos, ahora cambiaban el guion.

—Y eso no gustó —me dijo mi informante en el restaurante de las letras chinas.

Me pregunté a quién con exactitud no le gustó, pero en los platos ya no había pollo ni carne frita y en los vasos sólo quedaba la base espesa de la horchata y la conversación tenía que terminar y yo acostumbrarme a la regla de quien pregunta por lo que pasa en las cárceles: hay otra pregunta más importante detrás de tu pregunta. Hay un hecho oculto detrás de ese hecho. Hay una historia que explica esta historia. Hubo otras masacres antes de esta masacre. En resumen: el iceberg tiene base, y tú estás parado en la cima.

APANTEOS ANTES DE LOS ÚLTIMOS MUERTOS

Si se hiciera un *casting* televisivo para interpretar el papel de jefe de custodios de un penal salvadoreño, el jefe Molina tendría altas posibilidades de ganar si se presentara. Recio, compacto, bigotón, de hablar rápido y amañado por su medio. Él no te dice algo: te lo reporta; para él no es que no pase nada: es que no se registró novedad; él no se dirige a Juan o a Pedro: él le habla al custodio o al señor director o al señor periodista. El jefe Molina es el jefe de custodios de Apanteos y en mi primera visita a mediados de septiembre, tuvo la amabilidad de "darme parte" de la organización del "centro penitenciario". A voz alzada, como quien pasa lista al regimiento:

—Sector 1, 176 féminas de la MS; sector 2, enfermos, delitos menores y viejitos; sector 3, reos con derecho a media pena; sector 4, penas largas y delitos graves, como secuestro u homicidio; sector 5, cumplimiento de más de dos tercios de pena; sector 6, fase de admisión y adaptación al centro; sector 7, penas de tres a 13 años; sector 8, penas de tres a 20 años, pero ahí tenemos ahorita a los mareros varones de la MS, a 269; sector 9, penas leves y procesados sin condena; sector 10, procesados sin condena por penas graves y condenados también; sector 11, es un sector especial, ahí tenemos a los internos inadaptados, desafiantes, que representan amenaza. Oiga usted, no a los malos, que aquí todos son malos, sino a los desafiantes.

Del sector 3 al 8 componen la galera, la nave central de cemento y hierro donde cada sector está dividido por muros y rejas, y los internos pueden insultarse o saludarse a través de los barrotes que dividen los bloques de celdas. Los sectores 9 y 10 están separados por poco de la galera y el 1 y el 11 lo están del todo.

La petición estaba cantada:

—Por favor, jefe Molina, déjeme hablar con el representante de los desafiantes, del sector 11.

Se quitó la gorra, se rascó la coronilla, se revolvió en la silla y llamó a su jefe, el director del penal. "Sí, sí, eso quiere… sí, le daré parte, jefe… sí, sí, como usted ordene."

—Lo sacaremos, pero acuérdese de 'que esta gente es astuta y tiene tiempo para pensar en lo que dirán, y ponen caras visibles, amables, que no siempre son los verdaderos líderes, sino sus representantes.

Si lo que pretendían los del sector 11 era mostrar su cara más amable, habría que ver qué otras fisionomías hay allá adentro. Sale un tipo flaco, fibroso, tatuado desde los hombros hasta las muñecas, y con unas ojeras que le ensombrecen la mitad de su rostro de mapache. Es el representante de los "rebeldes". Representante es un cargo informal que formalmente representa a su sector. Como me dijo un funcionario de cárceles: "Si el representante no avala que entrés al sector, sólo la Unidad del Mantenimiento del Orden de la Policía puede ayudarte".

El representante del sector 11, que prefiere que no publique su nombre, escuchó mi presentación y sin más se lanzó a hablar sobre las "inhumanas" condiciones que hay dentro de las prisiones. Me vi obligado, luego de cinco minutos de cortesía, a detenerlo y explicarle que no quería hablar de eso. No hace falta una investigación para saber que en un sistema apto para 8 080 reos que alberga a 23 048, las condiciones están a un abismo de distancia de ser óptimas. No hace falta quitarle tiempo a un reo para enterarse cuando el mismísimo director de centros penales lo reconoce y los directores de los penales cuentan anécdotas de reos que duermen parados, de olores fétidos hasta lo vomitivo, de reos que cazan gatos para hacer sopa, de enfermedades sin médicos ni medicinas, de extorsiones entre reos, de violaciones perpetradas con penes, botellas, garrotes y cuchillos, de algunos que han perdido la razón entre barrotes… No pocas, muchas anécdotas. "Allá adentro se violan derechos humanos que no han sido inventados", ironizaba un colega que lleva meses inmerso en la dinámica de las cárceles.

El representante del sector 11 endureció el gesto.

—¿Entonces de qué querés hablar?

—Dicen que está por estallar una masacre aquí.

—Ajá, ¿y dicen que es nuestra culpa?

—No, dicen que hay inconformidad con los nuevos internos.

—Entonces la solución es bien fácil: sacá a esos nuevos internos, lleválos a una de sus cárceles, a una de mareros. Sacá mañana a esos mareros del sector 8 y este penal se arregla. No podemos convivir con ellos, porque extorsionan, amenazan. No vamos a actividades deportivas porque no nos podemos encontrar, no salimos a la enfermería porque no nos podemos encontrar. Ni a programas, cine, nada, porque se nos avientan si nos ven.

—¿Les están disputando a ustedes el control del penal?

—¡No! Ya vas con lo mismo. Si aquí no es por control, es por tranquilidad que queremos que se vayan. Ellos sí quieren control, sacaron a 25 amigos nuestros del sector 8 hace unos días, se les tiraron encima. Acordate de que aquí hay quienes cumplen condena porque mataron a algún mierdoso allá afuera, y acordate de que esos no se tientan para vengarse y acordate de que aquí adentro uno arrastra sus clavos y todo se paga. Entonces, ¿por qué no se los llevan? Si saben que esto es una bomba de tiempo. ¿O ya no se acuerdan de la masacre de 2007?

El coordinador del sector 11 les llama mierdosos a los mareros. El coordinador del sector 11 lleva más de 10 años encerrado. El coordinador del sector 11 sabe que en las cárceles hay tiempo para cobrar las deudas, y lo recuerda de su última masacre.

QUIEN A MASACRE MATA, A MASACRE MUERE

En las cárceles se arrastran clavos. En las cárceles se llevan marcas. Cuando eso pasa —y ha pasado—, uno, o muchos a la vez, pagan con la vida sus clavos, sus marcas. Fue en Apanteos donde ocurrió la última masacre del sistema penitenciario salvadoreño. En enero de 2007.

A las cinco de la tarde del viernes 5 de enero de ese año, los civiles de Apanteos escucharon disparos desde los garitones de vigilancia de los custodios. Disparos cada cinco minutos y rumores de rabia atrás de la pared que separaba los sectores de civiles del sector donde 500 miembros del Barrio 18 cumplían condena. No tenían ni idea de qué ocurría. Eso me contó el representante del sector 11 y además otro reo de otro sector de Apanteos que también estuvo ahí, y también un custodio que disparó desde los garitones.

169

Los rumores pronto se convirtieron en un retumbo en el sector 7. "Pum, pum, pum, sin parar", recordó uno de los informantes. "Las paredes se sacudían. Los pandilleros estaban dándoles desde el otro lado con los catres, sabíamos que las tirarían tarde o temprano."

Los civiles eran menos en los sectores a los que, desde el 7, los pandilleros accederían. Los civiles no eran todos amigos y la actitud común no hubo que consensuarla, se asumió con naturalidad. Algunos se acurrucaron en las esquinas, enrollados, con sus cabezas entre las rodillas, o se sentaron en los catres, como quien hace recuento del día antes de tumbarse a dormir, y los que menos, "los que sabían de su clavo", caminaban nerviosos afuera de las celdas a las que nunca volvieron a entrar desde que escucharon los disparos. ¡Pum, pum, pum! Durante dos horas. Y la pared cayó.

Uno de mis informantes presos recuerda que entonces todo se ralentizó. El retumbo cesó y un silencio total puso dramatismo a la escena de centenares de pandilleros entrando por el hueco de la pared. "Con cuchillos, corvos, garrotes y al menos dos pistolas." Luego, agujerearon las demás paredes y entonces tuvieron todo el interior para ellos. Pocos fueron los tontos que en los sectores de civiles echaron a correr. ¿Hacia dónde? Hacia un muro y después hacia el otro. "Como hormigas locas."

Los pandilleros caminaban por los sectores en grupos de 30 o más. Cada líder de grupo llevaba un celular con cámara fotográfica. La turba se detenía frente a cada civil que, como niño de escuela en pleno regaño, esperaba con la vista fija en el suelo. Levantaban por los pelos su cara, le apuntaban con el lentecito del celular y preguntaban a quien estaba al otro lado de la línea: "¿Éste?" Si la voz por el auricular respondía que no, la marcha seguía; si la voz respondía que sí, como bien describió mi informante, "le caían todos, como hienas hambrientas a un caballo moribundo. Sólo veías volar los pedazos de carne".

Desde las siete de la noche hasta las nueve de la mañana del día siguiente, la marcha de los 18 recorrió cada sector y levantó la cara de cada civil y devoró a 27 de ellos según la versión oficial. "Fueron más", asegura uno de mis informantes desde una prisión. "Fueron más", asegura otro de mis informantes desde otra prisión. Y es que, según ellos, hubo algunos de los que sólo quedó sangre. Gente convertida en charco. "Como a cuatro, que a saber qué clavo cargaban, los hicieron picadito en los baños, pedacitos que después tiraron a los inodoros."

¿Pero por qué los masacraron? Y mis fuentes respondieron con la misma normalidad, hasta con asombro, como preguntándose por qué más podría ser: "Pues porque arrastraban un clavo". "Un clavote." Ese clavo era otra masacre. La del penal de Mariona en 2004.

En agosto de 2004, en Mariona había miembros del Barrio 18 y civiles, muchos de estos últimos agrupados en la otrora organización criminal líder dentro de los penales: La Raza. Todo empezó, según tres reos que estuvieron en aquel momento, porque los dieciocheros compraron a los custodios unos polines que unos albañiles que realizaban obras en el penal habían olvidado. Y dentro de un penal, un polín en manos de un reo es un arma. Punto. *El Viejo* Posada, heredero de la tradición de civiles amos y señores del sistema penal, heredero a la fuerza de nombres míticos como Trejo, Guandique o Bruno, le pidió a una de sus manos derechas, a Racumín, que llevara un mensaje a los 18: "Entreguen esos polines o vamos a jugar pelota con sus cabezas".

Nunca los entregaron. *El Viejo* Posada ordenó que repartieran las armas a su ejército: corvos y pedazos de catres afilados. En silencio, con ayuda de los custodios que les dejaron el paso libre, ingresaron a los sectores 1 y 2, donde los dieciocheros ya los esperaban con sus polines. Empezó el cuerpo a cuerpo. Murieron civiles y dieciocheros, nadie sabe con exactitud cuál bando fue el más golpeado, pero se estima que fue el de los civiles, porque *el Viejo* Posada, como explica uno de mis informantes que peleó de su lado, "se entregó a los custodios para que no lo mataran los dieciocheros. Se entregó cagado y meado, y les dio la pistola .38 que andaba". Tras "la molleja" —como se llama a los motines en el diccionario de la prisión—, las autoridades contaron 32 cadáveres. "Más, más, como 37, si contás a los picados en los baños." Al parecer, el subregistro de las masacres carcelarias se va por los inodoros.

A muchos de los participantes en la masacre los trasladaron de penal, y muchos, pandilleros y civiles, coincidieron en Apanteos. De ahí la revancha de 2007. Ojo por ojo, masacre por masacre. En el sistema penitenciario flota una memoria infalible. Los clavos se cargan. Las marcas se llevan. Los dieciocheros que en 2007 estaban en Apanteos nunca olvidaron que tras el muro había deudores. Y esperaron lo que hizo falta para leerles la sentencia: "Aquí hay algunos que llevan sangre de *homeboy* en las manos, y ya saben a qué venimos". Las hienas sobre el caballo moribundo. "Fue una cacería de brujas", recuerda uno de los informantes.

Y la máxima se repite: hay una historia que explica esta historia. Hubo otras masacres antes de esta masacre. El iceberg tiene base y, para llegar a ella, tienes que descender desde la cima.

"No somos los ms, son los dieciocheros el problema"

Era ya el gesto común con el que el jefe Molina reaccionaba ante mis peticiones: la gorra fuera, el frotamiento en la coronilla y los murmullos: "A ver, a ver, qué cosas, señor periodista".

En esa ocasión le pedí que sacara al representante del sector al que todos quieren fuera de Apanteos, el 8, de los supuestos ms. El jefe Molina llamó por el radio a un custodio y le preguntó si era posible sacar al representante del sector 8 "sin que haya trifulca". El custodio le contestó que sí, porque a los 15 minutos se sentó frente a mí en una banca lejos de cualquier otra persona un señor bajito y curtido, llegando a los 40 malvividos años, con estereotipo de albañil y ni pizca de marero. Aparte de pedir que ocultara su nombre, no prestó más dificultades para hablar y fue al meollo.

—El problema aquí es que los del 9 y el 10 son de la 18.

—Y ustedes de la ms.

—Lo que pasa es que si vivís donde hay ms, ya dicen que sos de la ms y llevás clavo y te quieren trabonear. Y uno lo que quiere es pagar su viejita, nada más. Yo no quiero ser raíz de aquí.

—¿Vos sos ms?

—Lo que pasa es que uno vive donde ellos viven, ahí los ve, y uno tiene parientes, y puede tener alguna simpatía, pero el problema no es ese... el problema no somos nosotros los ms, son los 18 que se andan llevando con los de la banda de los Trasladados, que los dominan desde el 11.

Luego me enteraría de que su hijo y hermano son ms, que él está preso por un delito cometido junto con dos miembros activos de la ms, presos en un penal dispuesto para ese grupo. Sin embargo, el pequeño albañil había agregado un nuevo nombre al mapa de poderes que esos muros guardan: la banda de los Trasladados.

Éste es un grupo formado a mediados de la década, pasada cuando los civiles se dieron cuenta de que eso de la separación de presos en cárceles de pandilleros y no pandilleros era más media mentira que media verdad. La masacre de 2004, que tanto debilitó a La Raza —que ahora sólo manda en pocos sectores de Mariona—, y la masacre de 2007 en Apanteos fueron definitorias para la creación de este grupo. Los asesinados en 2007 eran trasladados, removidos de una prisión a otra, de Mariona a Gotera y de Gotera a Apanteos, donde se volvieron a topar, con un solo muro de por medio, con sus enemigos del Barrio 18 que sí seguían organizados. En cambio ellos, debilitados por tanto ir y venir, apenas si conocían a algunos de los civiles de su nuevo penal. Eso derivó en que tuvieran que esperar como caballos moribundos el momento de las hienas.

Con la memoria fresca de sus muertos, fueron los civiles de Apanteos los que dieron impulso a la banda de los Trasladados luego de la masacre. La lógica fue sencilla: hablemos con nuestra gente con liderazgo en los diferentes penales de civiles que, visto lo visto en Apanteos, están llenos también de pandilleros. Digámosles que adoctrinen, que junten gente, que creemos códigos y que allá donde nos manden seamos los Trasladados y que allá donde arrastremos nuestros clavos con mareros, nuestras marcas con el Barrio, no nos encuentren solos. Y entonces hubo unidad y se corrió la voz y dominaron el negocio del tráfico de drogas dentro de sus penales y hubo un líder con varios nombres: Miguel Ángel Navarro. El *Ex PNC*. *El Animal*. Pero de él hablaremos casi al final.

Antes de que se llevaran al enjuto encargado del sector 8, le hice la misma pregunta que días atrás había hecho al representante de sus enemigos, el del sector 11:

—¿Por qué querés dominar el penal? ¿Cuál es el negocio?

Sonrió desafiante.

—Ninguno, ninguno, sólo queremos cumplir la viejita en paz.

LAS REVELACIONES DEL *GUSANO*

Las entrañas de los penales plantean este problema: que cuando hablan con el mundo exterior todos quieren cumplir la viejita en paz, la culpa es del otro, de la MS, del Barrio 18, de los Trasladados, pero nunca de uno mismo.

Los líderes de sectores sólo quieren hablar de las infrahumanas condiciones, pero nunca de sus disputas por poder. Y es cierto, las condiciones son infrahumanas, inmundas, injustas, pero en esa inmundicia, las disputas son por poder.

Fui de director en director, de contacto exterior en contacto exterior, de custodio en custodio, hasta encontrar a quien buscaba, un perfil poco usual. A este preso le llamaremos *el Gusano*. Lleva más de ocho años encarcelado en cinco prisiones, algunas de pandilleros de la MS, otras de civiles y otras de civiles y miembros del Barrio 18. Él no pertenece a ningún grupo. Si tuviera que pelear de un bando, pelearía del lado de los Trasladados, del Barrio 18 o, si no queda de otra, de la MS, en ese orden. Es un sobreviviente, y ésos saben acoplarse. Él sí quiere cumplir su viejita en paz y conoce la clave: un perfil bajo, a ras de piso, un gusano arrastrándose silencioso en un mundo de fieras. Viéndolo todo.

Lo primero que le pedí es que hiciera el mapa de poderes, aquel que oficialmente dibujó el jefe Molina cuando lo conocí. Esto es lo que *el Gusano*, agazapado, desdentado y famélico, dibujó con sus palabras:

—Lo importante es saber que en Apanteos, en el sector 11 están los Trasladados con algunos de La Máquina y de la Mao Mao [pandillas antiguas, creadas en El Salvador, y que no tienen presencia nacional]. Los Trasladados controlan otros sectores, como el 5 y 6; en el 9 y el 10 están los 18 y algunos de La Mirada [pandilla con nexos con la 18 que nació en la ciudad de La Mirada, en el condado de Los Ángeles, California. Tienen fuerte presencia en el oriente de El Salvador], que no tienen clavo con los del 11; y en el 8 están los MS que tienen a algunos infiltrados en los otros sectores. Se putean cuando se ven, no pueden coincidir. Los del 8 están contra los demás y andan buscando cómo encontrarse.

—¿Por qué? ¿Qué quieren?

—Hacer negocios en paz y que los demás no los hagan. Tenés que saber que aquí todo está conectado, un penal es una pieza dentro del sistema. Sirve para hacer presión, sirve para hacer motines generales, sirve para que los líderes cobren rentas, aunque sea de a poquito, a los demás sectores o a los que como yo no pintamos nada. Sirve para negociar allá arriba. Si no tenés poder, nadie te escucha y mientras más penales tengás, más te van a escuchar.

—¿Y quién es el líder?

—Mirá, si buscás al líder de Apanteos, pues ahí está, es *el Cobra*, del 11, pero si querés saber quién es el líder líder, preguntá por *el Animal*, que está en Zacatecoluca. Él es el que dice estornuden y todos estornudan. Desde aquella cárcel ladran los más perrones, y en las demás muerden sus perros.

Todas las voces, la del director de centros penales, la del representante de los Trasladados de Apanteos, la del representante de los MS de Apanteos, la del jefe Molina, la del *Gusano*, apuntaban a un inminente enfrentamiento en esa prisión. Todos lo sabían. Hasta la voz más sometida dentro de los barrotes. Sin embargo, *el Gusano* ayudaba a comprender cuán grande es el iceberg y cuán poco deja ver. La masacre venidera no tenía que ver con pleitos de "me caés mal", tenía que ver con estructuras, con dominós donde las piezas son penitenciarías y el premio es el control de centrales del crimen. Desde una cárcel, la de máxima seguridad, llegaban las órdenes, unas del *Animal* y otras probablemente del *Diablito de Hollywood*, el señalado como jefe nacional de la MS, y en Apanteos sus perros escuchaban y se preparaban. Unos infiltrando los sectores de los otros. Los otros dándose cada vez más cuenta de la estrategia y murmullando cómo enfrentar el embate. Y el sistema viendo, incapaz de meter mano, lo que se venía.

"¡PÉRAME, QUE AQUÍ SE NOS ARMÓ!"

Desde que el director de centros penales, Douglas Moreno, comentó aquello de que se veía venir una masacre, empecé a tener contacto con Orlando Molina, un hombre serio, con voz de mando, que es el director del penal de Apanteos desde hace poco más de un año.

El 24 de noviembre a las 12 del mediodía marqué al celular del director. Contestó. Parecía estar en medio de una obra de la construcción. Sonó como si en esa obra utilizaran mucha lámina, pues todo tronaba, un tronido metálico.

—Señor director, dicen que se desató la batalla.

—Es… Dad… Otín…

Estruendo de fondo.

—Señor director, ¿qué pasa?

—¡Pérame —gritó—, que aquí se nos armó!

Colgó.

A las 11 de la mañana los del sector 8, los salvatruchos y acólitos, dijeron basta. Desde hacía tres días, todos los sectores habían iniciado una recomposición del penal. Agarraban por las solapas a aquellos que creían eran mareros o esbirros del 8 y se presentaban ante los custodios: ¿se los llevan a donde pertenecen o los matamos? Así, los civiles habían vuelto a tomar control de casi todos sus sectores. Cerca de 100 reos fueron apiñados en el sector 8, escupidos por los demás sectores. Ese día 24, a las 11 de la mañana, el sector 6 hizo lo suyo y exigió lo mismo: ¿se llevan a estos 25 o los matamos? Se los llevaron y en el sector 8 no cabía la gente. Ni la rabia.

El director ingresó al sector 8 cuando sus custodios le informaron que ahí se preparaba una ofensiva contra el sector 6. "Es que nos están sacando a toda la gente de los sectores y eso no puede ser", le gritó el hombre, ese con aspecto de albañil con el que semanas antes yo había hablado. Cuando el enjuto reo dijo eso, sus compañeros de sector ya invadían el tejado de la galera para acceder a los lugares de los que habían sido expulsados.

El director se movilizó al sector 6 a escuchar el argumento de los civiles. Era muy sencillo: "No podemos convivir con los MS, eso es todo", confirmó el coordinador. El director abandonó el sector 6 para pensar con calma cómo actuar. En ese momento le llamé. Las láminas tronaron. Los MS invadieron el sector 6. El primero en caer fue ese hombre, el último reo en hablar con el director. Un objeto contundente le destrozó el cráneo a Luis Antonio Molina Ruiz, de 41 años, condenado por un delito menor, usurpación. El sector 8 contra el 6 y parte del 7 iniciaron la esperada batalla. Hacía mucho que se arrastraban clavos en Apanteos.

Minutos después, en el sector 8 murió de una puñalada en el corazón Víctor Kennedy Menéndez, de 25 años. "Ellos dos eran civiles, vinculados a los Trasladados. Al del 6 lo mataron por bocón, porque algún infiltrado de la Mara escuchó lo que le dijo al director; al del 8 lo mataron porque era infiltrado de los civiles entre los mareros, y ése fue el momento de pagar su clavo", me diría *el Gusano* cinco días después de los asesinatos.

Los custodios habían logrado desalojar gran parte del sector 6 antes de que los pandilleros terminaran de invadirlo. El director sabía que algo explotaría luego de hablar con Molina Ruiz, y ordenó evacuar a los civiles hacia otros sectores. Molina Ruiz no tuvo ni tiempo de decidir. Como dijo el director: "Fue yéndome yo y matándolo a él". El resto, los 22 heridos por arma blanca, eran civiles que no evacuaron cuando se les indicó. Por eso fueron golpeados, puyados, magullados por los mareros —y amigos de mareros, que para este caso da lo mismo— que se replegaron gracias a que no habían logrado entrar todos y a que los custodios, disparos de por medio, consiguieron parar una masacre que ahora quizá se recordará por al menos 24 cadáveres.

La masacre no fue más lejos por cuestión de unos segundos, por la poca rapidez del grupo de salvatruchos, por su ineficiente letalidad al atacar a los heridos. "Pero el clavo queda ahí, y este sistema a huevo te vuelve a juntar. En el futuro será", me dijo *el Gusano*.

Tal vez cuando el penal de Gotera —donde trasladaron a más de 200 pandilleros y amigos— se llene y esa gente vuelva a recalar en penales de civiles. Tal vez cuando los que quedaron en Apanteos se topen con aquellos a los que atacaron. Tal vez en un descuido. El clavo ahí queda.

EL NUEVO CLAVO

El 30 de noviembre, un hombre de 36 años apareció apuñalado en la cárcel de Zacatecoluca, la de máxima seguridad. Su nombre era Miguel Ángel Navarro. Su apodo: *el Animal*.

Los noticiarios dedicaron notas de alrededor de 30 segundos, los periódicos notas de media página o menos. Decían que fue apuñalado, que purgaba condena por robo agravado y asociaciones ilícitas, y que quizá se debió a una riña entre pandilleros.

Nadie se percató de que apareció muerto en la celda de su vocero y mano derecha, Iván Buenaventura Alegría, mejor conocido como *el Violador de Merliot*, sentenciado a 107 años de prisión en 2001, por agresiones contra ocho mujeres. Nadie descartó lo de riña entre pandilleros bajo el argumento de que esa celda estaba en la planta baja del sector 3 de la cárcel, donde están los civiles dividiendo a los sectores 1 y 2 de los salvatruchos del 4 de los del Barrio 18. Nadie ató cabos y pensó que quizá esto tuvo algo que ver con lo de Apanteos. Nadie relacionó que un clavo arrastra otros clavos, que *el Animal* era el jefe de los Trasladados, el hombre que cuando ordenaba estornudar, todos los civiles estornudaban. El hombre que, como interpretan dos fuentes del sistema penitenciario, dio la orden a los civiles de su ex penal, el de Apanteos, de que sacaran a los MS de sus sectores.

En abril del año pasado, nueve penales civiles iniciaron una rebeldía liderada por Apanteos, a la que luego se sumaron seis penales de pandilleros. Se dijo que era por las infrahumanas condiciones en las que los tenían adentro. Mis fuentes, desde aquel hombre con el que me reuní en el restaurante chino, pasando por *el Gusano*, hasta un ex custodio de Zacatecoluca (despedido apenas en diciembre), aseguran que hubo otro motivo: en abril, las autoridades penitenciarias trasladaron al *Animal* de Apanteos a Zacatecoluca. El iceberg nunca es lo que su punta dice, o al menos no es sólo eso.

El director de Apanteos me recibió por última vez el miércoles 1° de diciembre, un día después de que *el Animal* apareciera con más de 72 perforaciones en su cara, cuello, pecho y espalda. Orlando Molina sonríe

177

muy pocas veces, pero cuando uno se acerca a la pregunta que él cree correcta, sonríe.

—Mataron al *Animal*, director. Pareciera que los altos mandos terminaron de dirimir en Zacatecoluca lo que se inició aquí entre el sector de MS y los de civiles.

Sonrió.

—¿Usted cree? Son complicadas las cuestiones de penales y reos en este país, ¿verdad?

Es discreto y de ese tema no quiso hablar más. Sin embargo, *el Gusano* aseguró que entre pasillos y barrotes sólo se barajan dos opciones: una, que lo mataron los MS en venganza por lo de Apanteos. Dos, que lo mataron otros civiles, aspirantes a líderes de los Trasladados, inconformes con que pusiera a la banda en contra de la Mara. El ex custodio de Zacatecoluca, que llegó para encontrar el cuerpo ensangrentado, agregó: "Un interno que temía por su vida, por cercanía con *el Animal*, aseguró que fue Abraham Bernabé Mendoza, *el Patrón*, que le disputaba el liderazgo… Supuestamente del sector donde están los MS alguien dio alguna orden a los del sector 3, al *Patrón*". Quizá las dos hipótesis del *Gusano* forman una sola verdad.

Al *Animal* lo mataron luego de que alguien tapara las dos cámaras del patio donde los reos salen en grupos de 12 durante 40 minutos al día. Lo mataron entre las 11 y las 11:20 de la mañana. Sólo hay 11 sospechosos.

—Director, por poco ocurre una masacre anunciada en Apanteos.

—Sí, sabíamos que algo ocurriría, pero no en ese momento.

Los funcionarios lo reconocen con toda naturalidad. En este sistema, las masacres se pueden prever como las tormentas: se espesa el horizonte, parece que va a llover. Lo de detenerlas es otro cuento. Depende del momento en que se desatan.

El director hizo una pausa y abandonó su sobrepoblado penal para ver más allá:

—Porque el problema no es que aquí iba a pasar o no, el problema es el sistema, que está deteriorado. Éste fue sólo un problema de los que habrá más.

—¿Más masacres?

—Tal vez. Ése no es el punto. Sufrimos las secuelas de años y años de abandono. Problemas de administración, capacitación, vigilancia, depuración, infraestructura, finanzas. ¿Por dónde quiere empezar? Todo esto tiene consecuencias prácticas. El sistema agrupó a los pandilleros para que no se mataran. Ahora, ya no le caben en sus cárceles de pandilleros. En las de occidente ya los mismos pandilleros no aceptan a más de los suyos. O sea que los devolvieron a cárceles de civiles, y éstos se agruparon también. Ahora hay más grupos y todos buscan lo mismo: poder, poder, poder. Las preguntas son: ¿cuántos grupos más se formarán? ¿Qué harás con ellos? Si ya no te caben separados, ¿los vas a juntar?

—Supongo que eso harán. Si no caben, no caben.

—Pues sí, supongo que sí.

En Apanteos hay 240 mareros o seguidores en el sector 6. Otros 250, los que más participaron en la trifulca, fueron trasladados al penal de Gotera. En Apanteos casi todos los sectores siguen en tensión con el 6. Los militares llegaron a custodiar perímetro, pero eso es de los muros para afuera. Hacia adentro, como dijo el director, "se sigue balanceando, negociando, porque tensión siempre habrá".

En este sistema, entre los reos, corre una memoria infalible que combinada con la sobrepoblación es una bomba de tiempo permanente.

Bien dijo *el Gusano*: "Los clavos de uno aquí adentro no desaparecen. Los clavos sólo se arrastran".

Hoy, esos hombres arrastran otro clavo.

TERCERA PARTE

LA HUIDA

Hay quienes creen que en esta esquina del mundo ya no hay nada para ellos. Hay quienes se lanzan a otro infierno, a intentar cruzarlo, para huir del propio.

11

Los coyotes domados

¿Por qué los Zetas, en dos masacres, asesinaron a 268 personas, la ma-
yoría migrantes centroamericanos, mexicanos y sudamericanos? La histo-
ria de algunos de los salvadoreños que murieron en esas carnicerías en el
norte mexicano, la voz de uno de los patriarcas coyotes de El Salvador
y algunos documentos apuntan a que todo fue parte de un proceso para
hacer entender a los coyotes que o pagan o no pasan. Ni ellos ni sus mi-
grantes. Las reglas han cambiado. Los más rudos del camino ya no son
los coyotes.

El coyote volvió mucho antes de lo esperado. Normalmente se tardaba
más de 20 días, pero en esta ocasión apenas habían pasado cinco o seis
días desde que había cruzado la frontera entre Guatemala y México. Por
eso se extrañó Fernando, el chofer del coyote en El Salvador, cuando
recibió la llamada de su jefe. Era agosto de 2010, y el coyote le pedía a su
chofer que lo recogiera en la frontera San Cristóbal, del lado salvadoreño.
Venía solo, sin ninguno de los seis migrantes que se había llevado. El coyote —recordó Fernando cuando contó la historia a la fiscalía— regresó
nervioso, sin explicar lo sucedido, dando excusas a medias: "Me mordió un perro", recuerda Fernando que le dijo el coyote. A los pocos días,
Fernando sabría que al coyote no lo mordió ningún perro en México.
Lo mordió algo mucho más grande.

. . .

El miércoles 25 de agosto de 2010, los periódicos de El Salvador amanecieron con esta noticia en sus portadas: "Encuentran 72 cadáveres en
un rancho en Tamaulipas". Un muchacho ecuatoriano de 18 años había
llegado la madrugada del día 23, cansado y herido de bala en el cuello,
hasta un retén de la Marina mexicana. Había dicho que era sobreviviente

de una masacre perpetrada por los amos y señores del crimen en ese estado norteño de México, los Zetas. Los marinos ubicaron el lugar y llegaron hasta un municipio llamado San Fernando y se internaron hasta un ejido llamado La Joya, en la periferia del corazón de ese lugar. Ahí, afuera de un galpón de cemento con apenas techo, encontraron a un comando armado. En medio de la nada, a la orilla de una callecita de tierra, se enfrentaron a balazos. Murieron tres pistoleros y un marino. Huyeron los demás pistoleros. Entraron los marinos y vieron lo que había dentro del galpón: recogidos contra la pared de cemento como un gusano de colores tristes, amontonados unos sobre otros, hinchados, deformados, amarrados, un montón de cuerpos. Masacrados.

Gracias al testimonio del ecuatoriano sobreviviente, un muchacho de nombre Luis Freddy Lala Pomadilla, al día siguiente los periódicos hablaron de migrantes masacrados. Poco a poco, día a día, la noticia se confirmó: 58 hombres y 14 mujeres migrantes de Centroamérica, Ecuador, Brasil y la India que viajaban hacia Estados Unidos habían sido masacrados por un comando de los Zetas.

. . .

Fernando —el chofer— asegura que el día que la noticia salió publicada en los periódicos de medio mundo, recibió una llamada del coyote.

—Me voy. Si viene la policía, vos no me conocés —dijo el coyote.

—¿Por qué?

—¡Ah! Vos no sabés nada de mí.

. . .

Fernando es el nombre clave que durante el juicio contra seis salvadoreños acusados de integrar una banda de coyotes le dieron al testigo clave. Fernando conocía desde la infancia al coyote. Eran vecinos cuando Fernando quedó desempleado y accedió a trabajar como el chofer del coyote. Normalmente —relató en varias ocasiones Fernando ante un juez, ante las fiscales de la unidad de trata y tráfico de personas y ante agentes de la División Élite contra el Crimen Organizado (DECO)— sus funciones eran recoger al coyote, llevarlo a conversar con algunos de los potenciales migrantes, llevarlo a las reuniones con los demás miembros de la organización, llevarlo y traerlo a la frontera con Guatemala cuando iniciaba o regresaba de un viaje. Sus funciones, hasta aquel agosto de 2010, no incluían mantener la boca cerrada cuando la policía apareciera.

En diciembre de 2010 la policía apareció. Capturó a Fernando y también capturó a un hombre de 33 años llamado Érick Francisco Escobar. Según la fiscalía, la policía, Fernando y otros testigos, él es el coyote.

La detención se realizó cuatro meses después de la masacre en San Fernando porque fue hasta septiembre cuando la Cancillería de El Salvador recibió el informe forense de México, donde se establecía que 13 de los asesinados en aquel galpón abandonado eran salvadoreños. Los investigadores policiales buscaron a los familiares de las víctimas y obtuvieron siete testimonios coincidentes. El coyote con el que habían negociado se llamaba Érick, y su número telefónico —que luego sería rastreado por la policía— era el mismo. Uno de esos testigos, un hombre cuyo hijo fue masacrado a balazos por los Zetas en aquella carnicería de Tamaulipas, fue el único de los siete que dijo poder reconocer a Érick. Y lo hizo. Durante el proceso señaló al que según él había sido el coyote que guió a su hijo a la muerte.

Fernando fue capturado en el mismo operativo en el que cayó Érick. Fernando era acusado de pertenecer a la red, pero tras unas semanas en el penal de San Vicente —donde era obligado a dormir sentado a la par de un inodoro—, el hombre decidió contar en una declaración jurada a las fiscales y a los investigadores de la DECO lo que sabía.

Tres meses después de las primeras capturas, la policía detuvo a un hombre que había logrado mantenerse prófugo durante todo ese tiempo. La DECO detuvo en el municipio de Tecapán, Usulután, a un hombre corpulento, dirigente del equipo de futbol de primera división Atlético Marte y dueño de autobuses de la ruta 46. Su nombre es Carlos Ernesto Teos Parada. Según las investigaciones fiscales y la declaración de Fernando, él era el jefe de la red de coyotes en la que Érick trabajaba.

Sabas López Sánchez, un muchacho de 20 años, y Karen Escobar Luna, de 28, eran también de Tecapán. Ambos terminaron formando parte de aquel gusano de colores tristes.

. . .

En su declaración ante las fiscales, Fernando dibujó un mapa con palabras. El mapa que Fernando dibujó permite imaginarse que los migrantes, al menos los seis que iban con Érick, pasaron sus últimos días colgados a un tren de carga como polizones.

Fernando describió dos rutas. Una de ellas empezaba en Chiapas, donde cientos de miles de migrantes ingresan cada año luego de mojarse las piernas cruzando el río Suchiate que hace de frontera con Guatemala. La ruta seguía por Veracruz, lo que hace pensar que los migrantes ya antes habían alternado entre caminatas por el monte y autobuses chiapanecos durante 280 kilómetros donde el tren no funciona, hasta llegar al municipio de Arriaga, montar la bestia de acero durante 11 horas bajo el inclemente sol agostino, hasta llegar al municipio de Ixtepec, ya en el estado de Oaxaca, donde cambiaron de tren y se subieron a uno mucho más veloz, que va a unos 70 kilómetros por hora, y que tarda entre seis y ocho horas para llegar al estado de Veracruz, al municipio de Medias Aguas, donde los trenes que vienen de Oaxaca y de Tabasco se juntan para viajar en una sola línea hasta las proximidades de la Ciudad de México. Desde ahí escalaban hasta llegar a Ciudad Victoria, viajar a Reynosa e ir a Nuevo Laredo, Tamaulipas, para intentar ganarle al río Bravo, ganarle a la Patrulla Fronteriza de Estados Unidos y entrar al vasto estado de Texas.

Fernando había explicado que conocía a Érick como un hombre de vicios. Un bebedor y cocainómano. Le gustaba, como dijo el testigo, andar "de zumba".

Tomar alcohol y consumir cocaína, en el mundo de los coyotes, es como tomar whisky en el de los jugadores de póquer. No tiene nada de particular. Y sería sólo un rasgo identificativo, una curiosidad, de no ser porque en este caso pasó lo que pasó.

En una ocasión, contó Fernando a las fiscales, Carlos Teos y Érick se reunieron en Usulután junto con otros miembros del grupo. Eso ocurrió más o menos un mes antes de la masacre. Teos dio algunas instrucciones, habló de la ruta, habló de nuevos contactos y ordenó a uno de los presentes que sacara el dinero. Fernando observó armas de fuego. El hombre regresó con un rollo de billetes y le entregó a Érick 3 000 dólares, el dinero que cubría el viaje de algunos de los viajeros.

Los familiares de los seis salvadoreños que fueron acribillados por los Zetas aseguran que el acuerdo con Érick era pagar entre 5 700 y 7 500 dólares por el viaje. Todos pagaron la mitad antes de la partida. La otra mitad se pagaría allá, en Estados Unidos, a la llegada que nunca ocurrió.

Fernando relató que tras aquella reunión, Érick le pidió dirigirse a San Salvador, y ahí al bulevar Constitución, y ahí a una callejuela que entra a una comunidad llamada La Granjita, dominada por una vieja pandilla llamada Mao Mao. Ese lugar es conocido comúnmente como La Pradera, porque a la entrada de la callejuela de tierra hay un motel con ese nombre. Érick quería comprar cocaína, y su chofer lo llevó. Ahí mismo en el carro, dijo Fernando, Érick se metió unos buenos "narizazos".

Los narizazos serían un rasgo identificativo de un coyote, una curiosidad, de no ser porque el relato de Fernando termina como termina.

. . .

Una de las muchachas que iba en el viaje con el coyote llamó durante el camino a una de sus familiares que luego se convirtió en denunciante del coyote. La muchacha, dice la versión fiscal, era optimista:

—Estoy en México y voy con la persona que me fue a traer. Estoy bien, dale saludos a todos, les aviso cuando esté en Estados Unidos.

El hijo del señor que luego señaló a Érick también llamó. También era optimista.

—¿Con quién vas? ¿Vas con Érick? —preguntó el papá.

—Sí, papá, aquí está con nosotros todavía, no se ha separado.

Aún no había pasado lo que pasó. Los pequeños detalles aún no habían terminado en un gusano de colores tristes.

. . .

El 11 de agosto, según reportes de Migración de El Salvador, con uno o dos minutos de diferencia, abandonaron el país por la frontera San Cristóbal seis migrantes que 13 días después serían masacrados en un galpón abandonado en Tamaulipas.

Fernando —el chofer— asegura que una noche antes habían sido concentrados en dos hoteles que están a unas cuadras de la terminal de autobuses que van hacia el occidente de El Salvador. Algunos migrantes estaban hospedados en el hotel Ipanema y otros en el hotel Pasadena. Se trata de hoteles de paso, que cobran unos 17 dólares por una habitación doble, estancia de camioneros, choferes de autobuses, migrantes y coyotes.

Una de las fiscales del caso cuenta que durante la investigación consiguieron una orden de registro del hotel Pasadena. Entre los huéspedes encontraron a un niño de 10 años y a un joven de 18 que estaban a la espera de iniciar el viaje con sus coyotes: éstos eran un hombre que había sido deportado de Estados Unidos recientemente y un policía supernumerario. Ambos fueron detenidos. Encontraron también a un guatemalteco de nombre José María Negrero Sermeño. La policía solicitó sus antecedentes por radio, y pronto les respondieron que tenía una orden de captura por el delito de tráfico de personas girada por un juez salvadoreño. Le decomisaron sus teléfonos y ahí encontraron números de agentes policiales, de migración, de la frontera, agendas donde precisaba nombres de delegados de migración de Guatemala y El Salvador, así como tarjetas de presentación de varios funcionarios. Cuando hicieron el análisis telefónico de las llamadas de ese hombre, encontraron que se comunicaba con Érick y Carlos Teos.

Los migrantes que serían masacrados subieron a un autobús internacional que iba hacia la capital guatemalteca, contó Fernando. Érick le entregó al chofer 120 dólares. Según Fernando eso correspondía a 20 dólares por migrante, y eran para que el conductor del autobús sobornara a algún policía que se percatara de que los migrantes iban siendo guiados. Érick, él y otro hombre —Carlos Arnoldo Ventura, que luego sería condenado a cuatro años de prisión por tráfico ilegal de personas— se fueron en carro hasta la frontera. Fernando recuerda que durante el camino, Érick fue conversando por teléfono con Carlos Teos sobre rutas y fechas.

En el expediente fiscal se consigna que Carlos Teos —que tiene visa de turista para entrar a Estados Unidos— salió de El Salvador hacia Estados Unidos casi una semana después de que lo hicieran los migrantes. Fernando aseguró que Teos era quien se encargaba de recibir a los migrantes en Estados Unidos, entregarlos a sus familiares y cobrar la segunda mitad por el viaje. En algunas ocasiones hay registro de salida de Teos, pero no de entrada al país. La hipótesis fiscal es que Teos regresaba cargado de dinero, y evadía controles para ingresar al país y no declarar. El análisis de las cuentas bancarias de Teos demuestra que es un hombre que puede pasar de tener cero dólares a tener casi 10 000 en menos de un mes; de tener 85 000 un mes y 94 000 tres días después.

Lo último que Fernando supo de Érick es que cruzó la frontera sin pasar por el registro, con la idea de abordar el autobús del lado guatemalteco y emprender el viaje con sus migrantes.

. . .

Tiempo después, Fernando recibiría la llamada de Érick. Una llamada que llegó muy pronto.

—Me voy. Si viene la policía, vos no me conocés —dijo el coyote al regresar.

El coyote desapareció unas semanas. Cuando reapareció, dijo Fernando en su declaración jurada, Érick le contó que un pequeño detalle, ese sutil rasgo característico de estos hombres de vida dura, cambiaría por completo esta historia.

Érick dijo que se había gastado un dinero que es sagrado en estos viajes. Érick se gastó en vicios la cuota que tenía que pagar a los Zetas en Tamaulipas. Érick se gastó la cuota que un coyote debe pagar a esa mafia mexicana para que cada migrante pueda seguir migrando. Érick —relató Fernando— sabía que había tocado un dinero obligatorio, un dinero que no se negocia, y por eso abandonó a los seis salvadoreños que querían entrar a Estados Unidos.

. . .

Cuando una de las fiscales del caso cuenta que Carlos Teos y Érick fueron absueltos por un juez suplente del juzgado especializado de sentencia de San Salvador, se le corta la voz. Se le insinúa el llanto.

A pesar del testimonio de Fernando, del análisis de llamadas, del reconocimiento del padre de uno de los muchachos masacrados, a pesar de que con las mismas pruebas y el mismo testimonio de Fernando otro juez condenaría luego a otros dos miembros del grupo, este juez absolvió a Érick y a Carlos Teos.

—Fue un asombro, estábamos celebrando… Bueno, qué tristeza. Todos nos volteábamos a ver, nadie lo creía.

La fiscalía ha puesto un recurso y espera que la Sala de lo Penal revierta el fallo y obligue a que otro juez juzgue el caso.

Mientras, lo único que queda de los familiares de las víctimas es el testimonio que ya rindieron. Todos los familiares de los migrantes masacrados que declararon recibieron amenazas telefónicas. A todos les dijeron que los iban a desaparecer, a asesinar, relataron a las fiscales antes de largarse de sus casas hacia otro lugar.

. . .

Lo que pasó en aquel rancho es ya historia contada. Historia contada por un muchacho.

Luis Freddy Lala Pomadilla, de 18 años, se sentó en la ciudad ecuatoriana de Riobamba al mediodía del 14 de septiembre de 2010. Se sentó para contestar las preguntas que, vía video, le hacía un fiscal desde la Ciudad de México. Pomadilla es uno de los dos sobrevivientes. Él asegura que también sobrevivió otro muchacho, que era de noche y lo vio huir de entre los muertos, pero que luego escuchó alboroto, persecución, disparos.

El fiscal mexicano estaba más centrado en preguntar a Pomadilla por nombres y apodos. Le preguntó por *el Coyote*, *el Degollado*, *Chabelo*, *el Kilo*, *Cabezón*, le preguntó por *el Gruñón*; un "kaibil guatemalteco", y por cinco salvadoreños; le preguntó si los reconocía como zetas. Pomadilla dijo que entre ellos no se hablaban, que por eso apenas recordaba al *Kilo* —Martín Omar Estrada, que luego sería capturado y condenado como jefe de plaza de los Zetas en San Fernando—. Pomadilla —que al igual que los seis migrantes salvadoreños fue abandonado por su coyote— recuerda que eran unos ocho zetas, todos armados, que se conducían en un pick up doble cabina blanco y en una todoterreno Trooper, los que detuvieron los tres camiones donde viajaban decenas de indocumentados en su intento por acercarse a la frontera. Recuerda que los llevaron hasta San Fernando y ahí los formaron contra el muro del galpón. Recuerda que uno de los zetas preguntó si entre esos hombres y mujeres había alguien que quisiera entrenarse para pertenecer a los Zetas. Recuerda que sólo un muchacho migrante levantó la mano y dijo que sí. "Pero igual lo mataron." Lo mataron a él y a 71 personas más. Pomadilla, que sobrevivió porque lo dieron por muerto, recuerda que después, durante unos tres minutos, tronó un arma. Fue un concierto de balas de una sola arma que duró hasta acabar con la vida de 72 migrantes.

Los Zetas son una banda de cavernícolas. Tal como me dijo un coronel que formaba parte del contingente que mantenía un estado de sitio en Alta Verapaz, Guatemala, en 2011, para intentar echar a esa mafia, son tipos que primero disparan, torturan, asesinan y después preguntan si sus víctimas les harán caso.

Sin embargo, lo cavernícola no les quita lo mafiosos. En cada una de las actividades de esta banda a la que intento entender desde 2008 hay un solo interés: multiplicar el dinero. ¿Por qué secuestrar a 72 migrantes, llevarlos hasta una zona perdida de un municipio rural y masacrarlos? ¿Qué ganaron con eso?

La principal hipótesis divulgada por las autoridades mexicanas asegura que los Zetas dispararon disgustados porque los migrantes no quisieron integrarse a la banda criminal. Una de las mujeres que eran guiadas por Érick y que murió en aquella masacre era una joven de 18 años del departamento de La Libertad. ¿Es ése el perfil de reclutas que los Zetas buscan?

La historia de los seis migrantes salvadoreños que acabaron asesinados, que se supone pagaron por el pequeño detalle de que su coyote decidió consumir más cocaína y alcohol del que podía financiar, habla de otra lógica. El que no paga, no pasa. Migrar por México tiene tarifa, y la cobran los Zetas.

Los coyotes o migrantes que quieran burlar ese peaje se enfrentarán a esos cavernícolas. ¿Qué manera más poderosa de demostrarlo que 72 cadáveres apiñados en un gusano de colores tristes?

Todo parece adquirir lógica cuando se piensa que los Zetas pretendían consolidar un mensaje entre los coyotes y los migrantes. Pero para dar eso por seguro, para entender cómo esa mafia cambió los códigos de un mundo de rudos coyotes hay, que buscar a algunos de esos guías clandestinos.

Hay pocos lugares mejores que el departamento de Chalatenango, en El Salvador, para encontrar a algunos de los mejores coyotes.

. . .

En la mesa hay seis envases de cerveza vacíos y un plato de bocadillos variados que el traficante de queso y cigarros picotea. Estamos en un restaurante y hotelito en las afueras de la ciudad cabecera de Chalatenango, que no es sino un pueblo con un banco y algunos restaurantes de comida rápida, pero pueblo al fin y al cabo. El traficante de queso, a quien conocí gracias a que un intermediario nos presentó, me asegura que el restaurante y hotel donde estamos es de uno de los más conocidos coyotes chalatecos. Sin embargo, el recelo con el que se nos acerca el hombre, atraído por saber quién soy y qué hago en su negocio, hace que el traficante de queso recule en sus intenciones de presentármelo.

Este hombre regordete se dedica a eso justamente, a traficar quesos y cigarros. Compra quesos a bajísimos precios en Nicaragua y trae cientos de marquetas de 100 libras escondidas en falsos contenedores de camiones, o se encarga de coordinar el paso de camiones con cigarros chinos o rusos que van en contenedores marchamados hasta Ocotepeque, Honduras. Deja que el camión cruce la frontera, quita el marchamo e ingresan por puntos ciegos de la frontera pick ups llenos con los cigarros que se venden a la mitad del precio que los demás en una tienda chalateca. En muchas de las tiendas de por aquí es más fácil encontrar cigarros Modern que Marlboro.

Como el plan A del traficante se ha caído, y como por alguna extraña razón está empecinado en no desilusionarme en mi búsqueda de un coyote, se quita la gorra de la cabeza, respira profundo, achina los ojos y dice:

—Bueeeeeno, si aquí usted levanta una piedra encuentra un coyote, el problema es que los jóvenes, los nuevos, son más asustadizos y no querrán hablar con un periodista. Puede ser que nos mande al carajo, pero vamos a intentar con el mero mero. Yo a él le estoy muy agradecido, porque él me enseñó el oficio de traficar queso. Él es el coyote que les ha enseñado el trabajo a todos los demás. Es el primer coyote de Chalate.

Es viernes, me pide que le dé el fin de semana para hablar con el señor coyote.

. . .

El señor coyote es grande y recio como un roble. Nos recibe, amable, al traficante de queso y a mí en su casa de Chalatenango. Manda traer unas tilapias, pide que las cocinen, que pongan arroz, que traigan cervezas y que calienten tortillas.

El traficante de queso ha conseguido lo que más cuesta al principio: convencer a una persona de que a cambio de historias y explicaciones, de que a cambio de su testimonio, uno como periodista guardará su identidad. El señor coyote me cree. Por eso la conversación inicia sin tapujos en esta tarde de octubre de 2013.

El señor coyote tiene ahora 60 años. Empezó en el negocio de llevar gente a Estados Unidos en 1979. En su primer intento por llegar como indocumentado a Estados Unidos, había pagado 600 colones —que al cambio de la época eran unos 240 dólares— a un coyote guatemalteco. El viaje fracasó cuando fueron detenidos en Tijuana. Durante su estancia en diferentes centros de detención, conoció a otro coyote guatemalteco. El señor coyote, que entonces era un muchacho veinteañero, se ofreció a conseguirle migrantes en El Salvador. En aquel momento, recuerda el señor coyote, su oficio no era perseguido. Ningún policía detenía a alguien por ser coyote, y mucho menos lo juzgaban, como le ocurrió a Érick, en un juzgado especializado de crimen organizado. Tan a sus anchas

192

se sentía que para promocionar sus servicios el señor coyote abrió una oficina en el municipio de Cuscatancingo, en el centro de El Salvador, y publicaba anuncios en las páginas de los periódicos en los que decía: "Viajes seguros a Estados Unidos", e incluía el teléfono de su agencia. Luego de unos pocos meses, cuando ya había aprendido del guatemalteco lo que necesitaba aprender, el señor coyote se independizó. La gente llamaba a su agencia y preguntaba cuánto caminarían. El señor coyote explicaba que México lo cruzarían en autobús, y que el cruce lo harían por Mexicali, San Luis Río Colorado o Algodones, y que no caminarían más de una hora. Así ocurría. Cuando el señor coyote juntaba a 15 o 20 personas, emprendía el viaje. Lo más que llegó a llevar fueron 35 personas. Cruzar México, recuerda el señor coyote, podía ser incluso un viaje placentero. "La gente no se bajaba del bus más que para orinar", recuerda. En las casetas de revisión migratoria de la carretera ya todo estaba arreglado y apenas había que dejar unos dólares a los agentes de cada caseta.

A mediados de los ochenta, luego de que la Guardia Nacional cateara su oficina pensando que se trataba de una célula guerrillera, debido al intenso movimiento de gente, el señor coyote decidió retirarse algunos años, y alternó con estancias largas en Estados Unidos y trabajos esporádicos con grupos pequeños de migrantes.

En 2004 el señor coyote volvió de lleno a las andadas. Las cosas eran más difíciles, y aun empeorarían.

—Las cosas habían cambiado. En México había mayor seguridad, aquí ya era delito ser un coyote. Entonces la cuota de los coyotes era de 6 000 dólares por persona a donde quiera que fuera en los Estados Unidos. Pocas cosas eran como antes.

Los coyotes viajeros, los que hacían de lazarillos durante toda la travesía por México, eran contados.

—Ya entonces la cosa era más de coordinación, y así sigue siendo. Uno se encarga de poner la gente en la frontera de Guatemala con México, de ahí está el que lo levanta hasta el Distrito Federal, que es un mexicano. A él se le paga entre 1 200 y 1 300 dólares por persona. En el D. F. los agarra otra persona hasta la frontera con Estados Unidos. Ése cobra unos 800, y hay que darle unos 100 más por la estadía en la frontera y la comida del pollo. Uno estipula que de aquí a la frontera con Estados Unidos va a invertir unos 2 500. De ahí para arriba, a Houston, por ejemplo, la gente que los mete estaba cobrando 2 000. En Houston tiene que pagar uno a todos los que han pasado. Hoy cobran 2 500 dólares por la tirada.

Ahí los tienen detenidos. Son casas de seguridad. Desde aquí mando el dinero por transferencia y van liberando a las personas. Cobraban 500 dólares por las camionetas que los llevaban hasta la casa donde iban. Hoy cobran 700. Por persona te quedan unos 1 000 o 1 500 dólares de ganancia.

Hay, como bien dice el señor coyote, maneras de abaratar los costos en México, pero eso implica métodos que para el señor coyote son "inhumanos". Por ejemplo, meter a 120 migrantes en un furgón que va marchamado hasta la frontera. El marchamo se compra si se tienen los contactos adecuados en la aduana mexicana, y el reporte puede decir que adentro del furgón van frutas, cuando lo que en realidad van son decenas de personas sofocadas por el calor y el poco oxígeno, sin desodorante ni perfume, sin relojes ni celulares ni nada que timbre y los pueda delatar. Hay coyotes que por ahorrarse unos cientos de dólares embuten a la gente bajo un fondo falso de un camión bananero y los obligan a ir acostados durante más de 20 horas hasta la Ciudad de México. El señor coyote siempre pensó que eso es inhumano.

El señor coyote dice que la cuota, en los últimos cinco años, ha aumentado, y que nadie que se precie de ser buen coyote llevará a un migrante a Estados Unidos por menos de 7 000 dólares.

—Los riesgos son más ahora —dice el señor coyote, y con su dedo índice dibuja en el aire una Z.

—¿Cuándo empezó usted a pagar a los Zetas? —le pregunto.

—En 2005 se empezó a trabajar con los Zetas, pero era mínimo, no era obligatorio. Tener un contacto de Los Zetas era una garantía, uno los buscaba. A través del coyote mexicano se armaba todo, igual que como se trabajaba con la policía. Después, ya ahí por 2007 empezaron a apretar al indocumentado directamente. No les importaba de quién era la gente. Se empezó cobrando 100 dólares por persona, eso se pagaba. Ahora lleva dos años lo más duro de estos jodidos.

Los Zetas, que surgieron hace 15 años como el brazo armado del cártel del Golfo, se escindieron de esa organización allá por el año 2007. Quizá la cuota antes era un extra a su salario, y después se convirtió en un rubro de la organización.

—Cien por migrante, ¿ése es el cobro de los Zetas por dejarlos cruzar México? —continúo.

—Hoy la han subido a 200 dólares. En el precio [al migrante] se incluye la cuota para los Zetas. El riesgo es mayor, por eso aumentó la cuota, el pollero ya no se quiere arriesgar por 1 000 dólares de ganancia.

—¿Usted se entiende con los Zetas?

—Uno le deposita a los mexicanos, al mismo contacto coyote, y él se encarga. Yo no conozco a nadie de los Zetas. Si alguien de aquí le dice que los conoce, es un bocón. Ese contacto mexicano tal vez está pagando 100 y a mí me cobra 200. Puede estar pasando. Pero hay que pagar.

—¿O?

—Bueno, eso pasó con la matanza en Tamaulipas, les debían, y a éstos no les importó de quiénes eran esas personas. Ése fue un mensaje: a alguien se le olvidó pagar, entonces esto es lo que va a pasar. Y al que le toca responder es al coyote que de aquí salió. Nadie recoge gente para mandarla a morir, uno lo que quiere es ganar dinero y credibilidad.

—Pero hay coyotes que siguen viajando ellos con su gente por México.

—Un buen coyote que viaje él no existe, ni uno. Nadie se arriesga. Quizá para ir a dejarlos a Ciudad Hidalgo [frontera mexicana con Guatemala]. Todo se hace pedazo por pedazo, uno coordina. Bueno, están los locos del tren. Los que van en tren cobran unos 4 000 o 5 000 dólares. Ésos son polleritos que agarran dos, tres personas, o gente que en realidad lo que quiere es irse y ya antes viajó y conoce un poco el viaje en tren, y recoge dos o tres personas y con eso se van. Ahí es donde caen los secuestros. Si usted paga 200 dólares constante por persona, no lo molestan, pero si voy por mi propia cuenta… entonces… bueno. Ahí se enojan los Zetas: "Éste va a pasar y no va a dejar nada", entonces aprietan y ponen cantidades de hasta 5 000 dólares por cabeza. Si usted trabaja con los contactos que conozcan a los Zetas, tiene garantizado el cruce de México, ya no tiene problema. Si ellos son un grupo con muy buena coordinación con militares y policías. Incluso si lo detiene una patrulla y averiguan si ya pagó a los Zetas, y usted ha pagado, lo sueltan de inmediato. Si descubren que no tiene contacto con los Zetas, entonces está apretado, usted no va a ir a la cárcel, se lo van a llevar a ellos, lo van a entregar. Por eso desaparece la gente. México no es problema si uno tiene el contacto con los Zetas. Si no…

Nos despedimos del señor coyote cuando Chalatenango se oscurece. Nos despedimos con ese "si no" y esos puntos suspensivos en la cabeza. Los puntos suspensivos, en el caso de los seis migrantes que salieron con Érick, fueron una ráfaga de balas en un galpón abandonado. Los puntos suspensivos de otros pueden ser mucho más terribles. Si tienes contacto con los Zetas, no hay problema. Si no…

· · ·

A veces, a Bertila se le olvida lo que está hablando. Come poco. A sus sesenta y pocos años, Bertila llegó a pesar 100 libras. Desde que el 27 de marzo de 2011 su hijo Charli desapareció cuando viajaba desde San Luis Potosí hasta Reynosa, en el norte mexicano, acercándose a Estados Unidos, Bertila come poco y duerme mal. Sueña. Sueña que Charli no está muerto, que vuelve a casa y que ella le dice: "Pensé que algo te había pasado". Y él contesta: "¿A mí? A mí no me ha pasado nada". Eso sueña.

Harto de ganar cuatro dólares al día en una maquila, empujado por el cercano nacimiento de su primera hija y alentado porque el coyote del cantón le había prometido llevarlo y cobrarle hasta que él reuniera dinero en Estados Unidos, Charli decidió dejar su casa en Izalco, en el occidente de El Salvador, y migrar. Se fue con el coyote y con otros cuatro migrantes.

Estoy sentado en un solar de un cantón de Izalco con Bertila, la madre de Charli, y esto es lo que, con todas las dificultades que opone el dolor, me cuenta.

Charli, el coyote y los migrantes se fueron un lunes dispuestos a alternar entre autobuses y trenes. El viernes, el coyote estaba de vuelta con los migrantes y sin Charli. Agentes migratorios los habían detenido en Oaxaca, sur de México. Los bajaron a todos, menos a Charli. Los deportaron. Charli continuó su camino.

Llegó hasta San Luis Potosí, ya en el norte, y se quedó cuatro días en casa de unos parientes lejanos que por cuestiones del azar se habían establecido en esa ciudad. Desde ahí, se comunicó por última vez no con Bertila, sino con Jorge, su hermano, que trabaja como obrero en Oklahoma. Jorge me dijo por teléfono que Charli tenía dudas. Para este momento, el coyote de su cantón ya había vuelto a salir de El Salvador con los cuatro migrantes en el segundo intento. Charli —recuerda Jorge— le había explicado al coyote sus ganas de seguir hacia Reynosa, de acercarse a la frontera y desde ahí conseguir un coyote que lo brincara al otro lado. Incluso Jorge intentó contactar a la coyota que lo había cruzado a él hacía unos años. Ella trabajaba pasando gente por la garita formal, con papeles de otras personas, o por el río Bravo. La diferencia era de 500 dólares: 2 500 una opción y 2 000 la otra. Charli no quería esperar más. Sin embargo, le contó a su hermano que el coyote de su cantón le había dicho que no se moviera, que él pasaría, que el camino estaba lleno de zetas, que lo detectarían, que andaban a la caza de los que no pagaban a un coyote que a su vez les pagara a ellos.

Jorge tenía alguna idea de que la situación era un camino de obstáculos. Hacía apenas unos meses, había llegado a Estados Unidos un primo de él, que le contó que estaba ahí de milagro: "Me dijo que al coyote que no se alía con los Zetas le quitan a la gente y lo matan, y que andan buscando como locos a los coyotes que no pagan. Mi primo me contó que él iba con uno de esos coyotes, y cuando se dio cuenta de que lo andaban buscando los Zetas se zafó y consiguió escaparse".

Sin embargo, la espera es infernal cuando México se convierte en un limbo, en una escala interminable.

Charli decidió abordar el autobús hacia Reynosa.

. . .

El 6 de abril de 2011, las autoridades del estado de Tamaulipas anunciaron el hallazgo de ocho fosas clandestinas en un ejido llamado La Joya, en San Fernando, en el mismo lugar donde los Zetas habían masacrado el año anterior a 72 migrantes en un galpón derruido. Adentro de las fosas encontraron 59 cuerpos putrefactos, algunos con los cráneos destruidos.

Al principio, las autoridades del estado intentaron minimizar la situación poniéndole etiquetas a los muertos: dijeron que eran "miembros de organizaciones criminales transnacionales, secuestrados y víctimas de violencia en la carretera".

Los muertos no dejaron de salir de la tierra.

Las fosas siguieron apareciendo. Para el 8 de abril, luego de abrir 17 fosas, los cuerpos eran ocho; el 15 de abril, de 36 fosas habían sacado 145 cadáveres; el 29 de ese mismo mes, el gobernador de Tamaulipas anunció que habían encontrado un total de 196 personas asesinadas.

Luego se sabría que algo podía haberse intuido, algo podía haberse prevenido en un municipio que apenas un año antes había sido regado con la sangre de 72 migrantes. Y no sólo eso: la organización estadounidense National Security Archive, con base en la ley de acceso de información de aquel país, logró desclasificar una serie de cables que eran enviados desde las representaciones estadounidenses en México a Washington, D. C. Las comunicaciones fueron enviadas principalmente desde el consulado de Matamoros, la ciudad fronteriza más cercana a San Fernando.

Los cables desclasificados daban cuenta de que entre el 19 y 24 de marzo de ese año, casi un mes antes de que se descubrieran todas esas fosas repletas de muertos, varios autobuses habían sido detenidos y sus pasajeros secuestrados en la ruta que iba hacia Reynosa.

Ésa era la ruta que, pese a la insistencia de su coyote, Charli decidió tomar. Ésa es la ruta que miles de migrantes de todo el mundo toman para dirigirse a la última prueba de su viaje: la frontera con Estados Unidos.

Esos secuestros no eran casuales, sino que durante todo marzo aquello fue una modalidad. Los autobuses eran detenidos cuando se conducían por la carretera federal 97 rumbo a Reynosa, una carretera de cuatro carriles rodeada por extensas planicies deshabitadas. Los pasajeros, migrantes mexicanos y centroamericanos en su mayoría, eran sacados de la carretera e internados en calles secundarias de los alrededores de San Fernando.

Aún no hay un consolidado. La comisión interdisciplinaria que intenta esclarecer la identidad de todos esos cadáveres aún trabaja, pero decenas de los cuerpos han sido identificados como migrantes mexicanos y centroamericanos, gracias a que muchas madres de migrantes desaparecidos acudieron a dejar muestras de sangre para los exámenes de ADN.

Una de esas madres fue Bertila. Uno de esos cadáveres fue Charli.

· · ·

Bertila —sentada a una de las mesas de la pupusería que ha montado en el patio de su casa en un cantón de Izalco— tiene un pie en esta realidad y otro en sus pensamientos. La mirada a veces se le pierde, y ella parece olvidar que conversamos. Da la impresión de que imagina una situación, de que en su mente se proyecta una película. Y esa película, invariablemente, es triste. Esa escena con la que sueña es la de unos funcionarios devolviéndole un féretro o una caja o lo que sea —no le importa el envoltorio— con los huesos de Charli.

En diciembre de 2012, casi dos años después de que su hijo fuera secuestrado y asesinado por los Zetas mientras viajaba en autobús, Bertila recibió de parte de la Procuraduría General de la República de México la confirmación de que el cuerpo de la fila 11, del lote 314, de la manzana 16 del Panteón Municipal de la Cruz en Ciudad Victoria, Tamaulipas, era su hijo Charli.

Describir el sufrimiento de quien ha sido madre de un desaparecido, de quien es madre de un asesinado, de quien no tiene ni siquiera unos huesos que enterrar —porque hoy, casi tres años después de la barbarie, Bertila no ha recibido los huesos de Charli— es un reto demasiado peligroso. ¿Qué adjetivo describe lo que Bertila siente? ¿Qué adjetivo le atina a ese dolor? Lo único que se me ocurre escribir es que Bertila no vive del todo en este mundo, que en su mente pasa una y otra vez una película triste y ella la ve y desconecta de este mundo. Lo que se me ocurre es escribir sus palabras:

—A mí, a veces, se me olvida lo que estoy hablando… a veces, cuando me preguntaban si sabía algo de Charli, yo sentía como si me estaban golpeando… como por dentro… yo caí, durante mucho tiempo caí… yo sólo me tiré a la cama de él y estuve ahí. Han pasado dos años, siete meses, diez días. Los huesos… pues habría un poco de paz. Aunque quizás nunca podría yo tener la completa paz. Pero eso llenaría un poco mi vida, porque a veces me aterra. Cuando llueve fuerte me imagino yo que los huesos se pueden ir en una correntada y nunca encontrarlos. Eso me tiene… cada vez que oigo que en México hay un ciclón, que hay una tormenta, una onda tropical, yo pienso en eso. Es una angustia grande cuando veo que todos van a poner flores o le traen a sus seres queridos… yo no puedo recibir el mío.

. . .

De nuevo, resurge la pregunta. ¿Por qué secuestrar a Charli y a otros como él? ¿Por qué gastar gasolina, hombres, arriesgarse a ser detectado, sólo para detener a un autobús con migrantes en una carretera? ¿Por qué tomarse la molestia de trasladarlos hasta diferentes ejidos de San Fernando? ¿Por qué asesinarlos con tal brutalidad? —porque la mayoría de cadáveres de las fosas no tenían ningún orificio de bala, habían muerto a golpes, con objetos contundentes, cortopunzantes, palos, machetes—. ¿Por qué la carnicería?

¿Por qué le pasó esto a Charli? ¿Por qué le pasó aquello a los seis migrantes que viajaban con Érick? ¿Por qué les pasó a 72 personas en 2010? ¿Por qué les pasó a 196 personas en 2011?

Supongo que el señor coyote de Chalatenango ya contestó. De cualquier manera, volveré a preguntarle.

. . .

Habíamos quedado en el mismo lugar, en el patio de su casa en Chalatenango, pero a última hora, el señor coyote cambia el plan. Me dice que
está trabajando en una de sus fincas, que nos encontremos en la carretera,
adelante de la Cuarta Brigada de Infantería. Que deje las luces intermi-
tentes, me haga a un lado de la carretera y que él pasará pitando a mi lado.

Llega. Uno de sus trabajadores maneja. El señor coyote está borracho.

En teoría iríamos a una finca, pero cuando lo sigo me lleva hasta su
casa. Nos sentamos en el mismo lugar que la vez anterior. Es difícil iniciar
la conversación, porque quiere hablar de otros temas. Concedo. Durante un rato, hablamos de caballos de paso, discernimos si el appaloosa es
mejor que el morgan; si el caballo de paso español está por encima del
caballo de paso peruano.

Uno de sus hombres trae cervezas.

Ya hace una hora que hablamos de cosas de las que no he venido a
hablar. Es un callejón sin salida. Yo pregunto y él contesta hablando de
lo que le da la gana.

Finalmente, cuando entiendo que la conversación debe terminar, que
él está cansado y los ojos se le cierran del sueño, de la borrachera, digo
alzando la voz:

—No entiendo estas masacres y muertes y locura de los Zetas…

Él, que quizá también entiende que la conversación debe terminar,
responde alzando su voz.

—Está claro que ellos ya lanzaron el mensaje de lo que va a pasar al
que no pague. Son mensajes. Yo le recomiendo a la gente que se entere
antes de viajar. ¿Su coyote paga o no paga cuota a los Zetas? Si no paga,
que Dios lo proteja.

12

Los hombres que vendían a las mujeres

Una mujer que intentaba migrar cuenta cómo terminó refundida en un prostíbulo del norte mexicano, a manos de los Zetas. Un grupo de tratantes guatemaltecos enseñaba con rituales de sangre a sus víctimas, algunas menores de edad, que intentar escapar era un camino doloroso hasta la muerte. Un salvadoreño condenado por vender a una mujer en la frontera con México podría quedar libre tras dos años de cárcel. La trata de mujeres y niñas para explotación sexual es una barbarie apenas comprendida en la región centroamericana, aplastada por otros delitos rotulados como importantes. Unos Estados débiles se enfrentan a grupos de criminales despiadados, sanguinarios, persistentes.

Pregunta uno de los fiscales. Contesta Grecia.

—¿En qué parte se lo hicieron?

—En la pantorrilla de la pierna derecha. Nos llevaron a un lugar donde nos hicieron el tatuaje. Nos dieron de comer y de oler una sustancia que me durmió. Cuando desperté ya tenía el tatuaje. Es una mariposa en una rama, la cual forma la zeta. Ésa era la distinción, significaba que era de ellos, que era mercancía.

* * *

Grecia se ha ido. Relató dos veces de qué forma un grupo de crimen organizado utilizó su cuerpo como recipiente de lo que les dio la gana. Luego tuvo que irse. Lo relató ante las autoridades de El Salvador y ante las de México. Grecia ya no vive más en El Salvador. Es una refugiada en algún otro país. Por protocolo de seguridad pocos saben cuál es ese país.

Sé que tiene 29 años, que tiene tres hijos de seis, tres años y 10 meses, que es casada y era desempleada cuando decidió migrar. Nunca la escuché hablar. Las únicas palabras de Grecia que conozco están en la declaración anticipada que ella rindió para un juez en El Salvador, que yo tardé 52 minutos en leer y registrar en mi grabadora.

En una diligencia hecha para el Juzgado Noveno de Paz de la ciudad de San Salvador, enfrente de uno de los que ella reconocía como victimario, a las nueve de la mañana del 2 de julio del año 2010, la testigo conocida como Grecia contestó a las preguntas de fiscales y defensores que le preguntaron qué le ocurrió. Cómo sobrevivió.

. . .

Pregunta uno de los fiscales. Contesta Grecia.

—¿Por qué razón fue citada por este juzgado? Usted fue citada por este juzgado para que se haga justicia sobre los delitos de secuestro, violación y trata de personas cometidos en su contra. ¿Cuándo inició el viaje a Estados Unidos?

—El día 13 de abril del año 2009.

—¿Con qué intención inició el viaje?

—Debido a la situación económica del país.

—¿Con quién inició el viaje?

—Con el señor Ovidio Guardado

—Describa físicamente al señor Ovidio.

—Es una persona del sexo masculino de 69 años de edad aproximadamente, piel blanca, cabello corto, canoso, ondulado, de 1.77 aproximadamente de altura, sin dentadura. Tiene una cicatriz en la cabeza.

—¿Qué hizo este señor?

—Me engañó. En ningún momento me dijo que era coyote. Dijo que íbamos a ir a Estados Unidos, y ya estando en México mostró su verdadero objetivo.

—¿Y cuál era su objetivo?

—El primer objetivo de él era violarme, pero debido a la situación, esto no pudo ser.

—Cuando se menciona que inició el viaje, ¿cuántas personas la acompañaron en este viaje?

—Solamente el señor Ovidio.

Ovidio es un campesino moreno y arrugado, pero aún fuerte, como un árbol seco, sin hojas, pero que seguirá en pie por años. Ovidio es pariente del esposo de Grecia. Ovidio es vecino de la mamá y de la suegra de Grecia. Grecia confiaba en Ovidio.

. . .

Tal como le ocurrió a Grecia, el anzuelo en la mayoría de casos de mujeres convertidas en mercancía es la esperanza de salir de la pobreza. Uno de esos casos es el de la red de Barberena, que no sólo habla de la procedencia de las víctimas, sino que revela muchas otras facetas de los grupos de tratantes de la región. La de Barberena era una estructura de 12 hombres y una mujer que operó hasta 2006 en Barberena, un municipio rural del departamento guatemalteco de Santa Rosa, en la costa pacífica de aquel país. Una red asesina que incluso tenía una finca de maíz donde hacían sangrientos rituales para vestir de pánico a sus víctimas. Una red corrupta que tuvo la suerte de que un juez salvadoreño dejara en libertad a la mayoría de sus integrantes. Pero de esas facetas de la red ya habrá tiempo de hablar. Ahora mismo, lo que interesa es que ese grupo criminal arroje pistas de la selección de las víctimas.

La red de Barberena operaba desde el bar El Pantanal. La modalidad de engaño era sencilla. Enviaban en expedición a hombres salvadoreños o mujeres salvadoreñas que tras años de ser obligadas a servir sexualmente en El Pantanal —una de las sobrevivientes estuvo siete años encerrada ahí— terminaban creando una costumbre insana a la que se llega a través del exceso de maltrato.

Enviaban a estos hombres y mujeres a cantones y caseríos de los departamentos fronterizos de Santa Ana y Ahuachapán en El Salvador. Recorrían las humildes casas con la excusa de ser empleados de un supermercado y un comedor recién abiertos en Barberena que necesitaban de personal. Ofrecían 70 dólares semanales más todos los costos del traslado hasta Barberena, e incluso 50 dólares en mano para que la engañada dejara a su familia.

Los cuatro países del norte centroamericano son de origen, tránsito y destino de víctimas de trata, en los cuatro países ocurren casos de explotación sexual. Las cifras explican que Nicaragua, El Salvador y Honduras son los países de donde provienen la mayoría de las víctimas del mercado de la trata del norte de la región. Guatemala es el lugar por excelencia donde esas víctimas son esclavizadas. Y los cuatro son, gracias a los miles de migrantes que producen, la gran cantera de los tratantes mexicanos. Los expertos —ONG, fiscales, policías, organismos internacionales— explican que la vecindad con México y el enorme flujo de migrantes que atraviesa Guatemala hacen de ese país un lugar ideal para las bandas de trata.

Los timadores que recorren cantones, aldeas y caseríos no trabajan como mormones que van de casa en casa buscando que con suerte les abra la puerta alguien dispuesto a tragarse su monserga. Estos timadores conviven en la zona, son de sus alrededores, conocen a los pobladores, se hacen pasar por benefactores, echan raíces con nombres falsos. Algunos, dice la encargada de atención psicológica de víctimas de trata de la fiscalía salvadoreña, Silvia Saravia, saben tanto de las mujeres a las que se acercan, que incluso saben si han sido violadas en su entorno cercano. Los tratantes huelen el desamparo y la vulnerabilidad como los tiburones la sangre.

Las mujeres desesperadas que aceptaban debían viajar casi una hora hasta llegar a las puertas de El Pantanal. Sin ninguna demora, eran recibidas por hombres armados y una mujer guatemalteca, Sonia García. Sonia les pedía que cambiaran su ropa conservadora, de mujer evangélica en muchos casos, y que vistieran la minifalda y la camisa de amplio escote y colores chillones que les ofrecía. Les decía que desde ese momento debían salir a la sala principal de la casona y convencer a los hombres borrachos de que pagaran 50 quetzales (unos siete dólares) por desfogarse con ellas durante 30 minutos. Ellas, las víctimas, normalmente decían que no, que ese trabajo no era el acuerdo. Entonces, los hombres que rodeaban a Sonia, salvadoreños en su mayoría, les explicaban con los puños y con bates de beisbol que no se trataba de una oferta, sino de una orden.

Cuando en el penal de Apanteos, en Santa Ana, conversé a mediados de agosto con Rigoberto Morán Martínez, uno de los seis condenados por ser de la red de Barberena, él dijo que casi ninguna de las mujeres trabajó la primera semana durante los cerca de dos años que él sirvió en El Pantanal. La mayoría pasaba la primera semana con la cara desfigurada, morada. Y a los clientes de El Pantanal, las mujeres de rostro morado no les gustaban. Pero la conversación con Rigoberto, un hombre que toda su vida ha utilizado un fusil como herramienta de trabajo, nos enseñará luego otras lecciones.

A finales de 2007, 16 de las sobrevivientes de El Pantanal rendían declaración en el juzgado salvadoreño. Veintiséis mujeres en total habían sido rescatadas en un operativo conjunto entre la Interpol de Guatemala y la fiscalía y policía salvadoreñas. Veinte de ellas eran salvadoreñas. Las otras seis eran nicaragüenses y guatemaltecas. Esto debido a que la mayoría de enganchadores de la red eran de El Salvador.

El informe de este año publicado por la Oficina de Naciones Unidas contra la Droga y el Delito explica que en El Salvador las víctimas de trata para explotación sexual detectadas por la policía entre 2005 y 2010 eran en 79% nacionales. En cambio, en Guatemala, en el mismo periodo, sólo 4% de las víctimas era de ese país. El 89% eran personas de Honduras, El Salvador y Nicaragua.

El consenso de estudios y expertos es que las víctimas, eso sí, proceden de un lugar común entre estos países de Centroamérica: la pobreza.

Una salvadoreña rescatada de El Pantanal era menor de edad. Durante el proceso, para que rindiera declaración como testigo protegida, a ella le llamaron Carmencita. Sobre por qué aceptó, a sus 15 años, dejar a su familia e ir a trabajar a Barberena, ésta fue su respuesta:

—Había días que mi mami no tenía para comprar frijoles.

Sobre aquello que tuvo que soportar en su búsqueda por conseguir esos frijoles, Carmencita dijo esto:

—Había días en los que estaba hasta con siete hombres, pero como a mí no me gustaba nada de eso, hacía berrinche. Un día que el dueño se puso bolo, nos comenzó a pegar con el machete y a mí me hirió la pierna. Yo, llorando, le decía que me llevara al hospital. La herida se me infectó, y sólo me decía que me limpiara la pierna porque daba asco a los clientes.

A los clientes, una niña de 15 años con una herida profunda en la pierna lo que les daba era asco.

. . .

Pregunta uno de los fiscales. Contesta Grecia.

—¿Y luego qué pasó?

—Una vez llegada la noche, el señor Ovidio me llevó hacia un establo que se encuentra a unas cuatro horas de un río que se llama Las Palmas. Eran las 11 de la noche aproximadamente, sólo se veían tres caballos. Él me dijo que su Dios le había hablado y que yo tenía que ser de él.

—¿Hizo algo?

—Me puse agresiva, no me dejé tocar. [Ovidio] se puso violento, me amenazó con una uña larga que tenía, dijo que no era la primera vez que mataba a una persona con una uña. Le dije al señor Ovidio que iba a hacer mis necesidades. En ese momento intento huir, salgo corriendo, llego a un lugar que le dicen El Batallón. Corrí por 45 minutos. Les dije que venía huyendo porque el señor Ovidio quería abusar de mí. Un soldado me contestó que no me preocupara, que me quedara a dormir en ese lugar.

Según su relato, al quinto día de haber salido de El Salvador, ya en México, en el estado de Tabasco, Grecia se separó de Ovidio. Antes de que lo hiciera, recordó Grecia, él le dijo que conocería el infierno en la tierra. Luego de dormir una noche frente a una guarnición militar mexicana, Grecia volvió a buscar el camino para llegar hasta las vías del tren de Tenosique, la ciudad mexicana que abre la ruta atlántica del llamado Tren de la Muerte, que abordan los polizones centroamericanos que buscan una mejor vida en Estados Unidos. Grecia encontró a un grupo de migrantes de diferentes países de la región y les preguntó si podía unirse a ellos, les contó lo que Ovidio había intentado una y otra noche durante el viaje. Ellos le respondieron que podía unirse. Y con ellos llegó hasta las vías, un sitio que Grecia describe de la siguiente manera: "Hay champas, hay tiendas, en la parte de enfrente hay como un hotel desalojado, también hay un pantano, había más personas indocumentadas y personas armadas".

Tenosique, casi frontera con Petén, Guatemala, es una de las ciudades malditas de la migración. De hecho, el hotel al que Grecia se refiere es un hotel que funcionó hasta principios de 2009, y era utilizado por grupos criminales para alojar a los migrantes secuestrados antes de trasladarlos a otras ciudades del norte. Paradójicamente, el nombre del hotel era California.

Pregunta uno de los fiscales. Contesta Grecia.

—¿A qué se refiere con personas armadas?

—Se encargan de llevar gente hacia arriba. Iban con jeans y camisas. Dominaban el lugar, ellos mandaban, controlaban las zonas de las vías del tren. Mencionaron que eran de una organización denominada los Zetas, y que mandaban en la zona.

—¿Cuántas personas estaban en ese lugar?

—Unas 20.

—¿Qué tipo de armas tenían?

—Eran fusiles, armas grandes, pistolas, un hondureño que estaba ahí decía que era una Uzi…

. . .

—¿Quién vigilaba a las mujeres en El Pantanal? —le pregunto a Rigoberto en este patio conocido como la zona verde del penal de Apanteos en El Salvador. Rigoberto es un hombre de 48 años que estudió sólo un año en la escuela, que cultivó milpas de maíz toda su infancia y adolescencia, que en 1982, cuando tenía 18 años y la guerra civil salvadoreña apenas empezaba, fue reclutado por el Ejército, que cuando la guerra terminó siguió trabajando de cargar un fusil, en este caso como guardia de seguridad de una empresa de esas que alquila hombres como Rigoberto a negocios, farmacias, tiendas, supermercados, ferreterías…

—Era gente confiable de él, familia de él. Hombres armados —contesta este hombre bajito, recio, fibroso, de rostro anguloso con un delgado bigote. Se refiere a los hombres de Adán Cerritos, el jefe de la banda de tratantes de Barberena.

—¿Llevaban armas largas?

—¿Y no de eso estamos hablando, pues?

—¿Custodiaban a las mujeres todo el tiempo?

—Todo el tiempo.

La banda de Barberena dibuja con trazos claros muchos de los rasgos comunes de los tratantes de Centroamérica. Uno de esos rasgos es el de la confección del grupo con gente cercana, parientes de ser posible, que administran los burdeles, y más abajo, unos pocos empleados sin poder, enganchadores y matones que se encargan de llevar chicas y atizarlas a golpes de vez en cuando. Si bien la banda de Barberena era una banda internacional que engañaba mujeres en tres países, no dejaba de ser un grupo pequeño, que lejos de parecerse a las monstruosas estructuras de los cárteles de la droga, optó por consolidar su bastión único en la comodidad de lo apartado y lo rural. Ahora, ser una banda pequeña no implica ser una banda solitaria.

—¿Por qué nunca denunció lo que pasaba ahí? —pregunto a Rigoberto, concediéndole por un momento una pizca de credibilidad a su argumento de que él era un simple "barrendero, cholero" en el bar El Pantanal. Rigoberto, tras dos años prófugo, fue condenado a seis años de prisión por el delito de trata de personas en febrero de 2011. La condena máxima en El Salvador por el delito de vender a alguien para que sea utilizado como un objeto es de 10 años, tres meses y tres días en el caso de que haya agravantes, como que la víctima sea menor de edad. La versión de Rigoberto es que él llegó hasta ahí engañado por una salvadoreña que era enganchadora de la red de Barberena, cocinera en El Pantanal, y de la cual él se había enamorado perdidamente.

—Porque allá no se podía, ya le dije, estaba vendida la policía de allá. No se podía. Arriesgaba mi vida. Podía ser muerto. Yo no sé cuánto dejaba de dinero [Cerritos a la policía] —contesta mientras el sol cae.

—¿Nunca vio mujeres escapar o pedir ayuda?

—No se podía. Tal vez yo hubiera sido uno de los que les diera ayuda, pero no se podía, porque ese hombre [Cerritos] tenía comprada a toda la policía de Cuilapa, de Barberena. Cuando iba a llegar gente de la capital a hacer un cateo de mujeres, la policía ya le había avisado que escondiera a las mujeres. Tal vez dejaba a algunas mujeres que estaban legales. A las demás las escondía en un lugar ahí mismo en el bar, o un día antes las llevaba a esa mentada finca. Había un montón de cafetales alrededor, y él sembraba 60 manzanas de milpa.

La red de Barberena, pequeña y discreta, dueña de un solo burdel, operaba a escala como toda gran red criminal: corrompiendo. Rigoberto asegura que los policías de Barberena y Cuilapa, municipio vecino, pasaban a recoger semanalmente el pago que Cerritos les daba, y que además eran clientes VIP en El Pantanal, al igual que algunos empleados de las alcaldías de esos mismos municipios.

Las alianzas no terminaban ahí, Rigoberto explica que pandilleros de la Mara Salvatrucha de la zona de Ahuachapán, frontera con Guatemala, operaban también como enganchadores. De hecho, un pandillero salvadoreño, Marco Antonio Godoy, cumple condena como parte del grupo de tratantes.

La red de Barberena, pequeña y discreta, operaba a escala como toda gran red criminal: cometía todos los delitos a su alcance si éstos dejaban lucro. Durante el juicio, dos de las mujeres rescatadas de El Pantanal aseguraron que en varias ocasiones los dueños del negocio vendieron por cantidades cercanas a los 5 000 dólares a recién nacidos paridos por las mismas víctimas de trata.

. . .

El Salvador logró en 2011 ganar 11 casos de trata, todos de grupos pequeños. Y a pesar de que el número de casos ganados suena a poco, es el país centroamericano que más triunfos por este delito ha obtenido en las cortes hasta 2011, lo que habla de algún avance, pero de ninguna manera de un ideal en el tema.

La trata es un delito al alcance de la mano. Las víctimas pertenecen al ejército de los nadie de esta región, y los victimarios no necesariamente son delincuentes de trayectoria en el rubro, sino que muchas veces son emprendedores del mundo del crimen que ven en este delito un coctel de ingredientes, entre Estados débiles y víctimas desamparadas, muy apetecible. La UNDOC establece una constante desesperanzadora: sólo una de cada 30 víctimas de trata en la región será detectada.

Los de Barberena, en comparación con otros tratantes, eran una red consolidada. Por ejemplo, en El Salvador, Ángel Mauricio Ayala, Kevin Oswaldo Chicas Lobato y Joel Josué Mendoza fueron condenados en 2011 a seis años y ocho meses de prisión por haber obligado a dos nicaragüenses que buscaban empleo en el oriental departamento de San Miguel a prostituirse en una cervecería, y a la que consideraban demasiado vieja para atender clientes, a servir sin paga como empleada doméstica. La vieja tenía 24 años.

Nelson Orlando Campos y Juan Humberto Ramírez Carranza engañaron a dos adolescentes guatemaltecas que, en lugar de modelar ropa, terminaron aplastadas por hombres sudorosos en una cervecería. Penan nueve y ocho años un mes. O Juan Alfonso Cuéllar, que vendió en México a una salvadoreña que viajaba indocumentada rumbo a Estados Unidos y que terminó siendo explotada sexualmente en ese país en un caso similar al de Grecia. Fue condenado a cuatro años el 9 de agosto del 2011. Eso quiere decir que el 9 de agosto de 2013, al cumplir media condena, y si ha sido un reo ejemplar, podría pasar a fase de semilibertad, e incluso a libertad condicional. "¡Él vendió a un ser humano!", se quejó indignada Violeta Olivares, la coordinadora de la unidad especializada de trata de la Fiscalía General de la República (FGR) de El Salvador. En esa unidad, a las condenas de trata como poco las tildan de risibles. "Una mierda de penas", me dijo una fiscal del equipo en un arrebato de franqueza. En El Salvador, un hombre que cometa el delito de robo, que, por ejemplo, asalte un autobús y se lleve celulares, carteras y anillos, y sea detenido y condenado, estaría más años en la cárcel que Cuéllar, que vendió a una mujer. El ladrón recibiría entre seis y 10 años. El tratante recibió cuatro.

El Salvador reconoció este crimen en su Código Penal a partir de 2003, la primera condena se logra en 2006, van 39, y es hasta ahora que el tema parece retomarse con cierta fuerza con la creación del Consejo Nacional contra la Trata de Personas en septiembre de 2011. Ahora, ese consejo empieza a tapar los huecos de un muro en el que escasean los ladrillos.

En la conversación en el penal de Apanteos, Rigoberto Morán Martínez, el tratante de Barberena, que dice que llegó al bar El Pantanal bajo engaños de su amada, acaba de cometer un error que sólo le deja argumentos absurdos para mantener su fachada de inocente. Su charada era decir que él no denunció por miedo, porque la policía estaba comprada y él era un simple sirviente bajo vigilancia. Sin embargo, en la plática admite que él trabajó ahí en dos periodos, y que en medio de eso regresó a descansar a El Salvador.

—Cuando ya se había ido por primera vez, sabiendo cómo trabajaban ahí, ¿por qué volvió a El Pantanal? —le pregunto a Rigoberto.

—¿Por qué volví? —intenta ganar tiempo cuando se da cuenta de su error.

—Si ya sabía que las tenían encerradas y las maltrataban, ¿por qué volvió? —pregunto de nuevo.

—Quizá no entienda… Hay cosas que estamos hablando… Quizá hay cosas que no las entienda. ¡Sabemos que las brujerías, las hechicerías existen! La mujer de este señor [Cerritos] trabajaba así, con brujería. Adoraban a un tal san Simón. Así trabajaba la señora de él. Cuando la gente se iba y no quería llegar, la hacían llegar con esas cosas —responde el tratante de la red de Barberena.

· · ·

Pregunta uno de los fiscales. Contesta Grecia.

—¿Cómo llegan las personas que menciona que dominaban la zona?

—Llegaban en carros, armados, entraban y salían.

—¿Cuántos días pasan en ese lugar?

—Tres días hasta que llega el señor Ovidio.

—¿Qué hacían las personas armadas?

—Ellos decían que nos uniéramos a la organización, que nos darían trabajo y comida. Eran el grupo de los Zetas. Que me iban a pagar el viaje, que me darían comida.

—¿Qué trabajo le ofrecían?

—Que le iba a cocinar a la gente que estaba secuestrada, era más o menos el 20 o 22 de abril del año 2009.

Recapitulando: a este momento del relato, Grecia estaba en Tenosique, México, al inicio del camino de los indocumentados. Estaban en un municipio dominado por los Zetas. Grecia se había alejado de Ovidio luego de que él intentara violarla en un potrero abandonado, y se había refugiado en un grupo de indocumentados salvadoreños y guatemaltecos.

—¿Qué sucedió cuando Ovidio llegó?

—Se me quedó viendo con una risa burlista y se fue para la casa de ellos [los Zetas]. Estaba como a cinco metros, se dirigió donde Chicho, un chavo de entre 24 y 29 años de edad con una cicatriz en la mejilla izquierda. Era de la organización. Hablaron como 45 minutos con Ovidio. Me miraban, me señalaban, yo estaba con el grupo de personas al que me había pegado.

En ese momento del relato, Grecia cuenta su viaje en tren junto a otros indocumentados secuestrados, custodiados por hombres armados que amenazaban de muerte a quien intentara escapar. Los Zetas utilizaron el tren para transportar a sus secuestrados. El tren de Tenosique viaja rumbo a Coatzacoalcos, Veracruz, y en el camino hace una serie de escalas en pequeños pueblos y rancherías aisladas. En uno de esos pueblos extraviados, en Chontalpa, Grecia recuerda que un salvadoreño de los Zetas a quien llamaban *el Pelón* intentó venderla a un señor. Se supone que *el Pelón* quería hacer un favor a Grecia, pues le dijo que allá arriba a donde iban se sufría mucho. La venta no se consumó, y Grecia luego averiguaría que *el Pelón* no mentía. Entonces, el fiscal retomó la historia haciendo retroceder a Grecia en su relato.

—Cuando menciona la acción de vender, ¿ya lo habían hecho antes?

—Sí, el señor Ovidio… En mi cara le dieron el dinero por mí.

—¿El señor Ovidio iba en el tren?

—No, se fue a El Salvador con el dinero que le dieron.

—¿Cuánto le dieron?

—Dicen que 500 dólares… Chicho [uno de los Zetas] me dijo.

—¿Luego qué pasó?

—Nos subieron a los camiones y nos llevaron a Reynosa… De Veracruz a Reynosa dura como un día y medio. Era el 26 de abril de 2009, era domingo.

A partir de ese punto, Grecia describió un clásico secuestro de indocumentados por parte de los Zetas.

Reynosa está en Tamaulipas, el estado bastión de los Zetas: ahí aparecieron los 72 cadáveres de indocumentados en agosto de 2010, ahí atraparon en septiembre de 2012 al *Coss*, considerado líder del cártel del Golfo, la organización que dio vida a los Zetas, ahí aparecieron 49 cuerpos más, sin cabeza, sin extremidades, el pasado mayo, bajo una enorme Z pintada en una pasarela sobre una autopista.

Al grupo de cerca de 300 migrantes lo dividieron en tres casas de seguridad. Encerrados en cuartos sin ventilación, húmedos y oscuros, eran visitados por hombres con armas de fuego y bates que aseguraban que a aquel que no diera el número de teléfono de algún familiar al que pedirle rescate sería torturado. Y entonces, como siempre, algún centroamericano se resistió a dar ese número, se resistió a perder esos 300, 500, 700 dólares que suelen pedir, e intentó resistir la tortura, y todo el grupo de Grecia tuvo que ver cómo los hombres armados hacían chillar a uno que otro y prometían volver por más reacios. Así, contó Grecia, transcurrieron los primeros tres días. Al tercer día, apareció *Omega*.

Pregunta uno de los fiscales. Contesta Grecia.

—¿Puede describirlo?

—Alto, gordo, con bastante papada, blanco. También le decían *Omega*, *Kike* o *el Apá*. Le dijeron que había unas salvadoreñas como a él le gustaban. Nos señalaron, nos sacó del cuarto para poder ver bien si éramos bonitas. En el cuarto no había mucha luz. Era el jefe de la casa de seguridad.

—¿Por qué dice eso?

—Porque era una de las personas que llamaban a los familiares y les cobraba.

—¿Se quedó en esa misma casa?

—No, me cambiaron de casa, me llevaron a una colonia residencial, a 10 minutos. En los camiones que nos habían trasladado hasta Reynosa, iban varias personas. Nuevamente nos acuestan en el suelo. En ese lugar fui violada por *Omega*. Me pegó en la cara, porque le dije que ocupara condón. Me dijo que yo no estaba en lugar de pedir nada. Los abusos fueron constantes, y no sólo él.

—¿Podría reconocer a esas personas en persona o en fotografía?

—Sí.

—¿Qué más pasó?

—Los abusos fueron constantes, y no sólo él, unas ocho o nueve veces abusó de mí. Decía que él disfrutaba, que tenía que disfrutar también yo. Que no era para que sufriera. Me pegaba. Lo mismo pasaba con las demás personas, pero las que a él le gustaban era el primero en abusar de ellas.

Fueron, recuerda Grecia, varias semanas de abusos y golpes. Grecia asegura que pasaron tres meses y que, a pesar de que su familia en Estados Unidos ya había depositado el dinero de su rescate, ella fue vendida de nuevo.

—¿Cuánto tiempo pasó esto?

—Los tres meses, ya habían pagado todo el dinero, pero me dijeron que me iban a sacar más lucro. Me vendieron nuevamente a un bar que se llama La Quebradita. Ahí me llevaron a prostituirme. Era como una discoteca bar. El primer día fuimos rechazadas. Nos dijo la señora que era la encargada del bar que no teníamos la marca, porque éramos varias las que llevaban, y teníamos que tener marca. No sabía qué era, pero es un tatuaje.

—¿En qué parte se lo hicieron?

—En la pantorrilla de la pierna derecha. Nos llevaron a un lugar donde nos hicieron el tatuaje. Nos dieron de comer y de oler una sustancia que me durmió. Cuando desperté ya tenía el tatuaje. Tenía ardor en la pierna, porque sangraba, no mucho, sino por gotas. Es una mariposa en una rama, la cual forma la zeta. Ésa era la distinción, significaba que era de ellos, que era mercancía. Eran cinco mujeres más, se lo pude observar como a cuatro mujeres más en distintos lugares, brazo, espalda, pecho, de distintos colores. El que yo tengo es entre negro y verde. Luego de habernos marcado ingresamos al lugar y comienzan a prostituirnos con los clientes que son de la misma mafia. Los clientes pagaban por nosotras y no recibíamos dinero a cambio. No sé cuánto pagaban.

Grecia cuenta que los clientes la forzaban a fumar crack, a consumir cocaína. Grecia cuenta que los clientes jamás aceptaban utilizar condón. Grecia cuenta que así pasó más de un mes. Grecia cuenta que durante ese tiempo nunca salió, que su vida fue la casa de seguridad, el bar La Quebradita y algunos moteles donde la llevaban los clientes. Grecia cuenta que si un cliente la llevaba a un motel siempre los acompañaba un hombre del bar que la custodiaba. Grecia cuenta que era normal que la golpearan, sobre todo por no querer tomar alcohol o por verse poco entusiasta a la hora de ofrecer su cuerpo a los clientes de La Quebradita. Grecia cuenta que una vez la golpearon tan fuerte que le quebraron la nariz.

Tanto la fractura de nariz como el tatuaje fueron constatados por médicos del Instituto de Medicina Legal en El Salvador, y forman parte del expediente fiscal del caso.

Grecia nunca intentó escapar. Pocos querrían hacerlo si hubieran visto lo que Grecia vio.

—¿Pasó algo más?

—Sí, a Sonia. La dejaron ir porque sus familiares ya habían pagado el secuestro. Los fue a denunciar a Migración. Los de Migración la entregaron a ellos mismos. La quemaron viva, la golpearon muchas veces con un bate. Le decían que eso no se hacía, que con ellos no se jugaba, que había perdido la oportunidad de ser libre. Nos decían que eso nos va a pasar si decíamos algo.

—¿Qué le provocó la golpiza a Sonia?

—La muerte.

—¿Con qué la golpearon?

—Con un bate, pero como no se moría, le prendieron fuego con gasolina. Gritaba de dolor, y ellos le pegaban más. Media hora, 45 minutos. El cuerpo quedó irreconocible, carbonizada, no se le veían pies. Carne quemada sin cabello. La colocaron en un altar de la Santa Muerte ahí mismo.

. . .

En los expedientes judiciales se consigna que el caso Barberena fue descubierto gracias a una denunciante. Basta conocer su periplo para saber que llamarle denunciante a esa mujer es tan simplista como llamarle activista a Gandhi. Esa sobreviviente es una de las 16 mujeres que declararon en el juicio salvadoreño bajo identidad protegida.

El dueño del bar El Pantanal, el tratante Adán Cerritos, tenía una finca de 60 manzanas de milpa rodeada por cafetales. La finca estaba en una de las zonas más rurales del municipio, en las afueras, más allá de la penitenciaría El Boquerón, una de las pocas razones por las que se habla de Barberena de vez en cuando. Esta red de tratantes diversificaba su delito, e igual cometían trata en la modalidad de explotación sexual que en la modalidad laboral. Las mismas mujeres que de lunes a jueves trabajaban la milpa, de viernes a domingo eran abusadas por decenas de hombres en El Pantanal.

Esa finca, según los testimonios que recogió la fiscalía, y según el tratante con quien hablé, era también el lugar de castigos y escondite del grupo criminal. Ahí ocultaban a las mujeres cuando los policías corruptos de Cuilapa y Barberena les avisaban que venía un operativo de verificación desde la capital guatemalteca. Ahí esclavizaban en las milpas los fines de semana a aquellas que, debido a los golpes, no estaban aptas para el consumo de los clientes de El Pantanal. Ahí también les enseñaban que los castigos incrementarían en intensidad hasta las últimas consecuencias.

En una ocasión, relataron las sobrevivientes a las fiscales, las ubicaron en círculo, durante la noche, allá en la finca. En medio del círculo, dos hombres y una mujer. Afuera del círculo, hombres armados, resguardando que ninguna echara a correr. Los dos hombres mataron a golpes a la mujer en medio del círculo durante un ritual que duró varios interminables minutos. La mujer había intentado escapar de El Pantanal.

No fue la única. La mujer anónima que luego sería la denunciante vivió una situación similar. Sus constantes negativas a seducir a los clientes de El Pantanal le costaron una paliza de tales dimensiones que los tratantes pensaron que la habían matado. Dejaron el bulto ensangrentado en la finca y decidieron que se desharían de él al día siguiente. La mujer, la sobreviviente, despertó por la noche de su inconsciencia y poco a poco arrastró sus huesos molidos hasta la carretera. Desde ahí, de alguna manera que no se especifica, la sobreviviente llegó hasta la frontera y, ya del lado salvadoreño, se derrumbó frente a los policías, a quienes contó su calvario. En menos de una semana, la fiscalía salvadoreña armó un operativo en coordinación con la Interpol en Guatemala. La coordinadora fiscal, Violeta Olivares, es muy clara cuando explica por qué no llamaron a la policía guatemalteca: "No confiábamos en ella".

En 2006 el juez especializado en crimen organizado de Santa Ana, El Salvador, Tomás Salinas, creyó que ninguno de los ocho salvadoreños de la red de Barberena atrapados tenía por qué estar arrestado durante el juicio. Dio medidas sustitutivas, les permitió salir y que llegaran cuando se les convocara para diligencias. Algunos de los miembros de la red, al saber del operativo en El Pantanal, habían cambiado de domicilio en El Salvador, intentaban esconderse cuando fueron capturados. El juez pensó que los hombres que fueron atrapados escapando no escaparían. Todos escaparon. La fiscalía apeló, y la Cámara Especializada en temas de crimen organizado revocó la decisión del juez Salinas. Ordenó que los capturaran a todos. De los ocho que el juez Salinas sacó de las rejas, seis han sido atrapados, el último de ellos es Morán Martínez. Dos siguen prófugos.

No es la única vez que Salinas dispuso enviar a casa a un procesado, para que éste enfrentara el juicio en libertad. El caso más reciente es el de José Antonio Terán, mejor conocido como *Chepe Furia*, el líder pandillero deportado de los Estados Unidos en 2006, fundador de una poderosa clica de los Hollywood Locos Salvatrucha de Atiquizaya. Un grupo de cerca de 45 pandilleros, acusados de 11 asesinatos. En 2011, el juez Salinas excarceló a Terán para que enfrentara libre el juicio por su liderazgo de la clica. Consideró que, ya que era un hombre de familia, no iba a fugarse. Su decisión fue revocada por un tribunal superior, pero Terán ya huía. Fue recapturado este año, y ahora enfrenta juicio no sólo por asociación ilícita, sino por el asesinato de un testigo protegido de la fiscalía. La fiscalía ha promovido un antejuicio en contra del juez Salinas por haberse negado a enviar expedientes necesarios para culminar un proceso penal.

. . .

Los sicarios asesinan. Los traficantes corrompen, matan o amenazan A, B o C. Las bandas de robacarros son un rayo, actúan en un santiamén. Los tratantes son como el agua que horada la piedra: inclementes, persistentes. Ellos necesitan a su víctima viva y asustada. Viva y aterrorizada. Viva y sumisa. Las golpizas de la finca de Barberena no eran un correctivo para las atizadas. Ellas eran, para los tratantes, muertas vivientes. Las golpizas eran un correctivo para las demás mujeres: vean lo que les puede ocurrir.

El palo, el puño y la violación son el principal método de sometimiento de las redes criminales centroamericanas dedicadas a la trata. Tanto el jefe de esa unidad fiscal en Guatemala, Alexander Colop, como su colega salvadoreña, Smirna de Calles, coinciden en que un patrón en el delito de trata es que los jefes de la banda violen a las víctimas. "Son los primeros en rebajarlas, en utilizarlas, en imponerse ante ellas", dijo Colop. Tal como lo vivió Grecia.

Como dice el auxiliar fiscal de la Fiscalía Especial contra la Impunidad de Guatemala, Julio Prado, si bien las bandas como las de El Pantanal, que engañan víctimas que vienen de mundos ruines, que tienen armas cortas principalmente y técnicas brutales, son los grupos que más abundan en el norte de la región, esto no implica que no existan bandas más sofisticadas.

Prado asegura que en los peores lugares donde ha participado en operativos de rescate de víctimas, éstas eran obligadas a entregarse 15 minutos a cualquier hombre a cambio de 50 quetzales (seis dólares), que eran cobrados por el tratante, mientras que ha visto casos de colombianas o rusas por las que algunos clientes pagan 500 dólares por utilizarlas una hora. "La pregunta —dice Prado— es qué tipo de clientes pueden pagar esa cantidad por pasarla bien una hora."

A partir de 2006 las autoridades guatemaltecas investigaron una red de trata y prostitución para clientes de alto nivel económico. Prado participó en el reconocimiento a una discoteca llamada Caprichos, propiedad del empresario Herman Smith, un comerciante de la noche que se codeaba con funcionarios y personalidades de ese país. En el lugar encontraron salvadoreñas menores de edad, hondureñas y rusas, sistemas de puertas ocultas y túneles que conectaban con casas aledañas donde había libros de autoayuda, de superación y de teorías económicas que, según explicaron algunas víctimas, Smith, a quien llamaban "papito", utilizaba para explicarles que ellas, a pesar de haber llegado al lugar bajo engaños, ya que estaban ahí podían convertirse en empresarias si aprendían a ver su cuerpo como mercancía. Smith, un tratante persuasivo, convencía a sus víctimas de que él no era su victimario, sino su benefactor. El juicio nunca terminó porque a Smith un sicario le disparó en la sien el 6 de mayo de 2008 dentro de la discoteca Caprichos. El sicario huyó.

Guatemala ya ha condenado a varios colombianos por el delito de trata, acusados de pertenecer a una red conocida como la red del departamento de Pereira, dedicada a traer mujeres voluptuosas desde esa región colombiana bajo la mentira de que se dedicarán al modelaje. Estas redes, asegura Colop, incluso moldeaban a sus víctimas, poniéndoles implantes de senos y nalgas, asegurándoles que eran necesarias para triunfar en el mundo de las pasarelas. "Las traían a Honduras, y cuando ya no gustaban las traían para acá", explica Colop. La trata ocurría cuando a las mujeres se les decía que estarían encerradas hasta que con sexo pagaran por los implantes, el traslado, la alimentación, el vestuario. Una cuenta que nunca terminaba de saldarse. Prado incluso explica que la lógica de traer colombianas a Guatemala responde al ojo de buen empresario de los que entienden que los narcos de aquel país instalados en Guatemala pagarán grandes sumas por acostarse con una bella pereirana.

En El Salvador, la autoridad de mayor nivel a cargo de crear estrategias para combatir el delito de trata, el viceministro de Justicia y Seguridad, Douglas Moreno, asegura que "hay una estructura de gente organizada con mucho poder económico que se ha lucrado de esta situación y que no lo sabíamos. Gente que no nos imaginaríamos que está en este negocio y que lamentablemente aún no contamos con las pruebas que nos vinculen hasta ellos".

Redes como la de Smith o la de Pereira representan esa otra cara de las redes de trata, la de solapar el esclavismo, esconderlo tras un porqué: porque debes pagarme esa deuda, porque te estoy ayudando a superarte, porque no tienes papeles y debes darme algo a cambio de mi protección… Otras redes, como la de Barberena, como muchas otras redes con ese poder intermedio, esa corrupción local, ese armamento mínimo, que abundan en Centroamérica, prefieren el mecanismo más barato para conseguir que sus víctimas hagan lo que les ordenen: puño, garrote, fuego, miedo.

Silvia Saravia, la jefa del equipo que atiende a las sobrevivientes de trata antes de permitir que la fiscalía salvadoreña las prepare para juicio, ha visto decenas de casos de mujeres que se enfrentaron a esa modalidad cavernícola de redes más locales. De ellas, dice lo siguiente:

—Las que han estado encerradas tienen temor extremo, miedo tremendo por ellas y por su familia, que sufran las consecuencias de su escape. Bloqueo emocional, están totalmente encerradas. Muchas requerirán atención psiquiátrica. Ideas suicidas, ideas de desaparecer, persecución. Creen que no pueden confiar en nadie. Saben que las personas no están jugando, saben que el victimario va a cumplir... Trastornos de ansiedad, se les quita el sueño, el hambre... Grecia, por ejemplo, ella tendrá que recibir... —piensa unos segundos— todo un proceso de atención integral.

. . .

Tras casi tres meses de ser obligada a atender clientes en La Quebradita, una semana después de ver arder en llamas a Sonia, luego de que su tía depositara 3 500 dólares como rescate, Grecia fue liberada por *Omega*. Le entregaron 300 pesos (unos 25 dólares), la dejaron en la terminal de autobuses de Reynosa y le ordenaron que se fuera lejos. Una de las fiscales que entrevistó a Grecia durante el proceso asegura que ella les contó que algo raro ocurría en esos momentos, y que el grupo de zetas parecía desmontar las casas de secuestros y emprender huida. Con 300 pesos, Grecia sólo consiguió comprar un boleto hacia Monterrey, y descender unos 200 kilómetros en el mapa mexicano. Ahí, Grecia relató que fue un taxista quien se interesó por su situación, le preguntó si era indocumentada y la llevó hasta la oficina de atención al inmigrante, un albergue estatal, donde la encargada de la casa supo leer los síntomas de Grecia. A esa casa, según la revisión médica que le realizaron, Grecia llegó con infección vaginal y enfermedad inflamatoria pélvica.

. . .

Pregunta uno de los fiscales. Contesta Grecia.

—¿Qué pasa en atención al inmigrante?

—Al ver mi comportamiento, la encargada de la casa, al ver que lloraba, gritaba, no me veía normal, comenzó a preguntar. Poco a poco le fui diciendo... Me buscaron una casa albergue con el arzobispado, especial para personas que han pasado por el delito de trata... Me proporcionaron psicólogo... Me trasladaron de Monterrey al Distrito Federal... Por cinco meses fui asistida por tratamiento psicológico y jurídico.

—¿Participó en una investigación?

—Sí. Todo el tiempo que estuve ahí.

—¿Hubo personas detenidas?

—Sí, por secuestro y trata de personas. Me enseñaron unas fotos, y son aproximadamente de 10 a 12 personas entre hondureños y mexicanos [los detenidos].

El 23 de noviembre de 2009 Grecia ya estaba en la Ciudad de México, en manos de la Fiscalía Especial para los Delitos de Violencia contra las Mujeres y Trata de Personas (Fevimtra). Según el expediente fiscal, en la primera sesión de atención psicológica se mostró "deprimida, desconfiada y con imposibilidad del llanto". Fueron necesarias 11 sesiones para conseguir su declaración. Gracias a lo que Grecia les dijo a las autoridades mexicanas, en 2009 se realizaron allanamientos a varias casas en Reynosa y se capturó a 12 presuntos integrantes de Los Zetas que operaban bandas de secuestros. El proceso en contra de esos hombres aún no termina, igual que las secuelas de Grecia.

Cuando en diciembre de 2009 Grecia regresó a El Salvador, su situación empeoró. Grecia explicó que Ovidio, tal como ella temía, había amenazado a su suegra y a su madre. En el peritaje psicológico que le fue realizado por el Instituto de Medicina Legal de El Salvador, se registró que Grecia "no puede dormir por las noches, cualquier ruido siente que son balazos, ha pasado sin comer hasta dos o tres días, al encender leña recuerda a Sonia, el apetito sexual se le ha quitado, empuja a su pareja cuando tienen relaciones". El informe concluye con una ficha resumen.

Pensamiento: depresivo, ansioso.

Orientación: en su declaración asegura que hay vacíos porque no recuerda eventos. Lagunas mentales.

Nivel de funcionamiento psicológico actual: neurótico.

. . .

El miércoles 26 de mayo de 2010 una mujer salvadoreña de 29 años vio en un diario la fotografía de alguien que le parecía conocido bajando de un pick up esposado a otros dos hombres. La policía había detenido la noche anterior en el parqueo de la discoteca Kairo's, sobre el boulevard de Los Héroes, una importante arteria capitalina, a un hombre gordo, a un mexicano, a cuatro salvadoreños y a una salvadoreña en una camioneta todoterreno negra con placas guatemaltecas. Al interior de la camioneta, en un compartimento secreto que se abría con interruptor eléctrico, la policía encontró un fusil Galil, dos M-16, una carabina 30.30, dos escopetas, un revólver, una granada de iluminación de uso militar y 11 celulares. La mujer de 29 años creyó conocer al hombre gordo de la foto, pero intentó no pensar en ello durante el día. Por la noche de ese miércoles, el hombre gordo volvió a aparecer en todos los noticieros, incluso dijo algunas palabras y se escuchó su voz chillona. La mujer no pudo obviar más que ella conocía al hombre gordo. Lo conocía muy bien. La mujer era Grecia y el hombre gordo, *Omega*.

El verdadero nombre de *Omega* es Enrique Jaramillo Aguilar, tiene 35 años, nació en Apatzingán, Michoacán, México, y en diciembre de 2011 fue condenado a nueve años de prisión en El Salvador por el delito de tenencia y portación de armas de guerra y documentación falsa. Ahora mismo está encerrado en el penal de Apanteos. Jaramillo se identificó como guatemalteco ante las autoridades salvadoreñas y mostró un documento falso. Su arresto aquel miércoles 26 de mayo fue el resultado de un operativo policial que lo ligaba a Los Zetas. La alerta saltó cuando la policía, gracias a un informante, se enteró de que el falso guatemalteco estaba ligado a la masacre de Agua Zarca en Huehuetenango, frontera con México, en noviembre de 2008, cuando presuntos miembros guatemaltecos del cártel de Sinaloa y Los Zetas se enfrentaron durante varias horas y dejaron 19 cadáveres regados en esa aldea. Aquél aún es recordado como uno de los eventos más importantes que evidenció la penetración de los grandes grupos mexicanos en Guatemala. Jaramillo fue arrestado acusado de ser uno de los zetas que participó, pero el Ministerio Público guatemalteco no consiguió probarlo ante un juez.

Grecia, al reconocer al hombre que asegura la violó en Reynosa, la vendió en La Quebradita, y cobró los 3 500 dólares a su tía, decidió denunciar ante la fiscalía salvadoreña. Entonces, empezó el periplo de Grecia que la llevó a dar el testimonio adelantado ante un juez, dos fiscales, dos abogados defensores contratados por Jaramillo, y el mismo Jaramillo.

Grecia pidió rendir declaración anticipada pues no quería enfrentar todo el proceso judicial en el país. Sentía terror de que *Omega* enviara gente a lastimarla. Luego de eso, Grecia, con el apoyo de la Organización Internacional para las Migraciones y la Agencia de Naciones Unidas para los Refugiados, salió del país hacia alguno que no será revelado, obtuvo una nueva identidad e intenta rehacer su vida.

· · ·

Miércoles 4 de julio de 2012. Juzgado Especializado de Sentencia B de San Salvador. 8:30 de la mañana. Alegatos finales en contra de los acusados Enrique Jaramillo Aguilar y Jesús Ovidio Guardado.

Jaramillo espera junto a Ovidio afuera de la sala. A Jaramillo le cuelgan los pellejos en la papada. Ha perdido mucho peso desde aquellas fotografías cuando fue detenido en la discoteca Kairo's. Ha perdido pelo también. Lo lleva al rape en los lados e irregular arriba, como si en lugar de cortárselo se lo hubieran arrancado. Viste una polo de rayas horizontales grises y rosadas y unos jeans rotos en la rodilla izquierda. Va esposado de muñecas y tobillos. Ovidio luce aún más desgarbado, más consumido, luego de un año de haber sido arrestado. La camisa blanca de botones y el pantalón caqui de tela le quedan sobrados.

Adentro de la sala, los dos abogados privados que contrató Jaramillo restan cualquier solemnidad a lo que va a ocurrir en la sala. Bromean sobre un supuesto intento de suicidio que Grecia vivió en su adolescencia.

—Doscientas pastillas dicen que se tomó, era narcótica —dice uno al otro con desparpajo.

—No, lo que me pregunto es dónde putas le cupieron —responde su colega. Ríen a carcajadas.

Luego, el primero pone en su teléfono celular un reggaeton al volumen que el aparato da. El secretario del tribunal le pide que por favor salga de la sala.

Las dos fiscales hacen su alegato final: Ovidio la vendió en la línea del tren… bar La Quebradita… Es tratada como mercancía… Jaramillo la violó constantemente… Tatuaje en su pierna derecha… La perito dijo que el daño de la víctima fue a causa de lo que pasó en México… Para Ovidio, violación en grado de tentativa y trata agravada… Para Jaramillo, violación continuada y trata agravada… Máxima pena en ambos casos.

Los abogados de Jaramillo contestan: ¿Que es de Los Zetas? ¿Dónde dice eso?… Inventos… El peritaje habla de lagunas mentales… La víctima dice una cosa y luego otra… Es una persona inestable… Su niño de siete años se viste de mujer… Que su niño saliera con esas cosas anormales no es por lo que dice que le pasó… Una víctima que no merece credibilidad.

Luego la abogada pública de Ovidio: el delito en grado de tentativa ni existe. ¿Hay penetración o no hay? No se configura.

Luego, sorpresivamente, pide la palabra Jaramillo. Con su voz chillona le llama "mi señoría" al juez y da sus argumentos para exculparse. El primero intenta hacer ver que Ovidio es demasiado viejo para andar en eso de la migración. El segundo, es un tanto confuso. Habla de que Grecia dijo que Ovidio sólo tenía cinco dientes, pero cuando le preguntaron si sabía cuántos debía tener un ser humano dijo que sí, que 36. "Y hasta donde yo sé, son 32." En el tercero asegura que él no vive en Reynosa, ni conoce a nadie de por ahí, que es de otro estado, de Michoacán (sin embargo, el expediente de antecedentes que enviaron desde México asegura que él es prófugo desde 2006 en el estado al que pertenece Reynosa, Tamaulipas, por daño en propiedad ajena). El cuarto reza que él no ha sido militar nunca, y que Los Zetas son militares, que ha oído canciones que dicen que Los Zetas son 30 y que él no es uno de ellos.

. . .

Viernes 6 de julio. Lectura del fallo judicial.

Absueltos.

El juez Roger Rufino Paz Díaz ha considerado que Grecia se contradijo. La causa principal es una versión distinta que Grecia dio a la fiscalía salvadoreña y a la mexicana. Allá omitió incluir a Ovidio en la trama, y dijo haber sido vendida a Los Zetas por personas vinculadas a un albergue en Veracruz. Las fiscales del caso aseguran que Grecia hizo eso porque sabía que Ovidio estaba en el país, conocía a su familia y vivía muy cerca de su madre. Grecia, dicen las fiscales, temía que al denunciar a Ovidio en México, se informaría a las autoridades salvadoreñas, y al enterarse, Ovidio podía dañar a su familia. Por eso lo borró de la historia cuando estuvo allá, y sólo fue capaz de incluirlo cuando, ya en El Salvador, pudo constatar que su familia estaba bien y advertirles sobre el riesgo. Las fiscales explican que el peritaje psicológico de Grecia da argumentos que hacen creíble esa versión. Grecia, como dijeron los que la evaluaron, temía. Temía mucho.

La fiscalía, en voz de la jefa de la unidad de trata, Smirna de Calles, montó ese mismo día una conferencia de prensa. Lamentó el fallo, explicó que las víctimas de este delito lidian con sus traumas y fantasmas a la vez que declaran. Aseguró que en ese mismo momento preparaban el recurso de revisión, para que sea la Corte Suprema de Justicia la que decida. El recurso aún no ha sido resuelto.

Grecia no volverá a declarar. Ni siquiera la fiscalía sabe dónde está. Ella sobrevive en algún lugar.

13

Huir de las pandillas ante la mirada de la Policía Antipandillas

Más de una decena de familias abandona sus casas ante la amenaza de masacre del Barrio 18. Un hombre llora rabioso porque hoy dormirá en la pieza de mesón de un familiar junto a sus tres hijos. El jefe de la Unidad Antipandillas de la Policía Nacional Civil llega a la escena y pide a la gente que ore. Ésta es la huida de varias familias residentes en los condominios San Valentín, de Mejicanos, en el Área Metropolitana de San Salvador.

Esto está ocurriendo en vivo hoy martes 20 de enero de 2015. De hecho, muchas personas lo están viendo desde sus casas, mientras almuerzan, como si fuera un partido de futbol en vivo transmitido por la televisión. Así, en vivo y en directo, más de una decena de familias huye de sus casas en el condominio San Valentín, de Mejicanos. Las cámaras las graban y los policías las cuidan. Los policías cuidan la huida de las personas que han creído la amenaza de la pandilla Barrio 18. La pandilla les dijo el fin de semana que hicieran algo. Ellos no lo hicieron. La pandilla les dijo que los mataría. Muchos de ellos le han creído. Se van. Se van en vivo por televisión nacional.

Aquí, en el condominio hace un calor sofocante. Es mediodía. La gente empezó a vaciar sus viviendas alrededor de las 10 de la mañana, porque las 24 horas de plazo que la pandilla dio terminan a las siete de la noche. Luego, viene la masacre, prometieron los pandilleros. La gente está agotada de sacar camas, refrigeradores, televisores, sillones… Sudan, y aunque el sol del mediodía es rabioso, no dejan de cargar, porque ellos creen que es verdad que las siete de la noche es la hora límite para que se largue todo aquel que no quiera morir masacrado.

El condominio San Valentín está en la colonia Delicias del Norte, del municipio de Mejicanos. Está antes de llegar a la Finca Argentina, a unas cuadras del punto de autobuses de la ruta 2-C. Aunque quizá sean mejores referencias dos hechos. El condominio San Valentín queda a unas cuatro cuadras de donde unos sicarios asesinaron el 6 de marzo de 2013 a Giovanni Morales, conocido como *el Destino*, miembro de la Mara Salvatrucha, uno de los veteranos de la clica de los Guanacos Criminal Salvatruchos que tienen sede allá arriba, en la parte alta de la colonia Montreal. El asesinato de Morales fue famoso porque él era un ayudante del padre Antonio Rodríguez, el famoso pasionista que fue acusado de cómplice de las pandillas y obligado por la fiscalía el año pasado a salir del país hacia su natal España. Pero si a alguien no le resulta conocido ni el padre Toño ni *el Destino*, quizá se ubique después de esta otra referencia: el condominio San Valentín está a unas siete cuadras de donde el domingo 20 de junio de 2010 varios pandilleros del Barrio 18, en concreto de una clica llamada Columbia Locos Sureños, de la colonia Jardín, quemaron un autobús de la ruta 47 con los pasajeros adentro. Diecisiete personas murieron. Algunas incineradas y otras acribilladas cuando intentaban escapar por las ventanas. Esa ruta hacía punto en la colonia Buenos Aires, en la parte alta de Mejicanos, controlada por la Mara Salvatrucha, pero para llegar hasta ahí tenía que recorrer buena parte de la zona controlada por el Barrio 18. La disputa por el control de territorio llevó a aquella descabellada acción que dio vuelta al mundo, que apareció en las portadas de decenas de periódicos que rara vez se acuerdan de esta esquina furiosa del planeta.

Aquí, en medio de toda esa muerte, están los condominios San Valentín. Unas 46 familias habitan sus casas. Éste es un condominio sin ninguna particularidad arquitectónica: un pasillo de cemento es la columna vertebral entre los dos portones que dan acceso a las calles que rodean el condominio. De forma perpendicular a esa alfombra de cemento se abren los pasajes repletos de casitas diminutas. Abajo y arriba. Tres pasajes y la columna central donde también hay casitas. Así, casitas. Un solo cuarto-comedor-cocina-sala. Un solo espacio y un baño. La gente en estos lugares es experta para convertir esos espacios en zonas multiuso. De noche caen al suelo los colchones y las sillas se suben a la mesa. De día los colchones se guardan en el pequeñísimo tendedero que está al fondo y las sillas vuelven a ponerse en el suelo alrededor de la mesa o enfrente del televisor.

Eso es el condominio San Valentín, donde ahora decenas de sus habitantes desmantelan sus viviendas mientras nosotros los periodistas les preguntamos por qué, y los policías cuidan la huida.

226

En la parte de abajo de uno de los pasajes, una familia suda y llora. Desde las 10 de la mañana están sacando sillones, electrodomésticos y colchones. Suben lo poco que cabe en un pick up. El pick up se va y luego vuelve a recoger un poco más. De la familia aquí sólo están los adultos. Ellos, dos hombres de veintitantos. Ellas, una mujer de más de 50, otra de más de 40 y embarazada y una de 20. Dos mujeres más, las parejas de los muchachos, y los cuatro niños de ellos se han ido a la casa de una cuñada. No se quedaron para la apurada mudanza. Los niños son apenas unos bebés. El mayor de los niños que no están aquí tiene seis años. Todos ellos son una familia, y alquilaban tres casitas aquí en el condominio San Valentín. Cada casita les costaba 100 dólares al mes, y la pagaban, sobre todo, con el trabajo de ellos, que limpian vidrios en un semáforo de San Salvador.

De momento, el pick up va y viene hacia la casa de unas primas de ellos, en un condominio muy parecido a este aquí en Mejicanos. Algunos se irán ahí a dormir hasta que encuentren otro lugar. Otros se irán a la pieza del mesón de los padres de uno de los muchachos, a esperar que el cuartero no los eche cuando se entere de que están metiendo en la pieza más gente de la que se supone.

A pesar de que el condominio que hoy desalojan está enclavado en la muerte cotidiana, ellos aseguran que no era un condominio reconocido por el dominio de las pandillas. Decir eso es relativo. Para la clase obrera de este país las pandillas nunca son algo lejano. En todo caso, puede ser un problema menos cercano. Desde hacía ya varios meses, en la segunda casa del condominio —si se entra por la puerta principal—, se habían instalado "cuatro muchachas pandilleras". La casa estaba en venta, pero ellas se instalaron sin comprarla. Se la tomaron, cuentan en el condominio. En las noches, jóvenes tatuados de la colonia Jardín, pandilleros del Barrio 18, llegaban a visitarlas. Tomaban, reían. Nadie en el condominio se metía con ellas.

Los muchachos de la familia con la que hablo cuentan el cuento. Las mujeres de la familia lloran intermitentemente mientras ven cómo su casa deja de ser su casa.

El pasado sábado 17 de este mes de enero, la policía allanó la casa de "las muchachas pandilleras". Como era una casa invadida, se llevaron todo lo que las muchachas tenían ahí adentro. Ellas no estaban, dicen los vecinos.

Los policías hicieron su trabajo. Respondieron a una denuncia. Desmantelaron una casa ocupada, sacaron lo que ahí había y se fueron. Ése es

227

el problema. Las pandillas no se van. Son parte del entramado social, viven ahí, son hijos de unas mujeres que viven ahí y hermanos de hombres y mujeres que viven ahí. Son padres, tíos, amigos de alguna gente que vive en esas zonas. Las pandillas son parte de El Salvador. Las pandillas están tan arraigadas a su barrio, a su colonia, como la tienda de la esquina.

Las muchachas volvieron. El domingo —me lo confirman siete vecinos del condominio que ahora mismo desalojan sus casas— las cuatro mujeres llegaron de noche, acompañadas de dos pandilleros armados con pistolas. Se dirigieron a la casa de uno de los vecinos y le dijeron que informara a la comunidad que ellas querían que entre todos les amueblaran la casa, que "la rata" —así dijeron— que denunció a la policía era parte de la comunidad, y que entonces la comunidad tenía que devolverles la puerta de la casa, un refrigerador, un televisor, una cocina, un comedor con sus sillas, sofás... Además, pedían que los vecinos firmaran una carta diciendo que ellas eran habitantes honorables de los condominios San Valentín. O, como plan B, pedían otro apartamento del condominio, pagado por todos los vecinos y amueblado. Dijo el señor que las muchachas aseguraron que si nada de eso ocurría, la pandilla mataría a varias personas dentro del condominio San Valentín. El señor que recibió el mensaje empezó a empacar, él fue el primero en creerse el mensaje recibido. El lunes, luego de que el señor ya había contado a varias familias lo que había escuchado, el mismo señor recibió un mensaje telefónico. Era la misma amenaza, con un ingrediente más: "Tienen 24 horas para cumplir o habrá una masacre". El señor mostró el mensaje a varias personas, entre ellas a uno de los hombres de la familia a la que veo desarmar su casa. Entonces, la noche del lunes, empezó el pánico en los condominios.

Alguien dijo a la policía que estaban amenazados, y algunos policías llegaron a quedarse en el condominio la noche del lunes, para disuadir a la gente que ya murmuraba la fuga. El martes, al menos cinco familias amanecieron con una idea clara: huir. Esas cinco asustaron a otras cinco, y para el mediodía, 17 familias metían sus cosas en camiones, pick ups, carros viejos, donde podían, y se largaban a otra zona, controlada por la misma o por otra pandilla. Cada quien conoce cuál será su estrategia.

"Ése es uno de los clavos —me dice el más moreno de los limpiavidrios que saca a su familia—. ¿Ahora para dónde nos vamos? Si pandillas hay en todos los lugares donde podemos vivir, en cualquier lugar que esté por debajo de 300 dólares al mes hay pandillas. ¿Para dónde nos vamos? ¿Qué vamos a decir si nos preguntan los pandilleros de allá que de dónde venimos? Si son de la 18 no les va a gustar lo que pasó aquí. Si son de los otros, no nos van a querer en ese lugar. Ahorita sólo nos vamos, ya después veremos qué hacer." El hombre termina la frase —un hombre duro, al que la vida ha llevado a limpiar vidrios—. El hombre hace silencio. El hombre echa a llorar. No llora con soltura, como su tía a la par. No llora continuamente, con el llanto de su tía a la par, que es un lagrimeo lento y constante limpiado cada cierto tiempo con el pañuelo que lleva en la mano. El hombre tostado por el sol llora sin querer llorar. O al menos llora sin querer que lo vean llorar. Intenta no llorar, pero llora y aturra la cara, porque se nota que llora desde lo más profundo. El estómago se le hunde en espasmos. Llora humillado. "Humillado", dice.

Él, que limpia vidrios todo el maldito día en una esquina de este país caluroso y soleado, ha tenido que desarmar la casa que amuebló y alquiló limpiando vidrios, porque unas muchachitas ultramaquilladas lanzaron una amenaza contra todos en el condominio. Él, que después de todo el día de mendigar, bajaba la mirada cuando las veía pasar; él, que dice que siempre habitó esos condominios bajo el lema de "no hay que meterse con ellas"; él, que siempre pensó que "del trabajo a la casa a encerrarse", ahora tiene que irse, porque ellas tienen el apoyo de "los muchachos".

El otro hombre lo ve llorar y llora. Llora igual que su cuñado. Llora profundamente humillado. Su cabeza hacia el piso y la cara aturrada a pesar de su esfuerzo.

Hoy, ellos y sus hijos dormirán apiñados en otro condominio o en un mesón. Hoy dormirán en espacios prestados. Dormirán apiñados. Y mañana ellos limpiarán vidrios para volver a empezar. O quizá tirarán la toalla e intentarán largarse a Estados Unidos.

Es la una de la tarde, y la huida de las familias está custodiada por unos siete policías de seguridad pública. De repente, unos 15 policías con pasamontañas entran en el condominio. Los acompaña su jefe, el subdirector de la policía a cargo de la Unidad Antipandillas, el comisionado Pedro González. La huida fue televisada, el país pudo almorzar viendo cómo la gente huía. Algo había que hacer.

Los agentes antipandillas sacan a todos los medios del condominio. Yo estaba al fondo de uno de los pasajes, y logro quedarme. El subdirector González llama a los habitantes: "Acérquense, por favor, llamen a todos, vengan, ya no hay cámaras, hemos sacado a los medios un rato para decirles un mensaje". Se acercan poquísimos habitantes. Unos 12. El resto sigue apurando la huida o prefiere quedarse encerrado.

Una señora sale de su casita y dice: "Vengo sólo yo, porque mi marido padece del corazón".

El subdirector González pide a la gente que lave ropa, que cocine sus almuerzos, que vea tele, que vuelva a sus casas. Les dice que habrá agentes ahí. Les dice que hagan vida normal. Les dice que su gente va a capturar a "todos los mareros". Les dice: "A todos los mareros de la zona los vamos a llevar". Grita, como una extraña orden al aire: "¡Peinen esta zona!" Alza su dedo índice y lo mueve en círculos en el aire. Y ante su orden, ningún agente se mueve. Le dice, finalmente, a la gente que rece. Les dice: "No importa quién aquí es católico o evangélico, elevemos una oración, eso es lo más importante, pidamos al Señor". Pide que alguien se ofrezca para dirigir la oración. La gente sólo lo ve. El jefe policial insiste en que alguien, por favor, ore en voz alta. Nadie. Pide a una señora, a la que tiene enfrente, una señora de unos 70 años, que "se ve devota", que rece. Ella no reza, pero la señora que está a su lado por fin lo hace. Entre sus plegarias logré anotar ésta en mi libreta: "Señor, pon un ángel en cada puerta".

La familia de los limpiavidrios sigue apurando su huida.

Unas 10 familias siguen yéndose mientras el mayor jefe policial del combate a las pandillas en todo este país les pide que no se vayan, les promete que él los protegerá.

Unas 50 personas ya no creen que esos hombres puedan cuidarlas.

Minutos después, el subdirector González me dirá algo que ya ha dicho en otras ocasiones su jefe, el director de la policía, y también el jefe de éste, el ministro de Seguridad y Justicia. El subdirector González me dirá: "También es una cuestión de percepción de la realidad".

Sí, es posible pensar que la amenaza era soberbia pura de la pandilla. De hecho, algunas familias han decidido no irse. Han creído que era más palabrería que capacidad real. Sin embargo, ¿quién puede creer que los que se fueron eran unos débiles? La pandilla ha matado cuatro cuadras abajo. La pandilla ha masacrado, incinerado, acribillado, siete cuadras abajo. La pandilla, hace sólo 10 días, mató al hijo de la pupusera de este condominio. Lo secuestró afuera del condominio, justo afuera, cuando llevaba un tambo de gas, y lo devolvió cadáver un día después allá por una colonia vecina llamada Panamá.

Sí, esto tiene que ver con percepciones, pero percepciones sobre una amenaza realista y mortal. No se trata de la percepción de alguien que cree o no en el meteorólogo, y decide si llevar chamarra o camiseta. No se trata de la percepción de alguien que cree que los ladrones pueden robarle el carro. Se trata de la percepción de quienes tienen que elegir entre creer o no creer que esta noche, esta misma noche, masacrarán a tu familia. ¿Sí o no? ¿Te la juegas o no?

El rezo propuesto por el subdirector González ha terminado. Horas más tarde presentarán a seis capturados en las colonias aledañas, acusados de pertenecer al Barrio 18.

Aquí, en los condominios San Valentín, una mujer pregunta: "¿Entonces quedarán policías aquí?" El subdirector González contesta: "Aquí quedarán hasta que se sientan más tranquilos". La mujer replica: "¿Y luego? ¿Y cuando se vayan? ¿Y cuando agarremos el camión para ir a dejar a los niños a la escuela? ¿Y cuando salgamos a trabajar?" La mujer se va y sigue empacando para huir.

Otra mujer pregunta: "¿Podría dejar un policía de por vida en cada puerta?" El círculo de oración ya se disolvió. Ya nadie le responde.

14

La desafortunada historia de un hombre indocumentado, vendido, extorsionado y deportado

Según uno de los más viejos coyotes de Chalatenango, en el norte de El Salvador, hay normas que un buen coyote debe cumplir, y hay también preguntas que un buen migrante debe hacer a su coyote. Ésta es la historia de un hombre que no hizo esas preguntas. Ésta es la historia de un coyote que no cumplió esas normas.

El señor coyote, desparramado sobre su silla de pitas de hule en medio del calor del mediodía, luce como lo que es: el patriarca de un extenso linaje de hombres de este departamento salvadoreño de Chalatenango. Hombres que trabajan guiando personas hacia Estados Unidos. Hombres que trabajan cruzando a la gente por países que no les dan permiso para cruzar.

El señor coyote es —según me lo presentó un traficante de quesos y cigarros— el más veterano de los coyotes de este departamento. Empezó en 1979, cuando los salvadoreños que querían viajar contrataban a un guatemalteco. Así lo hizo la primera vez el señor coyote. Luego se puso a trabajar para el guatemalteco consiguiéndole clientes en El Salvador. Luego, acompañándolo en algunos viajes. Luego, cuando ya había descifrado las reglas del camino, se independizó.

Hoy, veterano y enorme como es, se dedica a "coordinar", como él mismo dice. El tiempo de los coyotes viajeros se terminó. Ahora, dice el señor coyote, todo está escalonado. Uno consigue los clientes en El Salvador, los manda con un empleado hasta Ciudad de Guatemala o hasta la frontera con México, donde se los entrega a otro coyote, mexicano normalmente, que los llevará hasta la Ciudad de México, donde se los entregará a otro colega que los llevará hasta la frontera con Estados Unidos, donde los entregará a un coyote más conocido como el "pasador" o "tirador", que será el encargado de cruzarlos y llevarlos hasta la casa de seguridad donde los migrantes estarán encerrados, ya adentro de Estados Unidos, hasta que sus familias depositen la otra mitad. La primera mitad se entrega antes de iniciar el viaje.

Nadie —"nadie, nadie", repite el señor coyote— le cobrará en El Salvador menos de 7 000 dólares a un migrante por el viaje. Al menos no un "coyote serio".

Un coyote serio, según este vasto hombre que aún lleva puestas sus botas de trabajo en sus sembradíos, es un coyote que no ocupa el tren. Muchos indocumentados centroamericanos —unos 250 000 al año son atrapados por migración mexicana— utilizan el tren de carga como vehículo. Se prenden como pueden de su techo y así comen kilómetros a través del México más desolado y desatendido. Un coyote serio, dice el sombrerudo señor, utilizará el dinero pagado para hacer envíos rápidos a la cadena de coyotes que trabajará para que el indocumentado llegue a Estados Unidos. Por esa coordinación, un coyote como el señor coyote se queda unos 1 500 dólares por migrante. Hay maneras de abaratar costos: la clásica es montar a los migrantes en el tren; la sofocante es meterlos en un falso fondo de un camión bananero; la temeraria —o estúpida— es no incluir en el trato con los coyotes mexicanos la cuota de 200 dólares que Los Zetas cobran por cada migrante que cruce por su territorio. Su territorio está desperdigado por todo el país, son piezas del rompecabezas que es México. Si el mapa mexicano se enrojeciera en aquellas zonas donde hay presencia de Los Zetas, los estados de Tabasco, Veracruz y Tamaulipas se verían rojos, rojos. Ésa es justo una de las rutas del tren. Ésa es una de las rutas de los camiones bananeros. Los Zetas son —si a estas alturas falta explicarlo— la mafia mexicana que surgió a finales del siglo pasado como el ejército de protección de uno de los capos que dirigía el Cártel del Golfo, Osiel Cárdenas Guillén —preso en Estados Unidos desde 2007—, que se independizó allá por el año 2007 e incluyó en sus rubros delictivos casi todo lo malo que se le puede hacer a un indocumentado para obtener dinero: extorsionarlo, venderlo, violarlo, secuestrarlo. A menos de que el coyote de ese migrante pague una cuota de paso. Un coyote serio, dice el señor coyote con seriedad, no abarata costos. Un coyote serio paga su cuota a Los Zetas. Así de terrible como suena.

Si usted toma el párrafo anterior y lo convierte en preguntas a su coyote, entonces será un buen migrante según los cánones del señor coyote. Él, si fuera migrante, le preguntaría a su coyote cuántos coyotes van a intervenir en el traslado. Le preguntaría cómo va a cruzar México. Le preguntaría cómo va a utilizar el dinero. Le preguntaría —para estar seguro— si no lo van a embutir en un camión bananero, si no lo van a subir al tren, si conoce a autoridades mexicanas para pasar tranquilamente las casetas de carretera. Le preguntaría —una y otra y otra vez— si el pago incluye la cuota de Los Zetas. Después, se lo volvería a preguntar.

Si usted pregunta poco, pierde. Eso dice el señor coyote.

—Hoy por hoy, 7 000 dólares es lo mínimo. Lo que más abunda entre polleros es la estafa. La ley debería castigar al coyote estafador, pero al que trabaja bien le deberían dar un subsidio.

Hay formas rastreras de estafa, dice el señor coyote: Forma 1: el coyote pide adelanto al migrante, asegura que saldrán el día A, pero sólo lo hace porque le urge el dinero, y terminan saliendo el día Z. Forma 2: el coyote pide adelanto al migrante, asegura que saldrán el día A y no salen nunca. Forma 3: el coyote sabe que el migrante no puede pagar el adelanto, y pide como garantía el traspaso de una propiedad, una parcelita, una tarea, una manzana de tierra. El coyote asegura que es sólo temporal, que al pagar el adelanto devolverá la propiedad al migrante. Eso nunca ocurre. Forma 4: el coyote dice que cobrará 3 000 dólares por el viaje, o 4 000 dólares o lo que sea abajo de 7 000.

Así es, aunque parezca la treta de un coyote que no quiere bajar costos, el señor coyote asegura que un coyote que cobre precios bajos es un coyote timador.

Si alguien cobra poco —mete sus manos al fuego el señor coyote— no podrá responder satisfactoriamente las preguntas del buen migrante. O las responderá con mentiras.

Buscando entre expedientes judiciales, uno se encuentra con casos como el del joven Adán, que dan la razón al señor coyote.

. . .

Adán es, según los cánones del señor coyote, un mal migrante. José Ricardo Urías es, según los cánones del señor coyote, un coyote estafador —uno que encaja perfectamente en la forma 4 arriba descrita—. Adán es también un muchacho de 25 años de Chalatenango que decidió migrar hacia Estados Unidos el 14 de septiembre de 2011. José es también un coyote de 34 años del cantón El Zamorano, Usulután, que el 14 de septiembre de 2011 se llevó a Adán y a un amigo de Adán. Adán es un muchacho al que le fue muy mal en México. José es un hombre que ahora cumple cuatro años de prisión por tráfico ilegal y trata de personas en El Salvador.

Ese 14 de septiembre a las ocho de la mañana, luego de haber dormido en unas hamacas de la casa de techo de lámina del coyote José, Adán y su amigo emprendieron camino hacia Estados Unidos.

Adán había vivido en Estados Unidos durante ocho años. Entró a Estados Unidos, sin ningún papel que se lo permitiera, en 2003. Regresó a El Salvador a las 4:39 de la tarde del 27 de julio de 2011 en un vuelo federal estadounidense que aterrizó en el aeropuerto salvadoreño repleto de deportados.

Adán y su amigo creían que el intento de volver a Estados Unidos estaba garantizado. Tan convencidos estaban que una noche antes de salir habían adelantado 1 500 dólares al coyote José. El precio total del viaje era de 4 500 dólares, según consta en el expediente fiscal que contiene la investigación que metió preso al coyote José.

...

Recordemos una frase del señor coyote: "Hoy por hoy, 7 000 dólares es lo mínimo".

...

El coyote José —dijo Adán a las fiscales— le prometió "que no iba a sufrir, que iba a ir comiendo carne y pollo".

El coyote José no es un hombre pudiente, no es un delincuente de cuello blanco. Es, a juzgar por la descripción de su casa, un hombre pobre. Una casa de materiales mixtos, de techo de lámina, ubicada en un lote sin número del cantón El Zamorano, del municipio de Jiquilisco, del departamento de Usulután.

El coyote José no puede entrar en la categoría de "coyote serio" que establece el señor coyote. En primer lugar, porque no cobra lo que hay que cobrar y, en segundo lugar, porque viaja. Según el señor coyote, el tiempo de los coyotes viajeros acabó. La labor de un "coyote serio" es coordinar el viaje de los migrantes, diría aquel hombre grande desde su silla de pitas de hule.

Así, sin preguntar si el coyote José pagaría a Los Zetas, sin preguntar si irían en tren, sin preguntar cómo ocuparía el dinero, Adán y su amigo migrante salieron del cantón El Zamorano hacia la estación de Puerto Bus en San Salvador, se montaron a un autobús que iba hacia la Ciudad de Guatemala desde donde fueron en autobuses interdepartamentales hasta La Mesilla, frontera guatemalteca con Ciudad Cuauhtémoc, México.

Cruzaron por veredas de tierra hacia México, y tomaron una y otra y otra combi hasta llegar a Estación Chontalpa, un municipio chiapaneco fronterizo con el estado de Tabasco. Se internaron en el monte y esperaron el tren que venía de Tenosique. Durante una semana, recuerda Adán, no abandonaron ese tren, que los internó en Veracruz, ya por las fibras del corazón zeta.

Siguieron hasta el Estado de México, la periferia de la ciudad capital, y escalaron hasta Celaya, en el estado de Guanajuato, unos 700 kilómetros después de haberse aferrado al acero del tren de carga, mejor conocido en aquellos caminos como La Bestia.

. . .

—Un coyote serio —dice el señor coyote— no ocupa el tren.

. . .

Adán asegura que el coyote José hizo una llamada en Celaya:

—Aquí están, vengan a traerlos —dijo.

Adán y su amigo pensaron que se trataba de otro coyote que llegaría por ellos.

Los que llegaron no parecían coyotes. Llegó una camioneta Chevrolet Silverado y de ella se bajó un hombre que dijo ser *el Trenzas*. Llegó atrás una camioneta Dodge Ram, de la que se bajaron tres hombres que dijeron ser guardaespaldas del *Trenzas*.

El Trenzas —dijo Adán— entregó 800 dólares al coyote José. El coyote José dijo "ya vengo".

Fue entonces cuando Adán se dio cuenta de que el coyote José los acababa de vender.

El Trenzas —que dijo ser zeta— se los confirmó:

—Si ustedes no pagan, me los voy a chingar.

A Adán y a su amigo los llevaron a un rancho donde también estaba encerrado un hondureño. Pasaron ahí dos días, los obligaron a llamar por teléfono a sus familiares y a pedirles que depositaran en una cuenta de transferencias rápidas 1 500 dólares a un mexicano. La ex esposa de Adán envió ese dinero desde Estados Unidos. La mamá del amigo de Adán envió desde Estados Unidos ese dinero.

Hasta aquí, todo era normal. Un normal secuestro de Los Zetas.

. . .

Normal como lo que le puede ocurrir a más de 9 000 personas al año. Normal como algo tan normal, tan habitual, que puede generar 25 millones de dólares en sólo seis meses.

En 2009 la Comisión Nacional de Derechos Humanos de México (CNDH) entrevistó a 9 758 migrantes en tránsito que aseguraban haber sido secuestrados por grupos criminales —principalmente por Los Zetas— en diferentes estados. Producto de las entrevistas, la CNDH concluyó que esos secuestros habían generado a las mafias 25 millones de dólares en sólo seis meses.

Así de normal.

. . .

El Trenzas amenazó varias veces a Adán y a los otros dos secuestrados con que él tenía ojos por todos lados en ese pedazo de la ruta. Les ordenó que se subieran a un autobús, que recorrieran unos 1 000 kilómetros y llegaran hasta Coahuila, estado fronterizo con Texas. Les ordenó que se bajaran en la estación de autobuses de Piedras Negras.

Piedras Negras es un municipio fronterizo mexicano. Del lado estadounidense está la pequeña ciudad de carretera llamada Eagle Pass, en el estado de Texas. En medio de Piedras Negras e Eagle Pass está —bravísimo— el río Bravo. A esas alturas, ya ha sido alimentado por sus principales afluentes, el río Pecos desde Estados Unidos y el Conchos desde México.

El Trenzas les dijo a Adán y a los otros dos migrantes que se bajaran en la estación de Piedras Negras, donde un hombre los esperaría.

En la estación de autobuses un señor mexicano esperaba a los tres migrantes en una camioneta roja.

. . .

Desde una silla, desde la casa donde uno vive, desde la cama donde uno lee la historia de Adán, es fácil decir que es un idiota sin valor que siguió al pie de la letra, como autómata, lo que *el Trenzas* le ordenó.

¿Por qué no se bajó del autobús y buscó ayuda o se regresó a El Salvador? Eso se pregunta uno desde su casa.

Durante tres años visité —y viajé por tramos con ellos— la ruta del migrante en México. Descubrí que lo que a uno le puede parecer estúpido desde su casa, en ese camino puede resultar lo más lógico.

Una vez entrevisté a un hombre salvadoreño que sólo quería irse de un pueblo fronterizo con Estados Unidos llamado Altar. Su hermana estaba secuestrada a menos de 100 kilómetros, pero él sólo quería irse. Sabía que no había nada que pudiera hacer, que no había autoridad a la que recurrir. Tenía razón.

Supe de unos policías que, en Veracruz, devolvieron a un migrante a una casa de secuestros de Los Zetas. El hombre había huido. Una vez fuera, en lugar de escapar egoístamente, decidió denunciar que había más secuestrados. Los policías municipales del municipio de Coatzacoalcos lo devolvieron a la casa de secuestros. El hombre terminó convertido en una masa roja que apenas respiraba. Me lo contaron dos jóvenes migrantes guatemaltecos que compartieron cuarto con la masa roja que apenas respiraba. Ellos no escaparon, fueron liberados luego de que sus familias pagaran 500 dólares por cabeza a Los Zetas.

Una vez, durante varios días, conversé en Ixtepec, Oaxaca, con un coyote mexicano que huía. Llevaba a tres migrantes hondureños, pero no había reportado ese negocio a su patrón coyote, un hombre conocido como don Fito. Ese hombre tenía su base en la ciudad norteña de Reynosa, y desde ahí pagaba a Los Zetas 10 000 dólares mensuales para que dejaran trabajar a sus coyotes. Sus coyotes, a cambio, tenían que llevar sólo a la gente que él les indicaba. Aquel coyote con el que hablé, que se hacía llamar *el Chilango*, tenía 41 años y pensó que podía engañar a su patrón llevando a tres hondureños por su cuenta, embolsándose todo el dinero. Su patrón se enteró y lo buscaba. Lo buscaba en la ruta, en los más o menos 5 000 kilómetros que hay desde la frontera mexicana con Guatemala hasta su frontera con Estados Unidos. Los Zetas tienen muchos ojos en el camino. Por supuesto que presumirán de más, de ser omnipotentes e infranqueables, pero no queda duda de que, lejos de absolutismos, tienen muchos ojos en el camino.

Un día de esos al mediodía, recibí una llamada del *Chilango*. Esto es lo que se escuchó del otro lado de la línea. Voces y sonido de interferencia:

—Heeeeey… Ayúdame. Sssss. Me agarraron. Aquí andan. Ayúdam…
Tut, tut, tut.

Nunca más contestó el teléfono. Durante un año pregunté en la ruta
por *el Chilango*. Nadie lo había vuelto a ver.

. . .

El señor mexicano llevó a Adán y a los otros dos migrantes a una casa
en Piedras Negras. Ahí, recuerda Adán, una "señora gorda" les dijo que
tendrían que pagar "300 por cabeza o se mueren". En la casa, la señora
gorda tenía encerrado a otro migrante mexicano.

Volvieron a llamar a sus familiares. Los 300 dólares por cabeza llegaron
en depósitos rápidos, pero aun así los migrantes continuaron 13 días en
esa casa donde sólo les daban una comida diaria.

Adán y su amigo salvadoreño decidieron escapar. El hondureño y el
mexicano se quedaron. "Tuvieron miedo", dijo Adán, según consigna
el expediente judicial. El escape duró unas pocas cuadras, porque unos
pandilleros que trabajan para la señora gorda interceptaron a los salvadoreños y los devolvieron a la casa de seguridad.

El día 11 de octubre de 2011 los matones de la señora gorda se llevaron a Adán, a su amigo, al hondureño y al mexicano hacia el río Bravo.
Era un pedazo de ribera al que se llegaba por veredas de tierra. Era un
tramo de río que no era profundo. A la orilla —recuerda Adán— había
ocho costales llenos de marihuana. Cada uno, calculó el migrante, pesa-
ría unos 15 kilogramos.

—Pásenla —ordenaron los matones, señalando hacia Estados Unidos.

—No la voy a pasar, me van a dar unos 20 años de cárcel en Estados
Unidos —se negó Adán.

Uno de los matones le puso a Adán un machete en el cuello y así lo
persuadió de pasar el saco de marihuana.

Cruzaron a pie. Caminaron más de tres horas hasta que fueron recogidos, ya del lado estadounidense, por dos hombres en un Sedán. Primero, se llevaron la marihuana, y dejaron a los migrantes abandonados en
medio de la nada. Un guía había acompañado a los migrantes del lado
estadounidense, para garantizarse de que la marihuana llegaría, pero una
vez que vio entregados los costales, se regresó a México. Los migrantes se
quedaron inmóviles. A las dos horas, el mismo Sedán volvió y los tipos se
llevaron a los cuatro migrantes a un hotel en Eagle Pass.

Los matones le dijeron a Adán que el próximo día lo llevarían a San Antonio, la ciudad importante más cercana, desde la que Adán podría comunicarse con sus familiares y ser recogido. Al menos, la desafortunada travesía daba indicios de terminar bien.

Al día siguiente, esos indicios se esfumaron. Agentes de diferentes cuerpos de seguridad de Estados Unidos cercaron el hotel y detuvieron a los dos matones, dos mujeres que los acompañaban y cuatro migrantes que estaban a la espera de ser trasladados a San Antonio.

Adán contó a las fiscales salvadoreñas que declaró ante las autoridades estadounidenses lo que había visto, que declaró contra los dos hombres que, según entendió, eran zetas buscados desde hacía varios meses en Estados Unidos. Adán estuvo dos meses en un centro de detención de indocumentados en Texas. El gobierno estadounidense, luego de utilizar a Adán para que dijera lo que querían que dijera, lo deportó.

El 12 de enero de 2012, a las 4:37 de la tarde, en el vuelo federal de deportados N593AN proveniente de Estados Unidos, el migrante Adán regresó a su país.

Adán contactó al coyote José, a aquel hombre de Usulután que por 800 dólares lo vendió al *Trenzas* en Celaya. Lo único que Adán quería eran sus 1 500 dólares de vuelta. El coyote José, como quien responde por un préstamo no pagado, le dijo que no tenía.

Así, como si no fuera grave.

Adán lo denunció. En 2013 el coyote José fue condenado a purgar cuatro años de prisión. Por el delito de tráfico y trata de personas. O sea, por haber guiado y vendido a un indocumentado, el coyote José recibió cuatro años. Un ratero que robe un celular podría recibir entre seis y 10 años. Un hombre que vendió a otro hombre a Los Zetas recibió cuatro años. Eso dice la ley.

. . .

Dice el señor coyote de Chalatenango que a los buenos coyotes se les debería dar subsidio. Dice el señor coyote que a ningún buen coyote le interesa que otros estafadores anden asustando a la gente. Dice el señor coyote que un buen coyote vive de su credibilidad, del boca a boca. Dice el señor coyote que él es un buen coyote. Dice que no hay, para un buen coyote, nada mejor que migrantes contentos. Por eso, como si de moraleja se tratara, el señor coyote insiste en que un buen migrante es un migrante que pregunta. Por eso repite que, si él fuera migrante, le preguntaría a su coyote cuántos coyotes van a intervenir en el traslado. Le preguntaría cómo va a cruzar México. Le preguntaría cómo va a utilizar el dinero. Le preguntaría —para estar seguro— si no lo van a embutir en un camión bananero, si no lo van a subir al tren, si conoce a autoridades mexicanas para pasar tranquilamente las casetas de carretera. Le preguntaría —una y otra y otra vez— si el pago incluye la cuota de Los Zetas. Después, se lo volvería a preguntar.

Una historia de violencia de Óscar Martínez
se terminó de imprimir en octubre de 2016
en los talleres de
Litográfica Ingramex, S.A. de C.V.
Centeno 162-1, Col. Granjas Esmeralda, C.P. 09810, Ciudad de México